더 플레이북

더 플레이북

마르지 않는 매출을 만드는
B2B 마케팅 세일즈

김한규
황하운
김가은
지음

황민지
일러스트

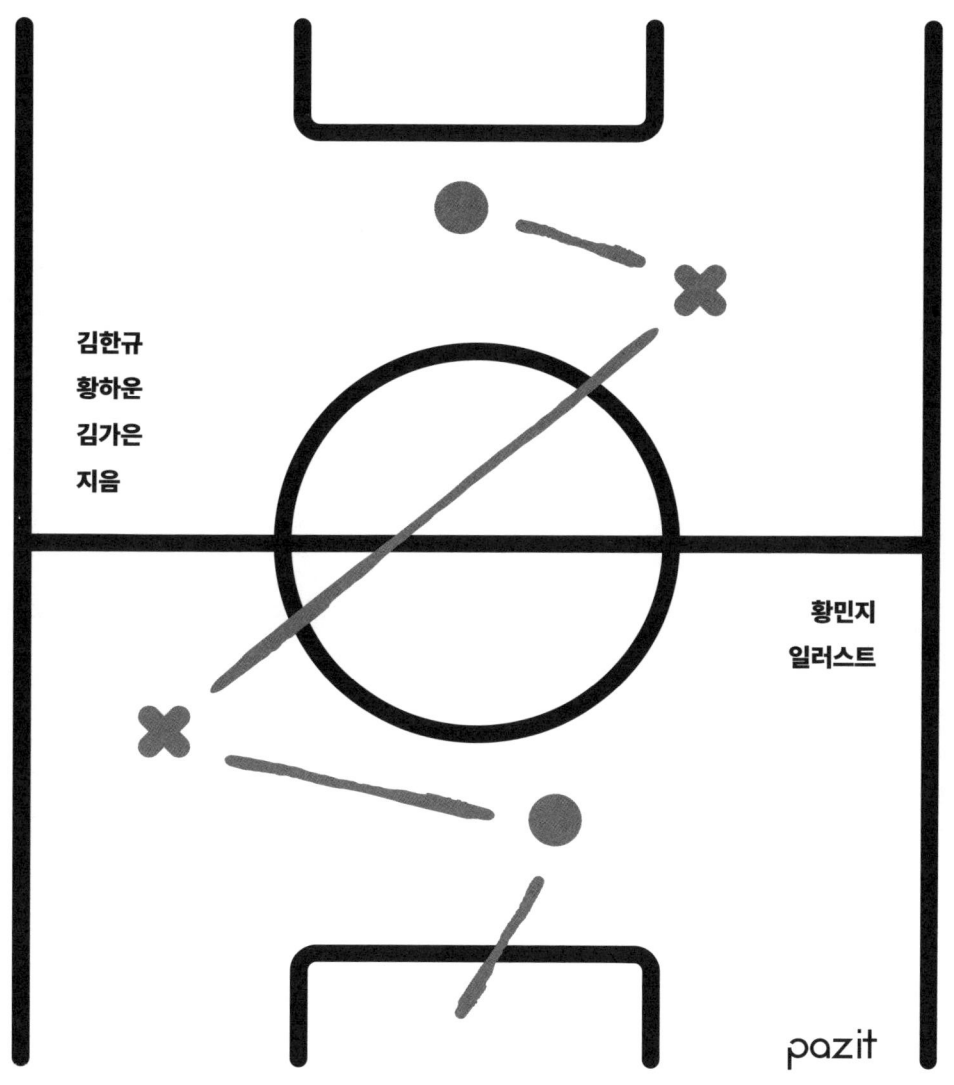

pazit

차례

프롤로그   8
추천사   16

1부
100만 조회수 찍어도 매출 0원?
펀더멘털 없는 B2B가 실패하는 이유

Chapter 1
B2B 마케팅과 세일즈의 근간이 되는 펀더멘털   21

1. 실패 사례 하나: 한 분기가 채 지나기 전에 급히 꺼버린 퍼포먼스 마케팅   24
2. 실패 사례 둘: 유튜브 조회수 100만을 찍어도 매출이 늘지 않는 이유   25
3. 썸타기도 전에 결혼식 장소 잡기   28
4. 성공 사례 하나: 팔 생각을 버리고 연 웨비나, 앵콜로 이어지다   29
5. 성공 사례 둘: 프로파일링까지 집착한 웨비나, 600개 이상의 리드를 만들어내다   31

Chapter 2
마케팅 세일즈 파이프라인   36

1. B2C와 B2B의 차이   36
2. B2B 비즈니스 성공의 키: 신뢰 자산   40
3. 매출 목표는 불굴의 의지만으로 달성할 수 없다   43
4. 영업 생산성을 측정할 단 하나의 공식: # × $ × % / L   49
5. ICP: Shut up and take my money!   52

2부
블로그도 쓰고 웨비나도 하는데 왜 문의가 안 들어올까?
방문자를 영업 기회로 전환하는 진짜 B2B 마케팅

Chapter 3
리드 생성하기 Lead generation   61

1 B2B 비즈니스에 다가온 변화   61
2 리드 생성을 관통하는 핵심 키워드: 사고 리더십   70
3 성공 사례: 2주 만에 1,500명의 리드를 획득한 벤치마크 리포트   71
4 리드 생성을 위한 첫 번째 단계: 블로그 콘텐츠를 통한 트래픽 확보   75
5 리드 생성을 위한 두 번째 단계: 트래픽을 더 많은 리드로 전환하기   106

Chapter 4
리드 너처링 Lead nurturing   133

1 리드를 영업 기회로 전환하는 첫 번째 단계: 너처링 여정 설계하기   133
2 리드를 영업 기회로 전환하는 두 번째 단계: 너처링 여정 자동화하기   140
3 리드를 영업 기회로 전환하는 세 번째 단계: 리드 스코어링   143
4 리드 전환 촉진의 주역: SDR   146
5 마케팅과 세일즈의 시너지: 바통 터치   161

Chapter 5
콜드콜과 콜드메일   163

1 콜드콜 프로세스   163
2 콜드메일 프로세스   190

3부
분명 관심 있다던 고객, 왜 계약으로 이어지지 않을까?
클로징까지 이어지는 B2B 세일즈 프로세스

Chapter 6
B2B 영업의 블랙박스: 미팅 to 클로징   217

1. B2B 영업은 의사결정의 블랙박스를 해독하는 것   217
2. B2B 영업의 블랙박스를 해독하는 4가지 원칙   221

Chapter 7
Be a producer, not an actor (배우가 아닌 프로듀서가 돼라)   269

1. Pre-production: 미팅 전 준비 '선승구전先勝求戰, 선전구승先戰求勝'   270
2. Production: 미팅 진행 'Action!'   289
3. Post-production: 미팅 후 팔로업   320
4. 팔로업 이메일 작성법: 읽히고, 기억되고, 공유되는 메일을 써라   336

에필로그 이제, 여러분만의 플레이북을 만들 때입니다   344

프롤로그

"제품에는 진짜 자신 있는데 왜 성장을 못 하는 걸까요?"

매출 조직의 리더분들을 만날 때마다 열에 아홉 번꼴로 접하는 말입니다.

많은 기업이 좋은 제품을 만들어 출시하기만 하면 시장의 뜨거운 반응을 얻어 금방 매출액 100억, 1,000억을 만들고, 높은 기업가치를 평가받아 유니콘이 되어 상장할 수 있을 것이라는 부푼 꿈에 빠지곤 합니다. 하지만 현실은 냉혹합니다. 2023년 말 통계 자료에 따르면 국내 창업 기업의 5년 후 폐업률이 66.2%라고 합니다. 창업한 기업 3개 중 2개가 사라지는 셈입니다.

기업이 생존하지 못하는 가장 큰 이유는 당연하게도 '자금난'입니다. 제아무리 수백억 원의 투자를 받아 좋은 앱을 만들어 수십만 다운로드를 기록한다고 하더라도 사업의 영속성을 위한 수익을 창출하지 못하면 생존할 수 없습니다.

한마디로 "돈을 벌지 못하면 기업은 망합니다"

이토록 자명한 비즈니스 진리가 존재함에도 여전히 좋은 제품만 있으면 좋은 비즈니스가 저절로 탄생할 것이라고 착각하는 경우가 많습니다.

페이팔 마피아의 대부이자 스타트업 경영서 바이블 《제로 투 원 Zero To On》의 저자인 피터 틸은 "If you build it, will they come(당신이 그것을 만들면, 그들이 올까요)?"이라는 질문을 던지며 많은 창업가가 제품 개발에만 집착하며 '좋은 제품을 만들면 사람들이 당연히 찾아오겠지'라고 생각합니다. 하지만 그것은 실현될 수 없으며 실패의 지름길일 뿐이라고 말합니다.

그는 페이팔, 구글, 페이스북 등 실리콘밸리의 전설적인 기업들이 뛰어난 제품만이 아니라 탁월한 마케팅과 세일즈가 있었기 때문에 성공한 것이라고 강조합니다. 예를 들어, 페이팔은 초기에 유저를 확보하기 위해 공격적인 추천 보상 프로그램을 활용했고, 이는 사용자 기반을 폭발적으로 성장시키는 데 기여했습니다. 구글도 초창기에는 대형 광고주들에게 직접 세일즈를 했으며, 페이스북 역시 광고주 확보를 위해 적극적인 영업을 펼쳤습니다.

뛰어난 제품만 있으면 사람들이 저절로 알아주고, 구매하고, 사용할 것이라는 환상에서 벗어나야 합니다. 어떻게 하면 좋은 제품을 만들지에 대한 고민에서 더 나아가 **어떻게 해야 잘 알리고, 잘 팔 수 있을지를 고민**해야 합니다. 그럴 때 비로소 기업은 생존의 문턱을 넘어 성장을 향해 박차를 가할 수 있습니다.

이 책을 쓰게 된 이유

스타트업에게 시간은 곧 돈입니다. 스타트업은 미래 성장 가능성에 대한 높은 가치를 인정받아 적게는 수십억 원에서 많게는 수조 원 단위의 투자금을 유치하고, 이를 레버리지하여 비즈니스를 성장시켜 나가는 기업 모델입니다.

스타트업에게 투자금은 곧 타석에 나가 배트를 휘두를 수 있는 횟수입니다. 투자 유치 이후 현금보유액이 100억 원이고 월별 영업손실이 10억 원씩 발생하고 있다면, 타석에 나가 10번 배트를 휘두를 수 있습니다. 런웨이가 10개월 남은 것이지요. 제한된 시간 동안 목표로 하는 성장을 만들어내지 못한 스타트업은 소리소문없이 사라지고, 가파른 성장을 만들어내는 스타트업은 생존의 문턱을 넘어 시장에서 활동을 이어갑니다. 비단 스타트업뿐만 아니라 대기업 내 신사업 조직도 마찬가지입니다.

따라서 '시간'은 기업에게 있어 곧 '기회'이고 '돈'입니다. 시간을 기회와 돈으로 전환하기 위해서는 무엇보다 시행착오를 줄이는 것이 중요합니다. 조직이 시행착오를 줄이고 성장에 기여할 수 있는 도구로 널리 알려진 것이 바로 '플레이북'입니다.

'플레이북'은 매출 조직의 작전판입니다. 마케팅팀이 잠재 고객을 획득하여 육성하면 적절한 순간 영업이 출현하여 일련의 규정된 프로세스에 따라 고객으로 전환하는 전략과 전술을 기술한 한 판의 자료입니다.

실리콘밸리 VC 스톰벤처스의 남태희 대표는 그의 저서 《생존을 넘어 번창으로》에서 B2C 기업은 제품-시장 최적화 Product Market Fit에 성공하면 가파른 성장을 만들어내기 용이한 반면, B2B 기업은 반드시 플레이북을 만들어 시장진출 최적화를 이루고, 반복 가능한 매출을 만들어야 함을 역설하고 있습니다. 또한 HBR$^{\text{Harvard business review}}$에 따르면 업계에서 실적이 우수하다고 여겨지는 매출 조직의 70%가 플레이북을 사용하고 있다는 연구 결과도 있습니다.

리캐치팀이 지난 2024년 ARR(연간반복매출) 3배 이상 성장을 만들어 내는 데 가장 많은 기여를 한 도구로도 역시 '플레이북'입니다. 플레이북은 마케팅과 세일즈팀의 목표를 일치시키고, 프로세스를 일원화하며, 나아가 신규 입사자를 온보딩하는 데 사용하기에도 용이합니다. 조직이 목표로 하는 지점에 더 빠르게 닿을 수 있도록 돕습니다.

단적인 예로, 한 명의 신규 세일즈 담당자가 새로운 조직에 합류하여 적응하고 본격적인 퍼포먼스를 내기까지는 평균적으로 6개월이 소요됩니다. 만약 해당 신규 인력이 3개월 만에 완벽하게 기업의 프로세스를 숙지하고 퍼포먼스를 낸다면 우리의 목표 달성 시점은 3개월이 앞당겨진 것이나 다름없지요. 채용 후 교육과 매니징에 들어가는 리소스가 3개월 줄어든 것은 덤입니다. 실제로도 플레이북과 같은 구조화된 온보딩 프로그램을 운영하는 기업들은 신규 담당자가 3.4개월 더 빠르게 생산성을 달성할 수 있도록 도와줍니다. 이는 저성과 온보딩 프로그램 대비 37% 빠른 속도입니다.

플레이북의 존재가 비즈니스 성장에 미치는 영향이 얼마나 큰지 알게 된 후 매달 시행착오와 생존에 괴로워하던 리캐치팀은 곧바로 자체 플레이북을 만드는 작업에 착수했습니다. 가장 먼저 팀 블로그와 노션 문서, 커뮤니케이션 채널, 이메일 곳곳에 분산되어 암묵지 상태로 존재하던 정보의 파편들을 모았습니다. 이어서 새로운 잠재 고객을 획득하고 고객으로 전환하는 일련의 과정을 세일즈 파이프라인에 맞추어 '플레이북'이라는 이름의 형식지를 만들었습니다.

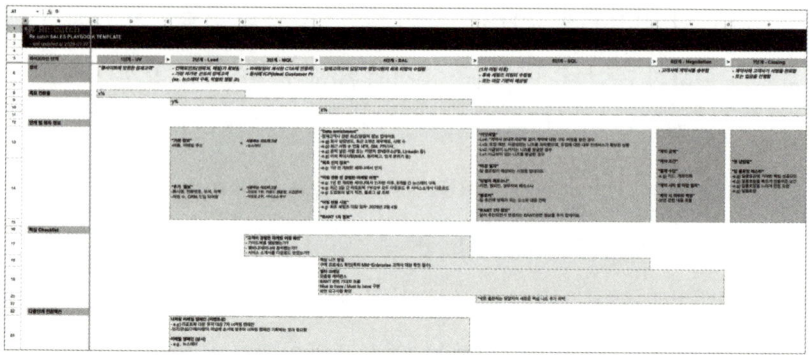

리캐치 플레이북 이미지

플레이북을 만든 최초의 의도는 이처럼 리캐치팀의 생존과 성장을 위한 '내부 자료'로 쓰기 위해서였습니다. 그러나 B2B 비즈니스를 하며 만나게 된 수많은 기업의 대표, 팀 리더분들로부터 "리캐치팀에게 마케팅-세일즈 당하는 경험이 좋았다", "리캐치팀의 마케팅-세일즈 프로세스를 배우고 싶다", "체계화된 플레이북이 있다면 공유해줄 수 있는가"와 같은 요청을 수차례 받았고, 내부 사용을 목적으로 정리된 자료지만 다른 기업들의 고민 해결에 조금이나마 도움이 될 수 있다면 좋겠다는 바람으로 한 권의 책으로 엮게 되었습니다.

이런 분이라면 지금 책을 덮어도 좋습니다

이 책은 불특정 다수가 아닌 특정 독자를 상정하여 쓰였습니다. 여러분의 소중한 시간을 투자할 만한 책인지 아닌지를 판단하기 위해 다음 체크리스트에 모두 '예'라고 답할 수 있는 분은 지금 책을 덮어도 좋습니다. 그러나 단 하나라도 '아니오'라고 답변하신 분이라면 충분한 시간을 들여 이 책에 소개된 내용과 사례들을 살펴보면 조금이나마 도움을 얻으실 것이라 기대합니다.

- 세일즈 퍼널과 파이프라인에 대한 차이점을 이해하고 있다.
- 기존 네트워크 기반의 소개, 콜드콜, 콜드메일, 기습 방문('빌딩 타기'라고 불리는) 외에 B2B 비즈니스에서 잠재 고객을 획득하는 방법을 7가지 이상 나열할 수 있다.
- 잠재 고객의 연락처를 획득하기 위한 리드 마그넷의 종류를 4가지 이상 보유하고 있다.
- 리드 젠(잠재 고객 획득)과 리드 너처링(잠재 고객 육성)의 차이점을 이해하고 구체화한 전략을 나열할 수 있다.
- 마케팅/영업팀이 각각 세일즈 파이프라인 내 고객을 다음 단계로 전환하기 위한 전략을 보유하고 있다.
- 영업팀의 경우, 각 단계와 상황별로 활용할 수 있는 콘텐츠와 팀 고유의 스크립트, 대응 방안 체계를 갖고 있다.

앞서 밝혔듯, 이 책의 최초 기획 의도는 리캐치팀의 실무 프로세스를 체계화하고 시행착오를 줄이기 위한 것이었습니다. 플레이북은 본디 그것을 제작하는 회사만의 마케팅-영업 지침서이자 작전판이기에 이 책에서 소개하는 세부적인 내용들이 모든 회사에 동일하게 적용되기는 어려울 것입니다.

그럼에도 책 전반에 소개된 원칙과 사례를 학습하고, 여러분 매출 조직만의 유일무이한 플레이북을 만드는 데까지 이를 수 있길 바랍니다. 앎은 반드시 실천을 통해서 완성되는 것이기에 '좋은 내용이네'라는 '느낌'에서 멈추지 마시길 바랍니다. 더 나은 전략을 발견하신다면 주저없이 리캐치팀에도 그 배움을 나눠주시길 바랍니다.

마지막으로 이 플레이북의 주요 독자는 '리캐치팀의 신규 입사자'로 상정하여 쓰였습니다. 모두를 위한 마케팅은 그 누구를 위한 마케팅도 아니듯, 이 책 역시 B2B 마케팅과 영업에 대한 이해도가 낮은 신입 사원을 대상으로 쓰인 글이라는 점을 미리 밝혀두며, 이미 높은 수준의 이해도를 갖고 계신 독자분들께는 미리 너른 이해를 부탁드립니다.

이 책은 무엇이 다른가

그동안 시중에는 B2B 마케팅과 세일즈를 다룬 책들이 무수히 많이 존재해왔으나 두 분야를 함께 다룬 책을 찾기 어려웠습니다.

마케팅은 비즈니스의 앞단에서 아직은 구매 가능성이 낮은 다수의 잠재 고객을 대상으로 브랜드, 제품, 서비스를 노출하고, 인지하게 하고, 구매 문의를 고려하게 만드는 역할을 합니다. 반면 세일즈는 구매 가능성이 상대적으로 높은 소수의 잠재 고객을 대상으로 개별적인 접촉을 이어가며 계약으로 전환하는 역할을 합니다.

세일즈만 있다면 늘 네트워크 기반으로만 세일즈하거나 매일 콜드콜, 콜드메일을 돌리는 것밖에는 할 수 없고, 마케팅만 있다면 고관여 솔루션, 고객 단가의 계약을 끌어내는 것이 매우 어렵습니다. B2B 비즈니스에 있어 마케팅과 영업은 하나의 축으로 이어진 두 개의 바퀴이며, 두 조직의 이어달리기가 매끄러울수록 더 많은 매출을 만들어낼 수 있음에도 불구하고 안타깝게도 국내의 많은 마케팅과 영업 조직은 이어달리기는 커녕 앙숙인 경우도 종종 겪었습니다.

뿐만 아니라 국내 시장 환경과 해외 시장 환경이 다름에도 불구하고 지금까지 국내 B2B 매출 조직이 참고한 자료들은 해외, 특히 실리콘밸리 기업의 사례가 대부분이었습니다. 해외 사례도 도움이 되지만, 국내 시장 환경에 충분히 대입할 수 있는지를 판단하기는 매우 어려운 것이 현실입니다. 이에 가급적 국내 시장에서 직접 실행해보고 시행착오를 겪었던 사례들, 그리고 고객사의 사례를 통해 배운 것만을 추려 소개했습니다.

비록 지식과 경험의 한계로 B2B 마케팅과 세일즈의 모든 영역을 넓고 깊게 다루진 못하겠지만, 당장의 의사결정과 성과를 만들어내야 하는 기업의 대표, 신규 사업팀, 매출 조직의 리더분들이 오늘 당장 실무에서 즉시 활용할 수 있는 날것 그대로의 길잡이가 될 수 있길 희망합니다.

모쪼록 이 책을 접한 모든 독자분과 매출 조직이 생존의 늪을 벗어나 성장에 박차를 가할 수 있길 바랍니다.

건투를 빕니다!

추천사

이상헌 전 LG CNS 상무·카카오엔터프라이즈 부사장

책을 덮자마자 당장 우리 조직에서 무엇을 바꿀 수 있을지 떠올리게 된다. 이 책의 MDP 방법론은 CRM 데이터를 실제 매출로 연결하는 현실적인 해답을 제시하며 현장에 바로 적용할 수 있다. 디지털 전환 시대에 B2B 기업이 살아남기 위한 통합적 접근법이 한 장 한 장 인사이트로 가득해 CRM을 고민하는 모든 이에게 강력하게 추천한다.

우미영 전 어도비코리아 대표

어떤 일에서 전문성을 갖는다는 것은 그 일이 어떻게 돌아가는지를 체계적으로 이해하고 재현 가능한 방식으로 정리할 수 있다는 것이다. 이렇게 정리된 메커니즘은 결국 다른 사람에게 '전이 가능한 경험'이 되어 시행착오의 시간을 줄여주는 플레이북이 된다.

《더 플레이북》은 리캐치팀이 B2B 비즈니스 현장에서 수없이 부딪치고 깨지며 정립한 마케팅과 세일즈의 메커니즘을 생생한 사례와 함께 정리한 책이다. 단순한 이론서가 아니라, 실전에서 효과를 입증한 전략과 실행의 기록이기에 B2B 마케팅과 세일즈를 하면서 어떻게 더 나은 성과를 낼 수 있을까 고민하는 모든 분에게 생생한 길잡이가 되어줄 것이다.

김용범 경동나비엔 부사장

전통적인 영업 방식의 한계를 뼈저리게 느끼고 있다면 실마리가 되어줄 책. 플레이북 하나로 이렇게까지 달라질 수 있구나 느낄 것이다. 저자들의 가감 없는 시행착오와 실패 사례들이 지극히 현실적이면서도 실질적인 도움이 된다. 이론이 아닌 진짜 현장의 이야기가 담겼다.

최순일 누리미디어(DBpia) 대표

잘 쓴 논문 100편만큼 이 플레이북 하나가 실무에 도움이 된다.
B2B 비즈니스는 신뢰 속에서 성장한다. 3년째 리캐치를 신뢰하는 열성 고객으로서 본 이 책에는 땀 흘려 발로 뛴 여정이 날것 그대로 담겼다. 고객과 함께 성장하고자 하는 B2B 전문가들은 시야 확장에 큰 도움을 받을 것이다.

이주완 메가존클라우드 의장

B2B 사업을 하는 기업들의 필독서로 당신과 조직의 시행착오를 획기적으로 줄일 수 있는 책.

이상희 센드버드코리아 대표·센드버드 APAC 총괄

글로벌 SaaS 시장에서 검증된 방법론을 한국 현실에 맞게 완벽히 적용한 실전 가이드북.

김태용 EO스튜디오 대표

B2B 스타트업이라면 반드시 읽어야 할 매출 성장의 바이블.

1부

100만 조회수 찍어도 매출 0원?

펀더멘털 없는 B2B가
실패하는 이유

Chapter 1
B2B 마케팅과 세일즈의 근간이 되는 펀더멘털

"새해 복 많이 받으세요! 들숨엔 건강을, 날숨엔 재력을 얻으시는 힘찬 한 해 되시길 바랍니다."

B2B 세일즈의 세계에 처음 들어왔을 때, 꼭 계약을 만들어내고 싶은 잠재 고객에게는 잊지 않고 안부 인사를 보냈습니다. 한 번이라도 더 우리 회사와 우리 회사의 제품과 나라는 사람을 기억하게 만들고 싶다는 간절함에서 비롯된 것이었지요.

하지만 결과는 늘 신통치 않았습니다. 차라리 메시지를 읽지 않았다면 모를까 카톡에서는 1 표시가 사라지고, 분명 메일을 열어봤음에도 언제나 감감무소식이었습니다. 더 난감한 것은 회신이 오지 않으면 그다음 이어갈 수 있는 말이 없었다는 것입니다. "잘 지내시는지 여쭈었는데 왜 읽고 회신 안 주세요?"라고 할 수는 없으니까요.

그러다 문득 3~4년 전 어느 영업사원으로부터 명절 때 안부 인사를 받았던 것이 떠올랐습니다.

"잘 지내시지요~? 지난번 박람회에서 인사드렸던 A 회사의 ○○○ 세일즈 매니저입니다. 풍성한 한가위 되시길 바라겠습니다."

문자를 받고 적절한 답변이 떠오르지 않더군요. 솔직히 말해 답변할 필요성을 못 느꼈습니다. 어느 박람회에서 우연히 명함을 교환했던 낯선 이에게 굳이 회신할 필요가 없었던 것이지요.

게다가 세일즈 매니저라니… 분명 양의 탈을 쓴 늑대처럼 살가운 얼굴로 안부 인사를 전하고는 제가 방심한 틈을 타 제품을 들이밀며 팔려고 할 것 같다는 생각마저 들었습니다. 몇 분의 고민 끝에 그분의 연락처는 핸드폰에서 차단했습니다.

사람들에게 세일즈에 탁월한 이들의 특징을 한 가지만 떠올려보라고 하면 '높은 회복 탄력성'을 꼽습니다. 세일즈를 잘하는 사람들은 고객의 거절과 무반응에도 낙담하지 않고, 꿋꿋한 강철멘탈로 꾸준히 연락을 이어가는 사람들이라는 생각에서 비롯된 것이지요.

반은 맞고 반은 틀린 이야기입니다. 꾸준한 연락은 하나의 기회라도 더 얻어내는 데 도움이 될 수 있지만, 만약 잠재 고객이 전화와 이메일 모두를 한 번의 클릭만으로 차단한다면 어떻게 될까요? 세일즈 담당자의 메시지는 잠재 고객에게 도달하지 못하고 스팸 딱지가 붙은 채 튕겨 돌아올 것입니다. 아무리 백 번 거절당해도 백한 번 두드리는 높은 회복 탄력성을 지닌 세일즈 담당자라고 할지라도 '연락 차단'은 뚫어낼 수 없습니다.

많은 사람이 세일즈와 마케팅을 '물건을 파는 일'이라고 생각합니다. 하지만 이 생각이야말로 성공적인 세일즈와 마케팅을 가로막는 가장 큰 장애물입니다. 진짜 중요한 것은 파는 것이 아니라, 고객이 원하는 것을 제공하는 것이지요. 고객은 과연, 나의 새해/명절 안부 인사를 원하고 있을까요? 그것이 아니라면 과연 고객이 원하는 것은 무엇일까요?

역설적으로 마케팅과 세일즈를 잘하고 싶다면 '팔려는 생각'부터 버려야 합니다. 이것이 마케팅과 세일즈의 근간인 펀더멘털입니다. 펀더멘털은 단순히 기초나 기본을 뜻하는 것이 아닙니다. 모든 전략과 행동의 중심이 되는 원칙이며, 마케팅과 세일즈에서 반드시 지켜야 할 핵심 사고방식입니다. 단, 잘 팔기 위해 팔고자 하는 생각을 버려야 하기에 **펀더멘털의 역설**이라고 할 수 있습니다.

이를 기억하기 쉬운 문장으로 표현하면 다음과 같습니다.

마케팅: Don't marketing, help!
세일즈: Don't sell, help!

이어지는 사례에서 리캐치팀이 지난 5년간 뼈저리게 깨달은 펀더멘털의 역설을 살펴보도록 하겠습니다.

1. 실패 사례 하나: 한 분기가 채 지나기 전에 급히 꺼버린 퍼포먼스 마케팅

2021년, 저희 팀은 CRM 솔루션 '리캐치'가 아닌 '타입드^{Typed}'라는 문서 협업 툴을 만들고 있었습니다. B2C 비즈니스를 전개하다 기업들을 위한 최소한의 기능들을 탑재하여 B2B 비즈니스로 전환한 시점이었습니다. 본격적으로 기업 고객을 모아야겠다고 결심하고 B2B 때와 마찬가지로 퍼포먼스 마케팅(클릭, 전환, 구매 등 성과에 따라 광고비를 지불하는 마케팅 방식으로 주로 검색광고, 디스플레이 광고, 소셜미디어, 유튜브, 네이티브 광고 등의 디지털 매체에서 집행됨)을 시도했습니다.

최초 결과는 매우 고무적이었습니다. 리드 1건당 비용$^{CPL, Cost Per Lead}$이 산업 평균 지표보다 2배 이상 낮게 집계되었습니다. 초기 지표에 한껏 자신감이 붙은 마케팅팀은 '광고 소재의 변화를 주며 여러 채널에 노출하면, 나아가 감당이 가능한 수준까지 비용을 집행하여 트래픽을 만들어내면 그에 비례하여 아름다운 매출 상승 그래프를 만들 수 있을 것이다'라는 장밋빛 미래를 그리게 되었습니다.

그러나 분기도 채 되지 않아 투입한 비용 대비 실제 고객으로 전환되는 비율이 크게 곤두박질쳤습니다. 고객획득비용$^{CAC, Customer Acquisition Cost}$도 그에 따라 급격하게 올라갔습니다. 마케팅팀은 부리나케 광고 집행을 중단하기로 결정했습니다. 이대로 계속 광고비를 집행했다간 아름다운 매출 상승 그래프는커녕, 비용을 태우면 태울수록 손실이 가중되는 구조였기 때문입니다. 도대체 무엇이 문제였을까요?

2. 실패 사례 둘: 유튜브 조회수 100만을 찍어도 매출이 늘지 않는 이유

"유튜브 조회수 100만이 터졌는데, 도대체 왜 매출이 안 나는 걸까요?"

B2B 비즈니스를 운영하는 한 회사(이하 T사)의 대표님이 리캐치팀을 만나자마자 처음에 꺼낸 고민입니다. 고민의 주 내용은 최근 찍은 유튜브 콘텐츠가 빵 터져서 조회수 100만을 찍었고, 홈페이지 트래픽도 많이 찍히는데 정작 매출로는 이어지지 않는다는 것이었죠. 무엇이 문제였을까요?

두 팀 모두의 공통적인 문제는 'B2B 마케팅 퍼널과 세일즈 파이프라인에 대한 이해가 부족한 것'이었습니다. 다시 말해 퍼널과 파이프라인의 단계와 단계별 전환에 대한 이해가 부족한 상태에서 '트래픽을 만들기 위해 일단 광고비부터 집행하고, 터지는 콘텐츠를 만드는 데 투자하면 매출이 따라오겠지'라는 안일한 생각이 문제였습니다.

유튜브 조회수 100만은 분명 고무적인 숫자입니다. 하지만 조회수는 그 자체로 어떤 변화도 만들어내지 못합니다. 조회수가 트래픽으로, 트래픽은 매출로 전환될 때 비로소 의미를 갖게 됩니다.

문제의 반복을 막기 위해서는 먼저 마케팅 퍼널에 대한 이해부터 필요합니다. 영어로는 ACCL(Attention → Consideration → Conversion → Loyalty) 모델이라고 불리는데, 한국어가 아니라 직관적인 이해가 어려울 수 있습니다. 프레임워크는 이름을 아는 것에 그치지 않고, 언제든 꺼내 쓸 수 있는 상태여야 비로소 의미를 갖습니다.

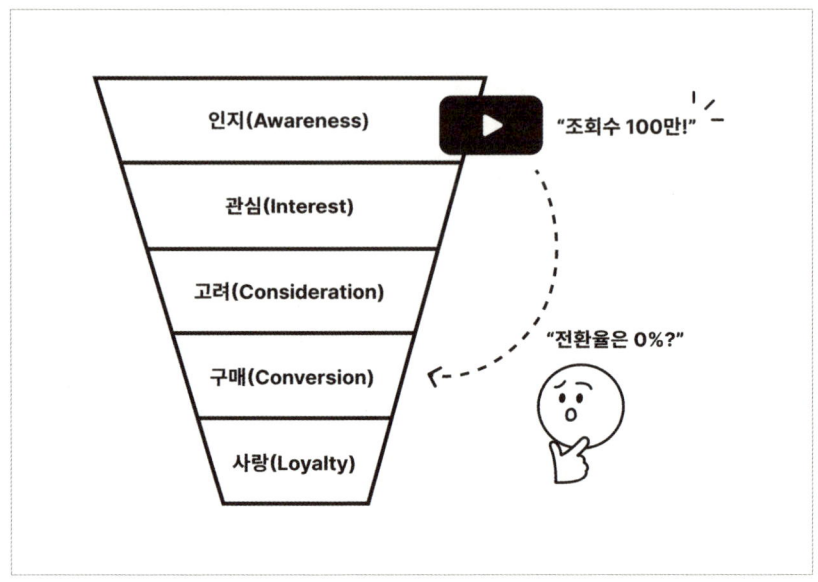

출처: 세일즈해커 럭키 Brunch

이렇게 다시 이름 지어보면 어떤가요?

인지 → 관심 → 고려 → 구매 → 사랑

브랜드를 인지하지 않으면 관심을 가질 수 없고, 관심을 가질 수 없으면 고려할 수 없고, 고려할 수 없으면 구매할 수 없고, 구매해서 경험해 보지 않았으니 당연히 사랑에 빠질 수 없는 이치입니다.

이 퍼널에 따르면 유튜브 콘텐츠는 T사에 대한 '인지'를 무려 100만 뷰만큼이나 만들어낸 셈입니다. 잠재 고객들은 세상에 존재하는지도 몰랐던 T사에 대해 처음으로 알게 되었습니다. 이 중 무려 5%의 잠재 고객들이 상품을 판매하는 웹사이트에 접속했다고 가정해보겠습니다. 순식

간에 5만 명의 웹사이트 트래픽이 생겼군요. 매우 고무적입니다! 그런데 어쩐 일인지 매출은 3개월째 감감무소식이네요.

잠재 고객들은 처음으로 T사의 브랜드와 상품에 대해 이제 막 '인지' 했을 뿐이고, '관심'을 가져볼까 탐색하는 상태였습니다. 그래서 웹사이트에 방문해보았는데 일반적인 회사 소개만 있을 뿐, 상품에 대한 자세한 정보를 찾아보기 어렵고, 무엇보다 성공 사례라고 하는 레퍼런스가 없어 신뢰할 수 있는 업체인지부터 의문이 드는군요.

웹사이트에 T사와 서비스에 대해 신뢰할 만한 정보가 부족하니, 이제 마지막 시도로 네이버와 구글에 검색해보지만 역시나 부족한 정보에 의심은 확신으로 바뀝니다.

"여기서 구매하면 안 되겠다."

리캐치팀이 문서 협업 툴 타입드를 만들 당시에도 웹사이트에서 회원가입으로 전환되는 단계, 회원가입 이후 충성 유저로 전환되는 단계, 충성 유저가 결제하는 단계에 대한 이해가 부재했습니다. 각각의 단계에 구멍이 존재하니, 퍼포먼스 마케팅으로 아무리 웹사이트에 방문자를 쏟아부어도 구매로 이어지지 않고 줄줄 새고 있었죠. 유튜브 100만 조회수를 찍었어도 매출이 제자리였던 T사와 마찬가지였습니다.

두 팀 모두 밑 빠진 독에 물을 붓고 있었던 셈입니다.

3. 썸타기도 전에 결혼식 장소 잡기

B2B 세일즈 파이프라인의 제품 관여도Product Engage 레벨을 고려하지 않고 만나자마자 구매나 계약을 제안하려고 했던 것도 문제였습니다. B2B 세일즈 파이프라인을 제품 관여도를 기준으로 나누면 크게 제품에 대한 관심이나 참여도가 낮은 단계Non-Product Engagement와 제품에 대한 관심이나 참여도가 있는 단계Product Engagement로 나눌 수 있습니다.

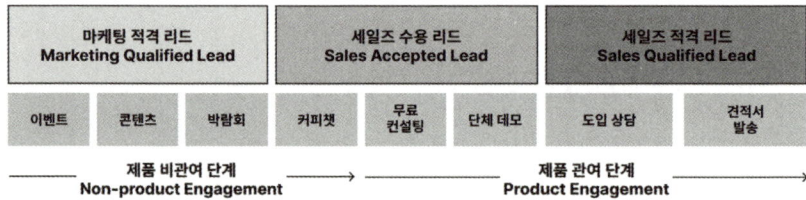

제품 관여도에 따른 파이프라인

이때 참여도 및 관여도Engage level를 높여나가는 과정에서 마케팅은 인지와 관심을 만들어내고, 세일즈는 관심을 영업 기회로 만드는 역할을 수행합니다. B2B 거래에서 구매 한 건을 만들어내기 위해 마케팅과 세일즈의 끈끈한 '이어달리기'가 진행되는 것이지요.

하지만 홈페이지에 방문한 잠재 고객들을 대상으로 '우리 기능 좋아요, 우리 제품 좋아요'만 강조하는 방식은 들을 준비가 안 된 사람들(제품 비관여 단계에 해당)에게 전혀 궁금하지 않은 우리 '제품' 이야기만 연거푸 쏟아내는 것과 다름없었습니다. 소개팅에 나가서 처음 만나자마자 "우리 결혼식은 그랜드 하얏트 호텔에서 하는 거 어때요?"라고 말하는 것과 마찬가지인 격이죠.

퍼포먼스 마케팅의 실패 이후 제품에 대한 관심이나 참여도가 낮은 제품 비관여 단계에서 의도적으로 '팔 생각'을 버리고 처음부터 제품을 직접적으로 언급하는 것을 지양하기로 했습니다. 뿐만 아니라 마케팅 퍼널상 인지 단계의 잠재 고객들에게 도움이 되는 정보를 제공하며 우리 팀을 자연스럽게 인지하고 관심을 갖게 만드는 데 더 많은 노력을 기울이기로 했습니다.

---

4. 성공 사례 하나: 팔 생각을 버리고 연 웨비나, 앵콜로 이어지다

2022년 4월, 비즈니스캔버스는 문서 협업 툴 '타입드'를 만들 때 첫 웨비나를 열었습니다.

당시 타입드는 초기 스타트업 대표님들을 타깃하고 있었고, 제품 비

2022년 4월, 타입드의 첫 웨비나 진행 당시

관여 단계에서 그들이 듣고 싶은 이야기가 무엇인지만 고민했습니다. 그렇게 '유니콘 SaaS의 GTM 전략 파헤치기', '장표와 전략으로 100억 사업자금 만들기'라는 주제로 웨비나를 열었습니다. 문서 협업 툴인 타입드와 전혀 관련이 없는 주제로, 내부 스터디 목적으로 만들기 시작했던 자료들이었죠.

그런데 주말 이틀 동안 400명이 넘는 사람들이 신청했습니다. 처음에 가졌던 '20명' 정도의 기대치에 비해 20배에 달하는 규모였습니다. 심지어 줌 입장 인원 100명 제한이 있다는 사실도 모른 채 웨비나를 열었다가 접속하지 못하는 신청자가 많아 그다음 주에 앵콜 웨비나를 진행하기에 이르렀습니다.

'문서 작성 잘하는 법'이나 제품 관여도 단계에 있는 잠재 고객들에게 소구하기 위한 타입드 제품 이야기가 아니라, 잠재 고객들이 듣고 싶어 하는 이야기를 준비하니 브랜드에 대한 '인지'가 만들어지고 사람들이 모인다는 것을 처음으로 느낀 순간이었습니다. 그렇게 밑 빠진 독을 조금씩 단단하게 메우는 법을 알아가게 되었습니다.

5. 성공 사례 둘: 프로파일링까지 집착한 웨비나, 600개 이상의 리드를 만들어내다

2023년 8월, 리캐치를 만들면서는 두 번째 웨비나였습니다. 2022년 타입드 웨비나와 마찬가지로 이때의 웨비나에서도 리캐치에 대한 이야기는 없었습니다.

결과적으로 622명이 신청하고 20곳이 넘는 고객사를 만들어내며 목표를 크게 상회하여 달성했습니다. 목표 초과 달성에는 웨비나 타깃을 구체적으로 상정하여 프로파일링까지 집착했던 기획문서가 가장 큰 역할을 했습니다.

▼ Profiling
　　　　　대표
- B2B SaaS
- 마케팅&세일즈 팀 총 2명 / 전체 15명
- 마케팅: 리드 수집 / 세일즈: 리드 전환
- 고민
  ○ 네트워크 기반의 세일즈가 위주이다보니, 리드를 어떻게 생성해야 하는지 모름.
  ○ 폭발적인 리드 수급을 하고 싶음. 인바운드 리드가 생겼으면 좋겠음.
  ○ 그리고 그들을 어떤 파이프라인으로 세일즈해야하는지 모르겠음.

2023년 8월, 웨비나 기획 당시 프로파일링 문서 일부

마케팅 캠페인 기획은 반드시 해당 캠페인을 통해 확보하고 싶은 타깃 고객의 모습을 구체적으로 그리는 '프로파일링' 과정을 포함해야 합니다. 보다 해상도 높은 프로파일링을 위해 초기 고객사 10곳 중 한 곳의 대표님을 찾아가 인터뷰했습니다.

팀은 어떻게 일하고, 직원들이 퇴근한 새벽에는 어떤 고민을 하시는지 등등에 대해 구체적인 질의응답이 이어졌고, 그렇게 '대표의 입에서 직접 나온' 현장의 이야기를 그대로 웨비나 홍보 문구에 썼습니다.

그렇게 'B2B 초기 고객사 100개 만드는 방법'이라는 주제로 웨비나를 진행했고, "마케팅과 세일즈에 대한 관점이 뒤바뀌는 계기가 되었다", 팀의 열정과 치열한 고민이 느껴졌고, 주변에 꼭 공유하고 싶어지는 웨비나였다"와 같은 정성스러운 후기들을 다수 확보할 수 있었습니다.

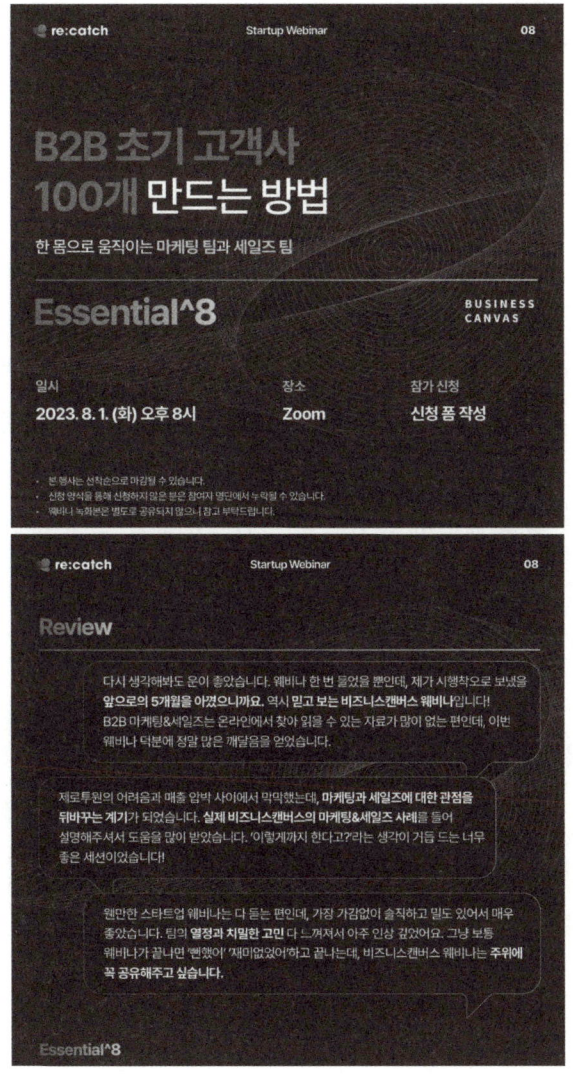

2023년 8월 리캐치 웨비나 - [B2B 초기 고객사 100개 만드는 방법] 후기글

결론 및 요약

마케팅과 세일즈의 핵심 원칙은 아이러니하게도 '팔려는 생각을 버리는 것'입니다. 이것이 바로 '펀더멘털의 역설'입니다. 많은 기업이 좋은 제품만 있으면 저절로 성공할 것이라고 착각하지만, 실제로는 뛰어난 제품뿐만 아니라 탁월한 마케팅과 세일즈가 함께 해야 비즈니스가 성장할 수 있습니다.

성공적인 B2B 비즈니스를 위해서는 잠재 고객의 여정을 인지 → 관심 → 고려 → 구매 → 사랑의 단계로 이해하고, 단계별로 적절한 전략을 세워야 합니다. 또한 제품 관여도 Product Engagement에 따라 제품에 대한 관심이나 참여도가 낮은 Non-Product Engagement 단계와 제품에 대한 관심이나 참여도가 있는 Product Engagement 단계로 구분하여 접근해야 합니다.

이러한 교훈을 바탕으로 '팔 생각을 버리고' 잠재 고객에게 실질적인 가치를 제공하는 웨비나를 진행했습니다. 제품을 직접 언급하지 않고 타깃 고객이 정말 관심 있어 하는 주제(예: '유니콘 SaaS의 GTM 전략', 'B2B 초기 고객사 100개 만드는 방법')를 다루었고, 이는 예상을 훨씬 뛰어넘는 참여와 실질적인 성과로 이어졌습니다.

마케팅과 세일즈의 기본은 언제나 '파는 것이 아니라 도움을 제공하는 것'입니다. 잠재 고객의 여정을 이해하고, 각 단계에 맞는 가치를 제공하며, 고객의 실제 문제 해결에 집중할 때 밑 빠진 독을 메우고 진정한 비즈니스 성장을 이룰 수 있습니다.

그러나 이 원칙을 실제 업무에 적용하기 위해서는 보다 구체적인 전략과 도구가 필요합니다. 이어지는 장에서는 세일즈 파이프라인의 각 단계를 심층적으로 살펴보고, 단계별로 어떻게 고객에게 가치를 제공할 수 있는지, 그리고 이를 통해 어떻게 자연스럽게 전환율을 높일 수 있는지에 대한 실질적인 방법론을 소개하겠습니다. 펀더멘털의 역설을 이해했다면, 이제 그것을 실행에 옮길 구체적인 로드맵이 필요한 때입니다.

Chapter 2
마케팅 세일즈 파이프라인

1. B2C와 B2B의 차이

"우리 제품은 정말 좋은데, 왜 매출이 안 나올까요?"

첫 번째 미팅에서 이 질문을 던진 한 스타트업 대표님의 표정이 아직도 선합니다. 기술에 대한 자부심이 있던 대표님은 '제품을 세상에 내놓기만 하면' 저절로 매출이 따라올 것이라고 생각했습니다. 아직 제품을 출시하지도 않았는데 '기술력'만으로 수십억 원에 이르는 투자금까지 유치한 직후여서 제품 출시 이후 성공에 대한 확신은 더욱 강했습니다.

하지만 제품 출시 이후 1년 동안 회사는 단 한 건의 계약도 성사시키지 못했습니다. 무엇이 문제였을까요?

대표님은 제품 브로슈어와 소개 자료를 정리한 뒤 산업별 주요 기업에 이메일을 보내며 세일즈를 시작했습니다. 미팅은 간간이 잡혔고, 몇 몇 담당자는 긍정적인 반응을 보였습니다. 하지만 미팅 이후 구체적인 진행은 이어지지 않았고, 견적 요청이나 계약 협상 단계로도 나아가지 못했습니다.

대표님은 "담당자들이 좋아했는데 왜 계약이 이루어지지 않을까?"라며 의아해했습니다. '좋은 제품을 보여주고, 관심을 보인 담당자를 설득하면 계약으로 이어질 것'으로 생각했던 기대는 무참히 무너지고 말았습니다.

가장 큰 문제는 B2B 비즈니스를 B2C처럼 접근했다는 데 있었습니다. B2C 비즈니스는 내 앞에 있는 잠재 소비자를 설득할 때 거래가 성사됩니다. 반면 B2B 비즈니스는 내 앞에 있는 잠재 고객사 담당자를 설득한다고 해서 바로 거래가 성사되지 않습니다. 여기에는 크게 세 가지 이유가 있습니다

첫째, B2B 구매자들은 개인의 취향이나 선호도가 아닌 **조직의 니즈**에 따라 의사결정을 합니다. 아무리 혁신적인 기술력을 가진 제품이라도 조직의 문제를 해결해주지 못한다면 선택받지 못합니다.

둘째, B2B 거래에서는 **담당자의 경력과 평판**이 걸려 있습니다. 잘못된 선택은 개인의 커리어에 치명적인 영향을 미칠 수 있죠. 그래서 B2B 구매자들은 '가장 좋은 제품'이 아닌 '가장 리스크가 작은 선택'을 하는 경향이 있습니다.

셋째, B2B 제품은 대부분 **조직 전체에 영향을 미치는 변화를 수반**합니다. 새로운 솔루션 도입은 기존 업무 프로세스의 변화를 의미하고, 이는 조직 구성원들의 저항을 불러일으킬 수 있습니다.

그러므로 내 앞에 있는 잠재 구매자 한 명만 설득하면 계약이 이루어

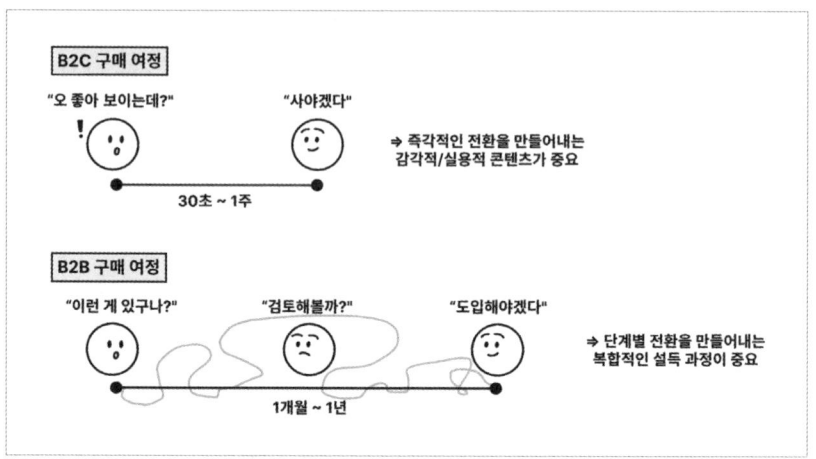

B2C 구매 여정과 B2C 구매 여정의 차이

지는 B2C의 성공방정식을 B2B에 그대로 적용할 수 없는 것입니다. 쉽게 말해, B2B 거래는 '나 혼자만 좋다고 결정할 수 없는', '구매를 잘못했을 때 나 혼자 책임진다고 끝나는 일이 아닌' 것이라고 할 수 있습니다.

B2B 비즈니스와 B2C 비즈니스의 근본적인 차이는 이처럼 B2B 비즈니스는 **구매 의사결정 과정에 영향을 주는 이해관계자가 많고 복잡하다는 것**에서 기인합니다.

커피 한 잔을 구매하는 과정을 떠올려보겠습니다. 메뉴를 고르고, 결제하고, 음료를 받기까지 걸리는 시간은 길어야 5분입니다. 구매 결정에 영향을 미치는 사람도 본인 한 명이죠. 실수로 맛없는 커피를 선택했다고 해도 그저 '다음엔 다른 걸 마셔야지' 정도로 끝납니다. B2C 거래에서는 구매 의사결정의 리스크가 작습니다.

하지만 B2B 거래는 완전히 다르게 이루어집니다. 예를 들어 한 기업이 CRM 솔루션을 도입하는 과정은 다음과 같습니다. 먼저 실무자가 서비스 조사를 한 후 여러 솔루션을 비교 분석하고 보고서를 작성합니다. 이 보고서는 팀장에게 전달되고, 팀장은 예산과 효율성을 검토합니다. 부서장 승인이 필요할 수도 있습니다. 솔루션 도입이 IT 인프라에 영향을 미친다면 IT팀의 검토도 거쳐야 합니다. 구매팀은 계약 조건을 꼼꼼히 살펴봅니다. 대규모 투자라면 이사회 승인까지 필요할 수 있습니다.

이 모든 과정이 최소 3개월, 길게는 2~3년 이상 걸리기도 합니다. 그 과정에서 다음과 같이 구매에 반대하는 '블로커' 성향의 이해관계자가 출현하기도 합니다.

1. "현재 시스템으로도 충분해요."
2. "ROI가 불확실합니다."
3. "도입하면 업무가 더 복잡해질 것 같아요."
4. "다른 솔루션을 검토해보는 게 어떨까요?"

B2B 거래에서는 '제품의 우수성'만으로는 부족합니다. 다양한 이해관계자를 설득하고, 반대를 극복하고, 신뢰를 쌓아가는 긴 여정이 필요합니다. 이것이 바로 B2C 거래와 차별화되는 B2B 거래만의 특징이자 도전 과제입니다.

2. B2B 비즈니스 성공의 키: 신뢰 자산

2019년, 첫 제품인 타입드를 내놓은 리캐치팀도 앞서 소개한 사례와 똑같은 실수를 했습니다. '좋은 제품'과 '합리적인 가격'을 내세워 유저를 모으기만 하면 된다고 생각했죠. 고액의 퍼포먼스 마케팅 광고를 집행하고, 적극적인 영업 활동을 펼쳤습니다. 결과는 앞에서 소개한 바와 같이 참담했습니다.

B2B 거래에서 구매자들이 정말 중요하게 생각하는 것은 제품의 스펙이나 가격뿐만이 아니었습니다. 당시 타입드는 다음과 같은 질문들에 대해 잠재 고객사의 핵심 이해관계자들에게 확신을 주지 못했습니다.

1. "이 회사가 1년 뒤에도 존재할까?"
2. "문제가 생겼을 때 제대로 된 지원을 받을 수 있을까?"
3. "우리 회사의 민감한 데이터를 맡겨도 될까?"
4. "실제로 약속한 가치를 제공받을 수 있을까?"

B2B 구매 의사결정은 복잡하고 리스크가 큽니다. 의사결정자들은 수많은 정보를 검토하고 분석해야 하지만, 현실적으로 모든 정보를 완벽하게 검증하는 것은 불가능합니다. 바로 이 지점에서 '**레퍼런스(추천이나 사례로 활용할 수 있는 실제 고객)**'가 중요한 역할을 합니다. 복잡한 의사결정 과정에서 휴리스틱(시간이나 정보가 부족하여 합리적인 판단을 할 수 없을 때, 또는 그럴 필요가 없을 때 사용하는 어림짐작의 기술) 역할을 하는 것이죠.

에어비앤비Airbnb, 드롭박스Dropbox, 스트라이프Stripe 등 수많은 유니콘 기업을 배출한 세계 최고 수준의 스타트업 액셀러레이터인 와이콤비네이터Y combinator가 운영하는 창업자 커뮤니티 해커뉴스Hacker News에서는 다음과 같은 인사이트가 공유되었습니다.

"첫 고객을 확보하면 이후 아웃바운드 세일즈는 훨씬 쉬워진다. 레퍼런스가 생기기 때문이다. 좋은 제품을 만들면 고객이 알아서 찾아올 것이라는 기대는 현실에서 잘 작동하지 않는다."

이처럼 B2B에서는 '제품'보다 먼저 '신뢰'를 만들어줄 수 있는 고객의 추천과 사용 사례가 핵심입니다.

잠재 고객사는 모든 리스크를 제거할 수 없기 때문에 결국 "다른 회사가 먼저 써봤는가?", "어떤 조직이 신뢰하고 있는가?"를 보고 판단합니다. 이것이 《설득의 심리학》에서 소개하는 설득의 6원칙 중 하나인 '사회적 증거Social Proof'입니다.

1984년 출간 이후 30개 이상의 언어로 번역되고, 전 세계 수백만 부 이상 판매된 《설득의 심리학》은 마케팅, 세일즈, 협상, 조직 커뮤니케이션 등 다양한 분야에서 전문가들이 가장 많이 인용하는 심리학 고전입니다. 심리학자이자 책의 저자인 로버트 치알디니Robert Cialdini는 "불확실한 상황에서 사람들은 다른 사람들의 선택을 참고하여 의사결정을 한다"라고 사회적 증거의 원리를 강조했습니다.

실제로 B2B 영업을 하다 보면, 현장에서 가장 많이 듣는 질문 중 하나가 "그래서 어디에서 써요?"입니다. 이 질문의 본질은 단순히 고객사 리스트를 확인하는 것이 아닙니다. 질문에 대한 답변으로 "S사에서도 리캐치의 솔루션을 활용해 매출 조직의 혁신을 만들어내고 있습니다"라는 말로 핵심 이해관계자들에게 다음과 같은 신뢰를 줄 수 있습니다.

1. "S사처럼 신중한 기업도 검증하고 선택했다면, 우리도 신뢰해도 되겠구나."
2. "S사 정도 규모의 기업이 사용할 만큼 안정적이구나."
3. "S사의 까다로운 보안 검증도 통과했다면, 우리도 괜찮겠네."

이처럼 B2C 비즈니스와 비교해 거래 과정이 복잡하고, 구매 의사결정에 따른 영향력의 범위가 넓으며, 결정에 따른 리스크가 큰 B2B 비즈니스를 성공적으로 만들기 위해서는 무엇보다 신뢰 자산을 잘 쌓는 것이 중요합니다. 아무리 최신식 스펙을 갖춘 제품을 판매한다고 해도, 아무리 경쟁사 대비 파괴적인 가격으로 제품을 공급한다고 해도 신뢰할 수 없다면 거래할 수 없는 것이 B2B 비즈니스의 본질입니다.

리캐치팀의 경우 처음 10개의 고객사를 확보하는 데는 3개월이 걸렸지만, 그다음 10개 사는 1개월 만에 확보할 수 있었습니다. 신뢰가 쌓이자 시장이 반응하기 시작한 것입니다. 그렇다면 어떻게 신뢰 자산을 쌓아갈 수 있을까요? 또한 '신뢰'라는 무형의 자산을 어떻게 가시적으로 관리할 수 있을까요?

그 실마리는 바로 '마케팅 세일즈 파이프라인'이라는 구조화된 프레임워크에 있습니다. 마케팅 세일즈 파이프라인은 잠재 고객이 우리를 알게 되는 순간부터 관심을 보이고, 상담을 요청하고, 계약을 체결하기까지의 모든 과정을 체계적으로 관리할 수 있는 도구이자 시스템입니다.

이제부터 B2B 비즈니스에서 거래를 만들어내기 위해 반드시 이해해야 할 핵심 개념인 '마케팅 세일즈 파이프라인'에 대해 자세히 알아보도록 하겠습니다.

3. 매출 목표는 불굴의 의지만으로 달성할 수 없다

새해를 2주 앞두고, 매출 조직 리더분들의 목표 설정을 돕고 있을 때였습니다. 그중 한 회사(이하 A사)의 새해 목표 매출은 30억 원이었습니다. 올해 대비 6배 이상의 큰 성장을 계획하고 있었기에 "어떻게 그 목표를 이루실 건가요?"라고 물었습니다.

돌아온 답변은 "어떻게 해서든 수단과 방법을 가리지 않고 반드시 이뤄내고 말겠습니다"였습니다.

답변이 충분치 않아 다시 "혹시 ACV$^{\text{Annual Contract Value}}$(고객당 연간 계약 금액)가 얼마인가요?"라고 묻자, 돌아온 답은 "1,000만 원"이었습니다.

"혹시 영업 미팅을 10번 하면 그중 유료 계약까지 이어지는 전환율$^{\text{Win ratio}}$이 얼마나 되나요?"라는 질문에 "10%입니다. 10번 미팅하면 1번 정도 계약으로 이어지더라고요"라고 답했습니다.

이 두 숫자를 바탕으로 간단한 역산을 해보았습니다. 30억 원의 매출을 달성하려면 1,000만 원짜리 계약이 총 300건 필요합니다. 하지만 전환율이 10%라는 것은 10번의 미팅 중 1건이 계약으로 이어진다는 뜻이므로 300건의 계약을 위해서는 무려 3,000번의 미팅이 필요하다는 계산이 나옵니다.

그래서 다시 질문했습니다. "하루에 미팅을 최대 몇 번까지 하실 수 있으신가요?"

"5건 정도 가능합니다"라는 답이 돌아왔고, 이는 일주일에 최대 25건, 1년에 약 1,200건의 미팅이 가능하다는 의미였습니다. 결국 3,000건의 미팅이 필요한 상황에서 연간 1,200건의 미팅만 가능한 구조라면, 현재 설정된 목표는 물리적으로 달성이 어렵다는 결론에 다다릅니다.

이런 계산 앞에서 리더분은 잠시 말을 멈췄고, 곧 이렇게 말씀하셨습니다.

"흠… 그러네요. 이대로라면 좀 어렵겠는데요…."

단계	기준 수치	계산	필요수치
연간 목표 매출	30억 원	-	30억 원
ACV(평균 거래 금액)	1,000만 원	30억 원÷1,000만 원	300건 계약 필요
계약 전환율	10%	300건÷0.1	3,000건 미팅 필요
가능한 영업 미팅 수	연 1,200건	-	1,200건 미팅 가능
		1,200건÷3,000건	40% 달성(60% 미달)

리버스엔지니어링 역공학

A사 사례처럼 매출은 불굴의 의지만으로 달성할 수 있는 것이 아닙니다. 매출 목표 달성은 세일즈 파이프라인이라는 올바른 사고의 틀에 기반하여 주도면밀한 계획과 치열한 실행이 수반되었을 때 비로소 달성해 나갈 수 있는 과제입니다.

세일즈 퍼널 vs 세일즈 파이프라인: '관점'의 차이

세일즈 파이프라인에 대해 잘 이해하기 위해서는 먼저 세일즈 퍼널과의 차이에 대해 이해하고, 각 단계를 정의할 수 있어야 합니다.

두 프레임워크의 가장 큰 차이는 '관점'입니다. 퍼널은 '고객 관점'에서 파이프라인은 '기업 관점(마케팅·세일즈팀)'에서의 단계를 구분해놓은 것이지요.

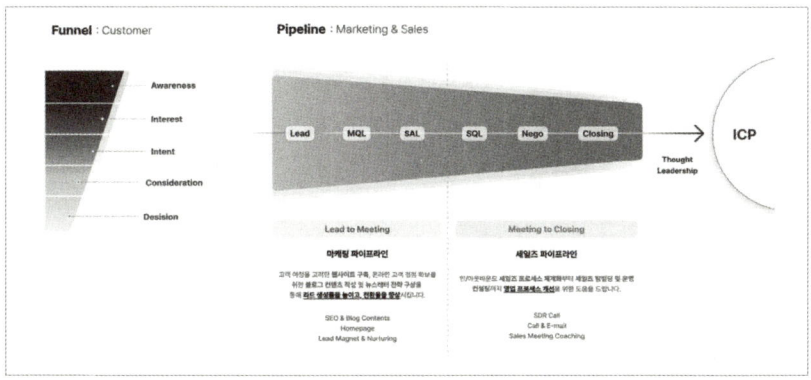

이 둘은 자주 혼용되지만, 전혀 다른 목적과 쓰임새를 가지고 있습니다. 한 기업에서 리캐치 웹사이트를 통해 도입 문의를 넣기까지의 여정을 살펴보겠습니다.

1. 2023년 9월: 마케팅 팀원이 리캐치 B2B 벤치마크 리포트를 다운로드하고 사내 메신저로 동료들에게 리포트 내용을 공유
2. 2024년 3월: 마케팅 팀장이 구글 검색 여정에서 리캐치 블로그를 발견하고 B2B 벤치마크 리포트를 다운로드

3. 2024년 6월: 뉴스레터를 통해 B2B 마케팅 세일즈 관련 세미나 소식을 접한 마케팅 팀장이 세미나 참여 신청
4. 2024년 6월: 세미나 이후 후속 이벤트에 참여 신청
5. 2024년 7월 말: SDR 및 세일즈로부터 팔로업을 지속적으로 받다가 CRM 도입 타이밍에 맞추어 웹사이트에서 도입 문의 제출

세일즈 퍼널$^{Sales\ Funnel}$이란 고객 관점에서 제품을 인지하고 실제 구매하기까지 거치는 구매 결정 과정을 깔때기 모양으로 표현한 것입니다. 제품에 대한 관심과 니즈가 충분하지 않아 구매하지 않기로 한 사람들은 단계를 거칠수록 이탈하기 때문에 아래로 갈수록 좁아지는 깔때기의 모습을 보입니다.

반면, 파이프라인은 매출 조직의 관점에서 바라본 영업 프로세스입니다. 파이프라인은 '영업 담당자'가 '영업 기회'를 어떻게 후속 단계로 진전시켜 나갈 것인지에 초점을 맞춥니다. 매출 조직의 목표 수립과 실행은 오롯이 이 개념에서 시작해야 합니다.

많은 B2B 기업이 "우리도 세일즈 파이프라인을 관리하고 있어요"라고 말합니다. 하지만 실제로 들여다보면 대부분 형식적인 수준에 그치는 경우가 많습니다. 마치 건강검진 결과지를 받아 들고 각 수치가 무엇을 의미하는지, 그에 따라 어떤 행동을 취해야 하는지 모르는 것과 비슷하죠.

진정한 의미의 파이프라인 관리란, 단순히 영업 기회를 몇 개의 단계로 구분하는 것이 아닙니다. 단계마다 명확한 정의, 획득해야 하는 정보, 전환 활동, 도구 등이 세밀하게 설계되어야 합니다. 그럴 때 비로소 파이프라인이 영업 활동의 나침반 역할을 제대로 할 수 있습니다.

리드Lead와 검증Qualify에 대한 이해

세일즈 파이프라인에는 여러 단계의 리드가 존재합니다. 리드는 우리 제품이나 서비스에 관심이 있고 구매 가능성이 있는 잠재 고객을 의미하는데, 보통 리드의 유효성과 성숙도에 따라 Lead → MQL → SAL → SQL 등으로 나누어 관리합니다. 비즈니스 모델과 영업 특성에 따라 단계별 정의는 다릅니다만, 일반적인 정의와 예시를 적어보겠습니다.

MQL Marketing Qualified Lead은 마케팅 활동을 통해 유입되었고, 일정 기준을 충족하여 마케팅팀에서 '영업 가능성이 있다'라고 판단한 리드를 의미합니다.

SAL Sales Accepted Lead은 마케팅이 넘긴 리드를 영업팀이 받아들인 상태로 영업팀 내부 기준에 따라 검토를 마친 리드입니다. 리캐치팀 기준으로는 영업 미팅이 수립된 잠재 고객사를 의미합니다.

SQL Sales Qualified Lead은 실제 영업이 추진될 수 있을 만큼 구매 의사가 명확히 확인된 리드를 뜻합니다. 리캐치팀은 SQL을 크고 시급한 문제를 발굴했는지의 여부와 솔루션 도입을 진행하는 것에 대한 조직 내 핵심 이해관계자들의 동의를 얻었는지의 여부에 따라 Level 1부터 4까지 구분하여 관리하고 있습니다. 다음 [표 1]은 리드부터 계약 성사를 의미하는 클로징Closing까지 마케팅 세일즈 파이프라인의 단계별 정의입니다.

이 구조는 B2B 거래에서 매우 중요합니다. B2C와는 달리 B2B에서는 '고객이 당장 구매할지 여부'를 판단하기 어려운 경우가 많기 때문입니다. 예를 들어 B2C에서는 온라인 쇼핑몰에 들어온 고객이 장바구니에 상품을 담고 결제를 완료하면 그 과정 자체가 자연스러운 구매 전환 흐름을 만듭니다. 고객 1명, 제품 1개, 클릭 몇 번이면 구매가 완료됩니다.

단계	정의
Lead	- 컨택포인트(연락처, 메일)가 확보됨 - 가장 차가운 온도의 잠재 고객 (ex. 뉴스레터 구독, 박람회 명함 교환)
MQL	- 마케팅팀이 제시한 CTA(Call to Action)에 반응하면서 - 동시에 ICP(Ideal Customer Profile) 조건을 만족함
SAL	- 잠재 고객사의 담당자와 영업사원의 최초 미팅이 수립됨
SQL	- (1차 미팅 이후) 후속 세일즈 미팅이 수립됨 - 또는 마감 기한이 예상됨
Negotiation	- 고객사에 계약서를 송부함
Closing	- 계약서에 고객사가 서명을 완료함 - 또는 입금을 진행함

[표 1] 세일즈 파이프라인의 단계별 정의

하지만 B2B에서는 다릅니다. 고객이 우리 콘텐츠를 다운로드하거나, 웨비나에 참석했다고 해서 바로 계약으로 이어지는 경우는 극히 드뭅니다. B2B 리드는 다양한 형태의 '관심 표현'을 하며 점진적으로 성장합니다. 뉴스레터를 구독하거나, 기능 설명서를 열람하거나, 도입 사례를 읽고 담당자에게 질문을 남기는 등 수많은 '시그널'을 남기며 천천히 구매를 고려하죠.

핵심은 모든 리드를 동일한 품질의 리드로 판단하지 않고 '구별'하는 것입니다. 이를 '**검증한다**' 혹은 '**선별한다**'라고 합니다. 1,000개의 리드가 있다고 해서 1,000번의 영업 미팅을 해서는 안 됩니다. 이상적인 잠재 고객만을 골라서 만나야 하겠지요. 목표 달성에 도움이 될 고객에 대한 힌트는 영업 생산성 공식과 ICP에 있습니다.

4. 영업 생산성을 측정할 단 하나의 공식: # × $ × % / L

   두 유형의 고객이 있습니다. 어떤 고객에게 제품과 서비스를 판매하는 것이 기업 입장에서 좋은 선택일까요?

- **유형 1**: 영업 미팅- 클로징 리드타임 3개월 소요
- **유형 2**: 영업 미팅-클로징 리드타임 6개월 소요

   100명에게 물으면 100명 모두 유형 1의 고객이 적합하다고 이야기할 것입니다. 더 빠르게 거래가 성사될 수 있기 때문이죠. 이어서 변수 한 개를 추가해보겠습니다. 다음과 같은 경우에는 어떤 유형의 고객이 영업 활동을 전개해나가기에 적합할까요?

- **유형 1**: 평균계약가치$^{ACV\text{-}Average\ Contract\ Value}$ 150만 원, 리드타임 3개월 소요
- **유형 2**: 평균계약가치$^{ACV\text{-}Average\ Contract\ Value}$ 1,500만 원, 리드타임 6개월 소요

   이번엔 '유형 2가' 더 우세해 보입니다. 평균계약가치가 유형 1보다 10배 가까이 높기 때문이죠. 다만, 리드타임이 2배 더 걸리기 때문에 지금 당장 유형 2의 고객이 유형 1보다 '월등히 좋다'라고 판단하기에는 무리가 있어 보입니다.

   이어서 2개의 변수를 더 추가해보겠습니다.

- **유형 1:** 평균계약가치^{ACV-Average Contract Value} 150만 원, 리드타임 3개월 소요, 미팅에서 계약으로의 전환율 20%, 연간 수주 예상 고객사 총 100곳
- **유형 2:** 평균계약가치^{ACV-Average Contract Value} 1,500만 원, 리드타임 6개월 소요, 미팅에서 계약으로의 전환율 40%, 연간 수주 예상 고객사 총 30곳

이제, 어떤 유형의 고객사를 대상으로 영업 활동을 전개해야 할까요? 관련 문제에 정확한 답을 내놓기 위해서는 영업 생산성에 대한 이해가 필요합니다. 영업 현장에서는 여전히 '몇 개의 고객사를 만들었는지', '얼마의 매출을 올렸는지'로만 영업을 '잘하고 있다/못하고 있다'를 평가하곤 합니다.

고객사 수와 매출액은 중요합니다. 그러나 제한된 시간 동안 얼마나 많은 고객사를 대상으로 최대한의 가격으로 판매하고 있는지를 나타내는 영업 생산성을 측정하지 않으면 영업팀은 가장 위험한 '비효율적인 영업 활동'을 '열심히'하는 실수를 범하게 됩니다.

영업 생산성을 측정하기 위해서는 매출액뿐만 아니라 더 많은 요소를 함께 살펴보고 개선해나갈 수 있어야 합니다. 해당 요소들을 공식화하면 다음과 같습니다.

 # × $ × % / L = Sales velocity

1. #은 영업 기회의 수입니다. 현재 얼마나 많은 영업 기회를 진행하고 있는지를 나타냅니다.
2. $은 ACV(Average contract value), 즉 평균계약가치입니다.
3. %는 Win rate, 즉 영업 기회의 계약 전환율입니다.

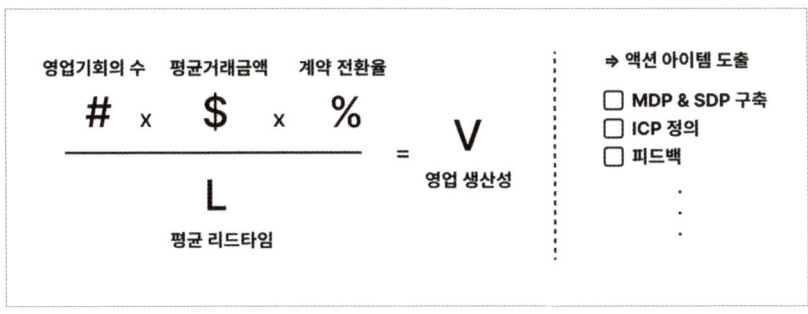

출처: 세일즈해커 럭키 브런치

4. L은 Sales cycle length(평균 리드 타임), 즉 영업 주기의 길이입니다.

각각의 요소들을 분자/분모화하면 마침내 Sales velocity(판매 속도)로 영업 생산성을 측정할 수 있게 됩니다.

예를 들어, 기존 Sales velocity가 [(10×$50,000×30%)/60일 = $2,500/일]이었다고 가정할 때, 전환율을 40%로 높이거나 영업 주기를 50일로 줄이면 [(10×$50,000×40%)/50일 = $4,000/일]로 개선될 수 있습니다. 이처럼 Sales velocity를 측정하는 것은 영업팀이 더 빠르게 많은 수익을 창출할 수 있도록 최적화하는 데 기여할 수 있습니다.

단순히 '얼마를 벌었는지' 측정하는 것만으로는 "다음 분기에 더 열심히 해서 더 벌자"라는 단순한 액션밖에 도출할 수 없는 반면, Sales velocity를 기준으로 이야기하면 "전환율을 개선하자, 영업 기회의 수를 늘리자, 평균 거래단가를 높이자, 리드 타임을 줄이자"로 보다 구체화한 전략과 액션을 도출할 수 있겠지요.

다시 예시로 돌아가 답을 도출해보면 다음과 같습니다.

항목	유형 1	유형 2
ACV(평균계약가치)	150만 원	1,500만 원
계약 전환율	20%	40%
예상 고객 수	100곳	30곳
리드 타임	3개월	6개월
계산식	(100×0.2×1,500,000)÷3 = 10,000,000원/월	(30×0.4×15,000,000)÷6 = 30,000,000원/월
월간 영업 생산성	1,000만 원/월	3,000만 원/월

결론: 유형 2 고객사를 대상으로 영업하는 것이 세일즈 효율 면에서 3배 더 유리합니다.

5. ICP: Shut up and take my money!

영업 생산성을 향상시키기 위해 가장 먼저 고려해야 할 것은 ICP$^{Ideal\ Customer\ Profile}$, 즉 이상적 고객 프로파일에 대한 정의입니다. ICP는 쉽게 말해 우리 서비스를 도입함으로서 가장 큰 가치를 느낄 수 있는 고객입니다. 매출 조직의 입장에서는 '매출'을 가장 '빠르게, 많이 지속적'으로 안겨줄 고객이기도 합니다.

하루 종일 열심히 영업 활동을 하는데 막상 전환율은 너무 낮고, 평균 거래 금액도 떨어지고, 리드 타임도 너무 길다면 우리의 ICP가 아닌 고객사를 대상으로 영업 활동을 하고 있을 확률이 높습니다. 우리 서비스

애니메이션 <퓨처라마(Futurama)>의 '프라이(Fry)' 캐릭터 밈

를 제값 주고 빠르게 구매할 고객을 다시 정의하고 그에 맞는 영업 활동을 전개해나가는 것이 낮은 가격으로 사고 느리게 구매할 고객에게 집착하는 것보다 훨씬 나은 선택입니다.

구체적으로 정의한 ICP(이상적 고객 페르소나)는 기업이 제품을 기획하고 잠재 고객을 우선순위화해서 마케팅과 영업을 하는 기준이 됩니다. 많은 기업이 우리의 ICP는 어떤 일을 하고, 어떤 공간에서 누구와 함께 일을 하며, 어떤 상황에서 어떤 계기와 필요로 인해 우리의 제품을 사용하게 될지를 상상해보고 ICP의 프로필을 작성합니다.

ICP는 효과적인 비즈니스 방법론일 뿐만 아니라, 실전 세일즈에 적용되는 기준입니다. 초기 비즈니스의 경우 첫 세일즈는 단순 매출을 만드는 것이 아니라 가설을 검증하는 역할을 합니다. 그렇기 때문에 초기에 '누구를 고객으로 모시는지'가 비즈니스의 방향성이나 성장에 큰 영향을 미칩니다. 따라서 비즈니스를 빠르게 확장하려면 ICP를 중심으로 '우선순위가 높은' 고객을 우선해서 만나는 것이 중요합니다.

한편, ICP를 정의하는 데 있어 반드시 주의할 점이 있습니다. ICP를 '한 번 정의했으면 고정 불변한 것'으로 여기는 것이 아니라 기업의 내·외부 환경 변화에 따라 유연하게 바꿔나가는 것입니다.

《생존을 넘어 번창으로》에서 저자는 초기 스타트업이 제품-시장 적합성을 찾아나가는 과정에서 기업 자원의 70%를 핵심 가설에 해당하는 고객군에 투자하고, 반드시 나머지 30%를 주변 가설에 해당하는 고객군에 투자하라고 말합니다.

신규 사업팀이 실패하는 주요 요인 중 하나는 '초기 가설에의 집착'입니다. 비즈니스의 가치는 고객의 문제를 해결하는 과정에서 창출되는 것임에도 불구하고 많은 팀이 만들고 싶은 제품과 팔고 싶은 고객(초기 가설에 해당하는 고객)을 대상으로 시간과 자원을 열심히 쏟아붓는 과오를 범하는 것이지요. 다시 강조하면, ICP를 정의해나갈 때는 핵심 ICP와 주변 ICP 모두에 유연하게 가능성을 열어놓고 정의하는 것이 좋습니다.

예시: 리캐치팀 ICP 기준의 변화

기업의 내/외부 환경 변화에 따라 핵심 ICP와 주변 ICP의 기준 및 정의는 언제든지 유연하게 변화할 수 있으며, 그에 따라 인적/물적 리소스의 분배가 달라질 수 있다는 것을 이해해야 합니다. 6개월에 걸쳐 변화한 리캐치팀의 ICP 기준을 예시로 소개해봅니다.

[2024년 2월]

1. 핵심 ICP 기준

- 시드 투자를 유치한 Pre-A 이전의 초기 스타트업 대표
- 월에 최소 1개 이상 10개 이하의 도입 문의가 들어오고 있음
- 다음 투자 유치 라운드까지 유료 고객사 100개 확보를 목표로 하고 있음

→ 팀 리소스 약 70% 분배

2. 주변 ICP 기준

- Series-A 이후 단계로 스타트업의 마케팅 또는 세일즈팀 리더
- 월에 최소 10개를 초과하는 도입 문의가 들어오고 있음

→ 팀 리소스 약 30% 분배

[2024년 8월]

1. 핵심 ICP 기준

- 연매출 1,000억 원 이상 중견 기업 또는 대기업의 신사업팀 리더
- MVP$^{Minimum\ Viable\ Product}$ 제작이 완료되었음
- 마케팅-세일즈 퍼널을 구축하고 CRM을 활용하는 것에 대한 니즈가 있음

→ 팀 리소스 약 70% 분배

2. 주변 ICP 기준

- Seed 투자를 유치한 Pre-A 이전의 초기 스타트업 대표
- 월에 최소 1개 이상 10개 이하의 도입 문의가 들어오고 있음
- 다음 라운드까지 유료 고객사 100개 확보를 목표로 하고 있음

→ 팀 리소스 약 30% 분배

결론 및 요약

세일즈 파이프라인에 대한 이해는 B2B 비즈니스 성공의 핵심입니다. 이번 장에서 살펴본 것처럼 성공적인 매출 창출을 위해서는 파이프라인의 각 단계를 이해하고 체계적으로 접근하는 것이 중요합니다.

많은 기업이 '제품만 좋으면 저절로 팔릴 것'이라는 환상에 빠지지만, 현실은 그렇지 않습니다. 특히 B2B 거래에서는 구매 의사결정이 복잡하고 여러 이해관계자가 관여하기 때문에 B2C 거래와는 다른 접근이 필요합니다. 단순히 제품의 기능을 강조하는 것보다 잠재 고객의 신뢰를 얻는 것이 우선입니다.

마케팅 세일즈 파이프라인을 관리할 때는 영업 생산성을 함께 고려해야 합니다. 영업 생산성 공식(# × $ × % / L)을 통해 얼마나 많은 영업 기회를 얼마나 높은 가격에 얼마나 높은 전환율로 얼마나 짧은 시간 내에 성사시킬 수 있는지 측정하고 개선할 수 있습니다.

또한 ICP$^{Ideal\ Customer\ Profile}$ 정의는 매출 조직의 제한된 리소스를 효과적으로 분배하는 데 중요한 역할을 합니다. 모든 잠재 고객이 동일한 가치를 지니는 것은 아니며, '매출을 가장 빠르게, 많이, 지속적으로 안겨줄 고객'을 파악하고 집중하는 것이 효율적입니다. 이 과정에서 핵심 ICP와 주변 ICP를 구분하고, 시장 환경 변화에 따라 유연하게 조정해나가는 것이 필요합니다.

리드 관리와 검증 프로세스를 통해 잠재 고객을 Lead → MQL → SAL → SQL → Negotiation → Closing 등으로 나누어 단계별로 접근하면 마케팅팀과 영업팀의 시간과 노력을 효율적으로 사용할 수 있습니다. 특히 영업팀은 구매 가능성이 높은 리드에 집중함으로써 전환율을 높이고 영업 주기를 단축할 수 있습니다.

다음 장에서는 이러한 파이프라인을 채우는 첫 단계인 트래픽과 리드 생성에 초점을 맞추겠습니다. 어떻게 하면 잠재 고객의 관심을 끌고, 웹사이트 방문자를 유입시키며, 궁극적으로 이들을 웜 리드 warm lead로 전환할 수 있는지 살펴봅니다. 디지털 마케팅 채널부터 콘텐츠 마케팅, 인바운드 및 아웃바운드 전략까지 효과적인 리드 생성을 위한 다양한 전략과 실전 사례를 살펴보도록 하겠습니다. 또한 트래픽을 리드로, 리드를 영업 기회로 전환하는 과정에서 필요한 핵심 도구와 방법론도 함께 알아보겠습니다.

2부

블로그도 쓰고 웨비나도 하는데 왜 문의가 안 들어올까?

방문자를 영업 기회로 전환하는
진짜 B2B 마케팅

1. B2B 비즈니스에 다가온 변화

소개, 콜드콜, 콜드메일 이외에도 고객을 만들어낼 수 있는 채널들이 존재합니다.

"지난 달 리드 확보 실적이 어땠나요?"

영업팀장의 질문에 신규 영업 담당자가 당황한 표정을 짓습니다.

"저는 콜드콜에 집중했는데, 생각보다 결과가 좋지 않네요. 지난달은 500곳 이상 전화했지만, 고작 5건의 미팅만 잡았습니다."

이러한 상황은 B2B 영업 현장에서 매우 흔한 일입니다. 기존의 방식만으로는 안정적인 영업 기회를 만들어내기가 점점 더 어려워지고 있습니다.

좋은 제품과 탁월한 영업팀이 있어도 리드 없이는 아무것도 시작할 수 없습니다. 성장 단계를 막론하고, 모든 B2B 기업의 고민은 '리드젠^{Lead} $_{generation}$(잠재 고객 생성)'입니다. 리드의 씨가 마르면, 유료 고객으로 전환시킬 잠재 고객 풀이 없다는 뜻이고, 이는 기업에 있어 큰 적신호입니다.

스타트업이나 신사업팀의 경우, 상황은 더욱 어렵습니다. 대표와 팀 리더의 부모님, 교수님, 선후배, 삼촌의 사촌까지 네트워크를 탈탈 털고, 콜드메일을 수만 개씩 보내봐도 기껏해야 회신은 한두 통뿐이지요. 리드가 없으면 세일즈 미팅을 만들어낼 수 없고, 세일즈 미팅이 부족하면 그에 비례하여 계약 건수가 부족해지기 때문에 모든 B2B 기업 생존의 첫 단추는 단연 양질의 리드를 많이 만들어내는 것입니다.

리드를 만들어내는 방식은 '아웃바운드'와 '인바운드' 두 가지로 나눌 수 있습니다. 두 방식은 각각 다른 특성과 장단점을 가지고 있으며, 이를 명확히 이해하는 것이 효과적인 리드 생성 전략을 수립하는 첫걸음이라고 할 수 있습니다.

먼저 아웃바운드란, 직접 잠재 고객을 찾아 나서는 방식입니다. 전통적인 방식의 B2B 영업이라고 할 수 있습니다. 콜드콜, 콜드메일, 네트워킹 이벤트 참여, 때로는 '빌딩 타기'라고 불리는 방문 영업까지 모두 아웃바운드 리드 생성의 예입니다. 이는 마치 사냥꾼이 사냥감을 찾아 나서는 것과 같습니다. 영업 담당자가 능동적으로 움직여 잠재 고객을 발굴하고 접촉하는 방식이죠. 전통적인 B2B 영업에서 아웃바운드는 가장 직관적이고 즉각적인 방법이었습니다. 그러나 이 방식에는 몇 가지 분명한 한계가 있습니다.

첫째, 콜드콜, 콜드메일, 소개만으로는 안정적인 리드 생성이 어렵습니다.

어느 날은 2건의 미팅을 잡을 수 있지만, 다음 날은 단 한 건도 잡지 못할 수 있습니다. 이러한 불확실성은 매출 예측을 어렵게 만들고 비즈니스 계획 수립에 혼란을 가져옵니다.

둘째, 확장성의 문제가 있습니다.

영업 담당자의 시간과 에너지는 한정되어 있습니다. 하루에 처리할 수 있는 콜드콜과 이메일의 수는 제한적이며, 매출 목표가 높아질수록 이러한 한계는 더욱 뚜렷해집니다.

셋째, 비효율성의 문제입니다.

아웃바운드 방식은 종종 '샷건 접근법'이라고도 불립니다. 넓은 범위에 무차별적으로 접근하는 경우 실제 구매 의향이 있는 고객을 찾아내는 효율이 매우 낮습니다.

넷째, 아웃바운드만으로는 브랜드 인지도와 신뢰도를 구축하기 어렵습니다.

콜드메일이나 콜드콜은 종종 스팸으로 인식되며, 이는 잠재 고객과의 긍정적인 관계 형성을 방해합니다.

반면, 인바운드는 잠재 고객이 그들의 자발적인 의지로 우리에게 찾아오게끔 하는 방식입니다. 유용한 콘텐츠, 웨비나, PR, 소셜 미디어 활동 등을 통해 잠재 고객의 관심을 끌고, 그들이 자발적으로 제품과 서비스에 관심을 갖게 만드는 것이죠. 이는 농부가 밭을 가꾸고 씨앗을 뿌려 수확을 기다리는 것과 같습니다. 처음에는 시간과 노력이 더 들어갈 수 있지만, 일단 시스템이 구축되면 더 안정적이고 지속 가능한 결과를 얻을 수 있습니다.

인바운드 마케팅의 핵심은 잠재 고객이 정보를 찾는 바로 그 시점에 그들에게 가치 있는 콘텐츠를 제공하는 것입니다. 이를 통해 자연스럽게 브랜드 인지도를 높이고, 신뢰를 구축하며, 결국에는 영업 기회로 연결할 수 있습니다.

인바운드 리드를 생성해야 하는 이유는 단순하면서도 강력합니다.

첫째, 인바운드 리드는 아웃바운드에 비해 전환율이 월등히 높습니다.

실제로 여러 연구에 따르면 인바운드 리드의 전환율은 아웃바운드에 비해 최대 10배까지 높은 것으로 나타났습니다. 이는 인바운드 리드가 이미 제품과 서비스에 관심을 가지고 있는 상태이기 때문입니다.

둘째, 비용 효율이 좋습니다.

초기에는 콘텐츠 생성과 마케팅 활동에 투자가 필요하지만, 장기적으로는 아웃바운드 방식보다 고객획득비용^{CAC}이 크게 낮아집니다.

셋째, 확장성이 좋습니다.

인바운드 시스템은 한번 구축해놓으면 24시간 365일 작동합니다. 이는 영업팀이 잠을 자는 동안에도 리드가 생성될 수 있음을 의미합니다.

넷째, 안정적인 리드 파이프라인을 구축할 수 있습니다.

인바운드 마케팅은 시간이 지남에 따라 누적되는 효과가 있어, 점점 더 안정적인 리드 유입을 가능하게 합니다. 때문에 점점 매출의 예측 가

시성도 높아집니다.

다섯째, 전문성과 신뢰도를 구축하는 데 큰 도움이 됩니다.

유용한 콘텐츠를 지속적으로 제공함으로써 업계의 '사고 리더'로 포지셔닝할 수 있으며, 이는 브랜드 가치와 고객 신뢰도를 높이는 데 결정적인 역할을 합니다.

구글 키워드 검색량 추이를 살펴보면 2019년 대비 2020년에 '웨비나' 키워드의 검색량이 200 중반에서 2,000 중반으로 무려 10배 가까이 상승했습니다. 코로나19 발생 이후 대면 환경에서 주로 이루어지는 오프라인 박람회를 통한 리드 수집과 네트워크 소개 등 전통적인 방식의 B2B 영업만으로는 안정적인 리드 수급을 기대하기 어려워졌고, 웨비나와 같이 비대면 방식으로 리드를 만들어낼 수 있는 새로운 방식에 대한 관심도가 높아진 것으로 볼 수 있습니다.

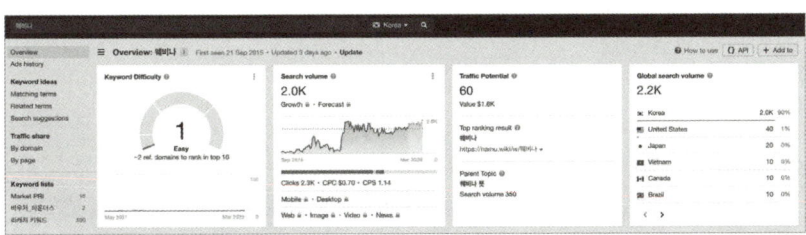

2020년 급증한 '웨비나' 키워드 검색량

리캐치팀이 리멤버와 함께 2022년 대비 2023년에 매출 2배 이상의 매출 성장을 만든 기업 121개 사로부터 수집한 데이터를 담은 〈B2B를 2배 더 파는 기업의 모든 것〉 벤치마크 리포트에서도 점차 B2B 기업들이 잠

매출 구간별

채널	전체 기업	10억 미만 기업	10-25억 기업	100-500억 기업	500억 기업
기존 네트워크	64%	53%	58%	70%	81%
제휴/파트너십	54%	40%	54%	70%	56%
박람회	54%	53%	58%	40%	56%
웨비나/세미나/컨퍼런스	42%	47%	38%	50%	31%
이메일/뉴스레터	31%	30%	27%	30%	31%
자체 운영 SNS	27%	30%	23%	15%	31%
자체 운영 블로그/SEO	24%	30%	23%	15%	19%
자체 운영 영상 콘텐츠	18%	17%	19%	10%	13%
퍼포먼스 마케팅	18%	23%	19%	15%	13%
인플루언서 마케팅	7%	0%	8%	10%	19%

출처: [리캐치×리멤버] <B2B를 2배 더 파는 기업의 모든 것> 벤치마크 리포트

재 고객을 발굴하는 채널이 다양화되고 있음을 확인할 수 있습니다.

 매출 성장률을 2배 이상 기록한 전체 응답 기업들은 전반적으로 다양한 채널을 활용해 잠재 고객을 효과적으로 유치하고 있었습니다.

 조사 결과에서는 잠재 고객과의 관계를 지속하는 채널의 활용도가 돋보였는데 웨비나/세미나/컨퍼런스 이용률이 42%, 이메일/뉴스레터가 31%, 자체 운영 SNS가 27%, 콘텐츠/SEO가 24%로 이어졌습니다. 특히 이메일/뉴스레터는 모든 매출 구간에서 약 3분의 1이 활용하고 있는 주요 채널이었습니다.

타깃 고객 규모별

채널	소 (50인 이하)	중소(51-300인)	중견/대기업(301인 이상)	소&중소	중소&중견/대기업	소&중소&중견/대기업
웨비나/세미나/컨퍼런스	21%	43%	43%	0%	54%	60%
자체 운영 블로그/SEO	32%	22%	10%	40%	31%	40%
자체 운영 영상 콘텐츠	21%	35%	3%	20%	23%	25%
자체 운영 SNS	21%	22%	20%	20%	31%	55%
퍼포먼스 마케팅	37%	22%	0%	20%	23%	30%
인플루언서 마케팅	5%	9%	0%	40%	8%	15%
제휴/파트너십	26%	57%	55%	100%	54%	60%
박람회	26%	70%	53%	40%	77%	50%
이메일/뉴스레터	21%	43%	20%	40%	31%	50%
기존 네트워크	47%	57%	80%	60%	46%	65%

출처: [리캐치×리멤버] <B2B를 2배 더 파는 기업의 모든 것> 벤치마크 리포트

리포트에 따르면 타기팅하는 고객 규모에 따라 활용하는 채널에도 차이가 나타났습니다. 소기업(50인 이하)을 타깃으로 하는 기업들은 주로 디지털 채널을 활용하여 잠재 고객에게 접근했습니다. 이들은 퍼포먼스 마케팅(37%)과 콘텐츠/SEO(32%)를 사용해 효율적인 디지털 마케팅을 추구하고 있습니다.

중소기업(51~300인)을 타깃으로 하는 기업들은 박람회(70%)와 제휴/파트너십(57%)을 주요 채널로 활용합니다. 웨비나/세미나(43%)를 통한 교육형 마케팅도 중요한 전략으로 활용합니다.

대기업(301인 이상)을 대상으로 하는 기업들은 기존 네트워크를 가장 많이 활용하며(80%), 이를 통해 신뢰를 바탕으로 한 깊은 관계 형성과 직접적인 비즈니스 기회를 창출합니다. 제휴/파트너십(55%)과 박람회(53%)도 중요한 채널로 자리 잡고 있습니다.

타깃 고객의 규모가 커질수록 기존 네트워크 활용 비중이 증가하고, 퍼포먼스 마케팅의 활용은 감소하는 경향을 보입니다. 중견 및 대기업을 타깃으로 한 기업 중에서는 퍼포먼스 마케팅을 활용하는 비율이 0%인 것으로 나타났습니다.

소규모에서 대기업에 이르는 다양한 규모의 고객층을 타깃으로 하는 기업들은 웨비나(60%), 자체 운영 SNS(55%), 제휴/파트너십(60%) 등을 균형 있게 활용하고 있으며, 이는 폭넓은 고객층을 효과적으로 관리하고 다양한 고객의 요구를 만족시키기 위한 전략으로 보입니다.

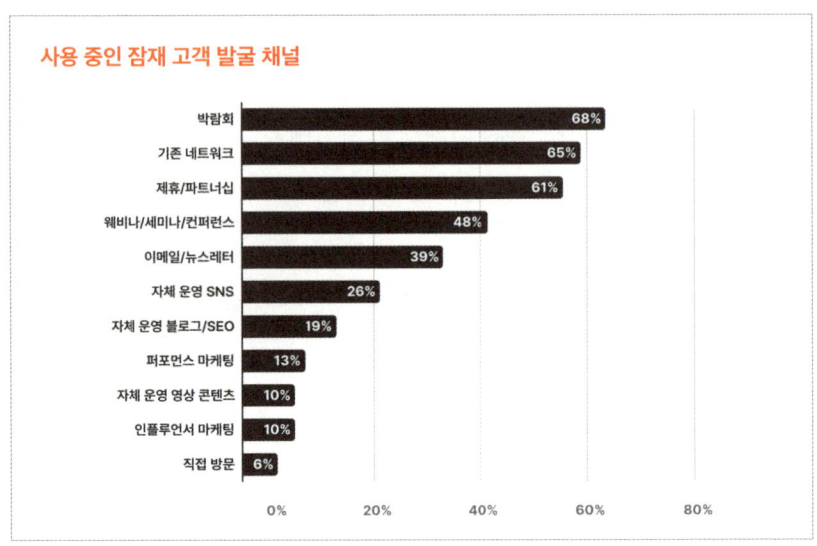

출처: [리캐치×리멤버] <B2B를 2배 더 파는 기업의 모든 것> 벤치마크 리포트

한편, 매출 성장률이 2배 이상인 기업들 중에서도 성장률 상위 25%에 속하는 기업들은 주로 박람회(68%), 기존 네트워크(65%), 제휴/파트너십 (61%) 채널을 활발히 활용하고 있었습니다. 이들 채널은 직접적인 비즈니스 기회 창출과 강력한 비즈니스 연결을 가능하게 하며 높은 활용도를 보입니다.

가장 효과적인 채널로는 기존 네트워크가 45%로 꼽혔으며, 제휴/파트너십이 23%로 그 뒤를 이었습니다. B2B 비즈니스의 특성상 신뢰를 바탕으로 한 직접적인 관계 형성이 즉각적인 성과로 이어지는 경향이 있습니다.

다른 한편으로, 이메일/뉴스레터(39%), SNS(26%), 콘텐츠/SEO(19%) 등 디지털 채널들도 폭넓게 활용되고 있습니다. 뿐만 아니라, 웨비나와 세미나, 컨퍼런스는 48%의 높은 활용도를 보이며, 이러한 채널들은 장

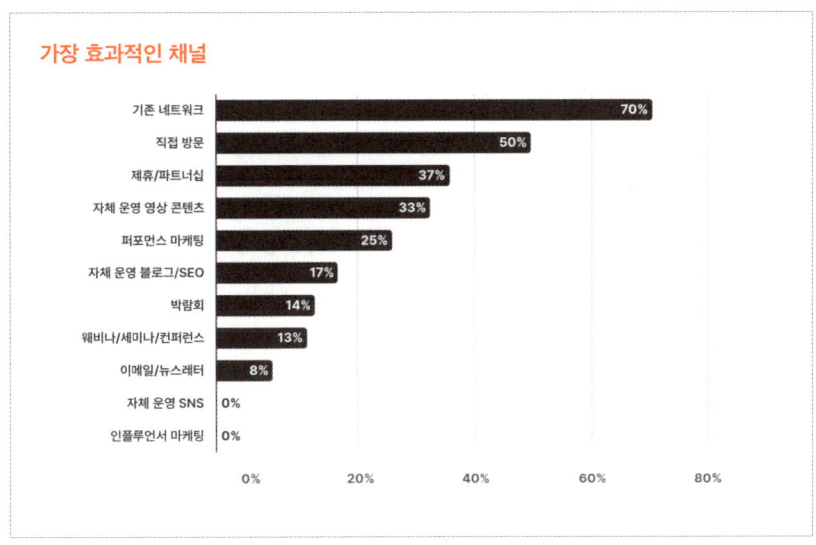

출처: [리캐치×리멤버] <B2B를 2배 더 파는 기업의 모든 것> 벤치마크 리포트

기적인 브랜드 구축과 잠재 고객 발굴에 중요한 역할을 합니다.

결국 2배 매출 성장을 만든 기업 중에서도 상위 25% 고성장군에 속하는 B2B 기업들은 네트워크와 파트너십을 통한 직접적인 관계 형성과 함께 다양한 디지털 채널을 통해 지속적인 고객 접점을 확보하는 전략을 병행하고 있다는 것을 알 수 있었습니다.

잠재 고객 발굴의 즉각적인 성과는 대면 채널에서 나타나지만, 장기적인 브랜드 구축과 보다 높은 온도감을 지닌 잠재 고객 발굴을 위해서는 디지털 채널이 필수적인 역할을 수행합니다. 그러므로 기존의 효과적인 잠재 고객 발굴 방식과 함께 새로운 방식도 계속해서 시도해나갈 필요가 있습니다.

2. 리드 생성을 관통하는 핵심 키워드 : 사고 리더십

문제는 이 채널들을 어떻게 사용해야지 막막하다는 것입니다. '아니, 소개/콜드콜/콜드메일 말고도 이렇게나 많은 채널이 존재한다고?' 싶어 반가우면서도 '그런데 어떻게 해야 잘할 수 있지?'라는 고민이 자연스럽게 일어나는 것이지요.

이 10여 개의 다양한 채널을 관통하는 단 하나의 키워드를 제대로 이해하는 것이 바로 그 시작입니다. 즉, **사고 리더십**Thought leadership 입니다.

사고 리더십이란, **특정 산업이나 분야에서 선도적인 지식과 통찰력을 바탕으로 새로운 시각과 아이디어를 제시함으로써 해당 분야의 발전 방향을 이끌어가는 것**을 의미합니다. 단순히 제품의 기능이나 장점을 나열하는 것이 아니라 업계 트렌드, 미래 전망, 해결해야 할 문제들에 대한 깊이 있는 분석과 시각을 제공함으로써 잠재 고객들에게 진정한 가치를 전달하는 것이지요.

사고 리더십을 중심으로 한 콘텐츠의 큰 장점은 OSMU One Source Multi Usse가 가능하다는 것입니다. 하나의 사고 리더십 콘텐츠를 다양한 채널에 유통하고, 채널별 톤 앤드 매너에 맞게 약간씩 변주를 주면 되기에 효율적이지요. 뿐만 아니라 에델만Edlman 리포트에 따르면, 사고 리더십은 2021년 B2B 구매자 중 CEO의 구매결정에 80% 영향을 미쳤으며, 일반적인 마케팅 캠페인보다 16배 높은 ROI를 갖는다고 합니다. 그만큼 사고 리더십은 계약 전환까지도 효과를 보입니다.

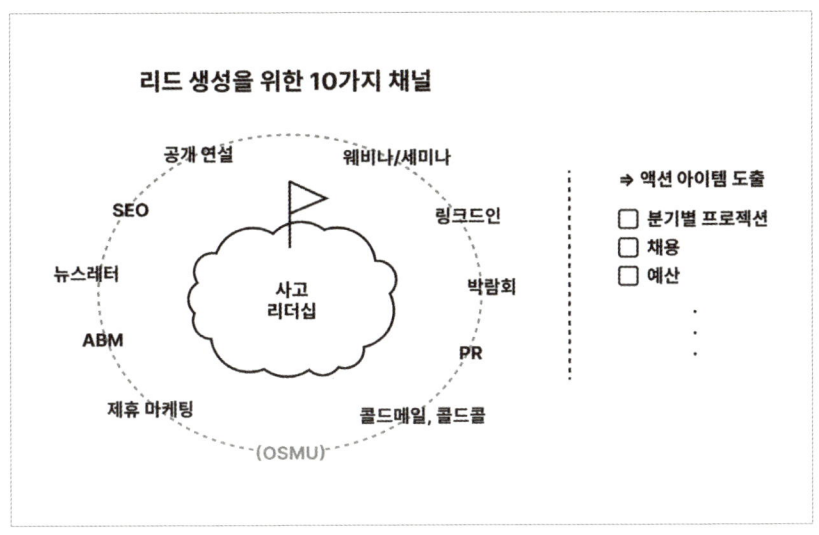

출처: 세일즈해커 럭키 브런치

3. 성공 사례: 2주 만에 1,500명의 리드를 획득한 벤치마크 리포트

아사나Asana에서 6년째 커뮤니티와 Engagement Marketing(참여 마케팅)을 리딩하고 있던 조슈아Joshua와 실리콘밸리에서 커피챗을 했을 때 머릿속에 남은 딱 한 가지 키워드 역시 '사고 리더십'이었습니다.

조슈아는 사고 리더십을 갖기 위해 시도할 수 있는 가장 좋은 방법으로 백서white paper, 리포트, 사례집 등을 주기적으로 발간할 것을 추천했습니다. 또한 잠재 고객들에게 실제로 도움이 되는 콘텐츠를 만들고 이 콘텐츠에서 잠재 고객들이 겪고 있는 문제들을 심도 있게 다루며 잠재 솔루션으로 제품을 언급하는 스토리텔링이 중요하다고 덧붙였습니다.

예를 들어, HR 솔루션을 만드는 기업이라면 '급격히 발전하는 AI 시대, HR의 역할은 어떻게 변화할 것인가?'에 대해 블로그 글을 쓰고, 자료집을 만들고, 뉴스레터를 발송합니다. 에듀테크 솔루션을 만드는 기업이라면 '앞으로 다가오는 10년의 교육 트렌드'에 대해 유튜브 콘텐츠를 만듭니다. 마케팅/세일즈 솔루션을 만드는 기업이라면 '전환율을 극대화하는 B2B 마케팅/세일즈 플레이북은 무엇이 있을까?'에 대한 웨비나를 열고, 그 웨비나의 녹화본을 콜드메일의 소스로도 활용합니다.

무작정 우리 제품을 소개하고 자랑하는 것이 아니라, 그 분야에서 매일 같이 업무를 하는 사람들에게 유의미한 통찰을 제공하는 것이 사고 리더십을 갖는 첫걸음입니다.

조슈아를 만날 당시 리캐치팀은 목표로 하는 타깃 고객과의 접점을 만드는 데 있어 확장성의 한계를 느끼고 있었습니다. 웨비나나 오프라인 이벤트처럼 사람들이 시간을 내어 실시간으로 참여해야만 하는 고관여 마케팅을 위주로 진행하다 보니 발생한 문제였지요.

더욱이 당시 타깃 고객은 웨비나 같은 형태의 채널에 참여할 가능성이 작은 페르소나였습니다. 시간과 공간에 구애받지 않고 다운로드할 수 있으면서 타깃 고객이 가치 있다고 느낄 콘텐츠를 발행하면 그들과 중장기적으로 접점을 만들어나갈 수 있을 거라고 생각했습니다.

그리고 리캐치팀을 포함한 많은 기업이 "우리의 성장 속도는 다른 비슷한 규모의 B2B 기업들과 비교했을 때 괜찮은 걸까?", "수주 전환율은 몇 %가 적당할까?" 등의 질문을 하루에도 몇 번씩 던지곤 합니다. 성장의 방향과 속도를 객관적으로 평가하기 위해 참고할 수 있는 벤치마크

실리콘밸리 아사나(Asana) 본사에서 커뮤니티 리더 조슈아와 함께

데이터들을 2~3시간씩 할애하여 리서치했었죠.

    그러나 검색을 통해 얻을 수 있는 자료는 국내 현실에 그대로 적용하기에 한계가 있는 해외 기업들의 데이터와 사례들뿐이었지요. 바로 이 지점에 기회가 있다고 판단했습니다. B2B 비즈니스를 하고 있다면 여러 핵심 의사결정을 앞두고 길잡이 삼을 수 있는 국내 벤치마크 지표들을 만들고, 이를 통해 사고 리더십을 확보하고자 했습니다.

    그렇게 〈B2B를 파는 사람과 사는 사람의 모든 것〉이라는 제목의 리포트 발행 프로젝트를 시작했습니다. 리포트 북 발행의 효과는 기대 이상이었습니다. 46일 만에 68페이지 분량의 리포트가 세상에 나왔고, 꼬박

Chapter 3 리드 생성하기

2주가 지났을 때 다운로드 수가 1,000명을 넘었으며, 2개월이 지났을 때 세일즈 미팅 40건 이상을 확보하고 계약 10건 이상을 성사시켰습니다. 더하여, 이런 매출에 대한 직접적인 기여보다도 사고 리더십 콘텐츠를 발행함으로써 '비즈니스캔버스'와 '리캐치'에 대한 브랜드 인지도를 높였다는 데 더 큰 의미가 있었습니다.

2023년에 발간한 〈B2B를 파는 사람과 사는 사람의 모든 것〉 리포트

수만 명의 구독자를 보유한 뉴스레터에 소개되고, 평소에 고객으로 모실 수 있길 상상만 해왔던 대기업에서 리포트를 전사적으로 공유했다는 소식이 들려오고, 이 리포트가 누군가의 스터디 자료가 되어 커뮤니티에서 확산될 때 B2B 마케팅에서 사고 리더십을 획득하기 위해 노력해야 하는 이유를 비로소 실감했습니다.

이와 같이 처음부터 '팔 생각'을 버리고, '사고 리더십'을 보여줄 수 있는 콘텐츠를 통해 마케팅과 세일즈를 하는 것이 B2B 비즈니스의 핵심입니다. 비즈니스 조직의 리더라면 오늘부터 당장 '우리 회사, 우리 브랜드, 우리 서비스'가 속한 산업/시장에서 '사고 리더십'을 구축할 수 있는 콘텐츠는 무엇일지를 고민하고, 시간과 자본을 충분히 투자해보길 권합니다.

4. 리드 생성을 위한 첫 번째 단계: 블로그 콘텐츠를 통한 트래픽 확보

리드는 하루아침에 뚝딱 만들어지지 않습니다. 옷 가게를 찾아오는 방문객 중 일부가 사이즈와 컬러를 물어보며 초기 구매 의사를 보여주듯, 인바운드 리드를 만들고 싶다면 트래픽부터 만들어야 합니다.

트래픽을 확보하는 것은 곧 브랜드에 대한 인지와 관심을 유도하는 과정입니다. 다양한 채널을 통해 지속적인 트래픽을 유입시키고, 이 트래픽을 양질의 리드로 전환하는 것이 인바운드 마케팅의 핵심이죠.

인바운드 리드 생성 수단 중 가장 기본이 되는 것은 SEO를 고려한 블로그 콘텐츠입니다. 블로그 콘텐츠는 B2B 기업이 가장 비용 효율적이고 지속 가능하게 트래픽을 만들어내는 방법 중 하나입니다. 구글, 네이버 등 포털에서 우리가 목표로 한 키워드의 상위 노출을 확보하기만 한다면 추가 비용 없이 지속적인 트래픽을 확보할 수 있기 때문입니다.

그러나 많은 기업이 SEO의 중요성을 인지하면서도 어디서부터 시작해야 할지, 어떻게 효과적으로 접근해야 할지 막막함을 느낍니다. B2B 기업을 위한 블로그 콘텐츠 전략을 단계별로 살펴보겠습니다.

B2B 콘텐츠 마케팅 퍼널 5단계:
인지-관심-고려-구매-사랑 퍼널 만들기

많은 B2B 기업이 블로그 글을 쓰고 SNS에 콘텐츠를 올리며 "우리도 콘텐츠 마케팅 하고 있어요"라고 말합니다. 하지만 2년 전 리캐치도 경험했던 것처럼 무작정 콘텐츠만 만들어서는 실제 비즈니스 성과로 이어지기 어렵습니다. **효과적인 콘텐츠 마케팅은 마치 영업사원이 고객을 만나 단계별로 설득하는 것과 같습니다.** 처음 만난 고객에게 바로 결제를 요구하지 않듯이 콘텐츠도 고객의 상황에 맞게 제공해야 합니다. 이런 단계별 접근법을 프레임워크화한 것이 '퍼널'입니다. 이는 마치 데이트 과정과도 비슷합니다. 처음 만난 사람에게 바로 결혼 이야기를 하지 않고 차근차근 관계를 발전시키는 과정은 B2B 거래에 있어서도 중요한 접근법입니다.

그중에서도 마케팅 퍼널이란, 고객이 우리 제품을 인지하고 구매하기까지의 여정을 단계별로 나눈 마케팅 프레임워크입니다. 마케팅 퍼널은 마케팅을 할 때도 세일즈를 할 때처럼 잠재 고객이 위치한 퍼널 단계에 따라 서로 다른 메시지와 정보가 제공되어야 한다는 것을 보여줍니다. 예를 들어 아직 서비스를 잘 모르는 단계에 있는 고객에게는 파격적인 할인보다 도움이 되거나 흥미로운 영상이 다음 마케팅 퍼널 단계로 이동하는 데 효과적일 수 있습니다.

B2B 블로그 콘텐츠를 쓸 때도 이 마케팅 퍼널 개념을 적용하여 고객의 단계별로 다른 콘텐츠를 작성해야 궁극적으로 전환을 만들어낼 수 있습니다. 리캐치팀은 다음과 같이 마케팅 퍼널을 한국어로 번역해서 사용하고 있습니다.

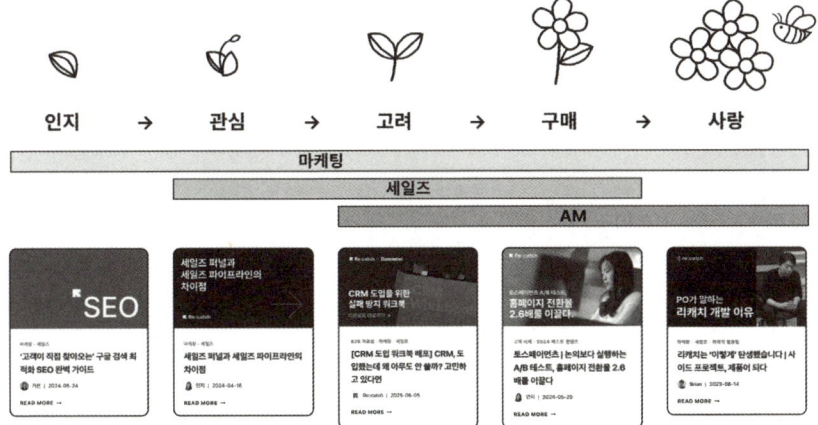

인지-관심-구매-사랑 마케팅 퍼널

바로 인지-관심-고려-구매-사랑 다섯 단계입니다. 단계마다 목표, 목표 지표^{KPI}, 행동 유도 버튼^{CTA}이 다릅니다. 이 퍼널을 통해 방문자를 리드로, 리드를 고객으로, 고객을 팬으로 발전시킬 수 있는 방법을 소개하겠습니다.

1) 1단계 퍼널_인지: 무엇이든 물어보살

인지 콘텐츠의 핵심은 잠재 고객이 검색을 통해 '알고 싶은 정보'를 제공하는 것입니다. 잠재 고객이 검색할 단어를 찾으려면 잠재 고객이 일상에서 느끼는 페인 포인트$^{pain\ point}$를 파악하는 것이 우선입니다.

먼저, 잠재 고객의 일하는 방식, 목표, 관심사를 꼼꼼히 리서치한 뒤 잠재 고객이 검색할 만한 주제를 키워드로 선정합니다. 그리고 그 궁금증을 해결해주는 콘텐츠를 발행합니다. 잠재 고객이 어떤 주제를 궁금해하는지 잘 모르겠다면, 서비스의 이상적인 고객과 가장 가까운 사람들이

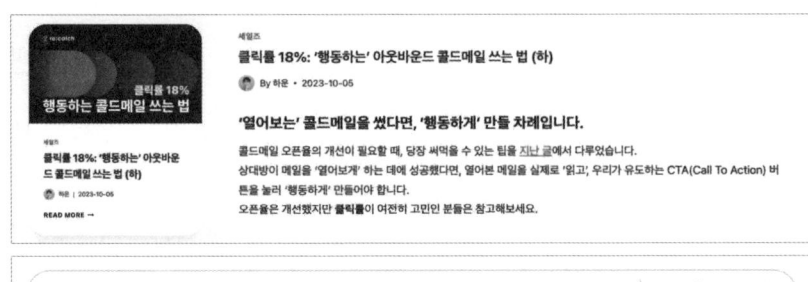

월 검색량 N회인 '콜드메일' 키워드 검색 시 노출되고 있는 리캐치 아티클

모인 카카오톡 오픈 채팅방이나 커뮤니티를 찾아서 자주 공유되는 주제나 질문을 참고해보세요. 혹은 링크드인을 이용하는 것도 방법입니다.

   여기서 유의할 점은 **인지 콘텐츠는 완전한 정보성으로 구성해야 한다**는 것입니다. 인지 콘텐츠는 우리 서비스를 전혀 모르거나 서비스에 대한 관심이 적은 고객을 대상으로 하기 때문에 오히려 상업적인 내용(우리 서비스를 소개하는 내용)을 완전히 배제하고 작성하는 것이 다음 단계의 콘텐츠를 읽도록 유도할 수 있는 방법입니다. 대신, 좋은 정보로 우리 웹페이지에 대한 신뢰와 호감을 주는 것이 핵심입니다. 인지 콘텐츠로 고객의 유입을 만들되, 설득은 관심 단계에서 시작하는 것이죠.

   예를 들어, '콜드메일 노하우'의 경우 B2B 마케팅과 영업을 하려 한다면 한 번쯤은 고민해봤을 주제입니다. 이러한 인지 콘텐츠에서는 콜드 메일을 어떻게 효과적으로 써야 하는지 설명하며 우리 웹사이트의 체류 시간을 늘리고 글도 읽게 하는 것이 목적입니다. 이때 인지 콘텐츠는 최대한 많은 사람이 볼 수 있도록 **월 검색량(트래픽)이 높은 키워드를 우선하여 작성하는 것이 좋습니다.**

2) 2단계 퍼널_관심: 이런 솔루션이 필요하구나!

이제 그들이 자신에게 해결해야 할 문제가 있다는 것을 인식하고, 그 문제를 해결할 솔루션이 필요하다는 확신을 갖도록 도와야 합니다. 관심 단계는 막연히 느끼고 있던 불편함을 구체적인 '문제'로 정의하고, 그 문제를 해결하기 위한 솔루션 카테고리에 대한 관심을 불러일으키는 단계입니다.

관심 콘텐츠에서는 문제 상황을 생생하게 그려내고, 해결을 위한 솔루션의 필요성을 확신시키는 것이 핵심입니다. "혹시 이런 경험 있으신가요?", "이런 상황이 반복되고 있다면 ○○솔루션을 고려해보세요" 같은 방식으로 문제에서 솔루션 필요성까지 자연스럽게 연결해주세요.

예를 들어, 이런 내러티브로 관심 단계 콘텐츠를 작성할 수 있습니다.

- 일상에서 겪고 있지만 심각하게 생각하지 않았던 문제점 지적
- 그 문제로 인해 발생하는 숨겨진 비용이나 기회비용
- 문제를 방치했을 때의 위험성과 결과
- 이런 문제를 해결하는 솔루션 카테고리 소개
- 솔루션 도입의 시급성과 중요성

관심 단계 단계에서는 '이 문제를 해결하려면 이런 종류의 솔루션이 필요하겠어'라는 생각까지 이어지도록 하는 것이 중요합니다.

관심 단계의 마케팅 콘텐츠 예시

3) 3단계 퍼널_고려: 과연 이게 우리에게 맞을까?

관심 단계를 거쳐 솔루션의 필요성을 확신한 잠재 고객은 이제 '구체적으로 어떤 서비스를 선택할지'를 고민하는 단계에 들어섭니다. 이 단계의 고객들은 이미 CRM이나 마케팅 자동화 같은 솔루션이 필요하다는 것을 확신하고, 이제 우리 서비스를 포함한 여러 옵션을 검토하기 시작해요.

고려 단계에서는 우리 서비스가 고객의 구체적인 상황과 니즈에 맞는지를 판단할 수 있도록 도와야 합니다. "우리 회사 규모에서도 효과가 있을까?", "기존 시스템과 잘 연동될까?", "우리 팀이 사용하기에 복잡하지 않을까?" 같은 실질적인 검토 사항들이죠.

고려 콘텐츠에서는 이런 이야기를 담을 수 있습니다.

- 우리 서비스가 적합한 기업 유형과 상황
- 도입 과정과 예상 소요 시간, 리소스
- 기존 시스템과의 호환성 및 연동 방법
- 팀 규모나 산업군별 활용 사례
- 예상 비용 대비 효과 및 ROI
- 경쟁사 대비 우리 서비스만의 차별점

예를 들어, 'CRM 도입을 고민 중이라면 고려해야 할 5가지 체크포인트' 같은 콘텐츠는 CRM의 필요성을 확신했지만 리캐치가 자신들에게 맞는지 검토하고 있는 고객에게 우리 서비스에 대한 구체적인 검토를 도와주는 고려 단계 콘텐츠가 될 수 있습니다.

고려 콘텐츠에서는 서비스를 객관적으로 평가할 수 있는 정보를 제공하는 것이 중요합니다. **일방적인 홍보보다는 '고객이 올바른 선택을 할 수 있도록 돕는' 관점에서 접근해야 신뢰도가 높아집니다.**

4) 4단계 퍼널 _ 구매: 우리 함께 갑시다!

고려 단계를 거쳐 우리 서비스에 대한 검토를 마친 잠재 고객은 이제 최종 구매 결정에 확신을 갖고 실제 액션을 취하는 단계에 들어섭니다. 이 단계의 고객들은 이미 우리 서비스가 자신들에게 맞다는 것을 어느 정도 확신하고 있지만, 최종 결정을 내리기 위한 마지막 확신과 안전장치를 원합니다.

구매 단계에서는 구매 결정에 대한 확신을 강화하고 결정 장벽을 제거하는 것이 핵심입니다. "정말 효과가 있을까?", "다른 고객들은 만족하고 있을까?", "혹시 실패하면 어떻게 하지?" 같은 마지막 걱정들을 해소해야 합니다.

특히 우리 솔루션을 통해 문제를 해결한 이야기를 담은 '고객 사례' 콘텐츠가 대표적인 구매 콘텐츠에 해당해요. 제품을 도입했을 때의 모습을 가장 쉽게 그려볼 수 있고, 제품에 대한 기대감과 신뢰감을 크게 더해 주기 때문입니다. 특히 스토리와 정보를 함께 담아내기에 좋은 콘텐츠이기도 합니다.

구매 단계 콘텐츠에서는 이런 이야기를 할 수 있습니다.

- 우리 서비스로 실제 성과를 거둔 구체적인 고객 성공 사례
- 비슷한 규모, 업종 기업들의 만족도 높은 후기와 추천
- 도입 후 예상되는 구체적인 결과와 타임라인
- 혹시 모를 우려 사항에 대한 해결책과 지원 방안
- 구매 후 받을 수 있는 서비스와 혜택
- 무료 체험이나 환불 보장 등 리스크 제거 요소

예를 들어, '리캐치 도입 3개월 만에 리드 전환율 300% 증가시킨 A사 인터뷰' 같은 콘텐츠는 구매를 고민하고 있는 고객에게 실제 성과에 대한 확신과 구매 결정에 대한 자신감을 주는 구매 단계 콘텐츠가 될 수 있습니다.

구매 단계에서는 실제 성과와 안전장치를 보여주는 것이 중요합니다.

더 이상 망설일 이유가 없다는 확신을 주어 실제 구매 액션으로 이어지도록 해야 해요.

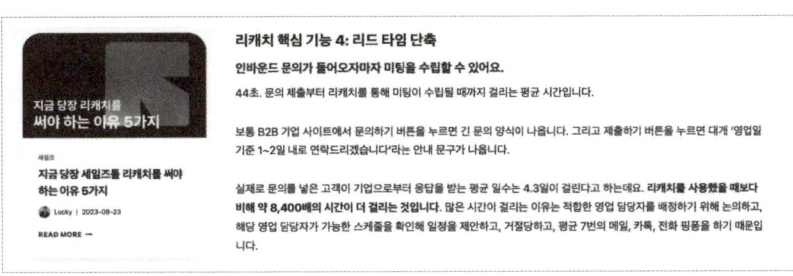

구매 단계의 마케팅 콘텐츠 예시

5) 5단계 퍼널_사랑

마지막으로 '사랑' 콘텐츠는 이미 우리 제품을 신뢰하고 있는 고객을 위한 콘텐츠입니다. 기존 고객사 혹은 에반젤리스트가 흥미로워할 제품, 비즈니스의 마일스톤 등 우리 팀과 제품에 대해 내적 친밀감을 강화할 수 있는 이야기와 정보가 사랑 단계에 해당합니다. 사랑 콘텐츠의 목적은 특정 액션을 유도하는 것보다는 이탈을 방지하고 우리 제품에 대한 관심을 유지하는 것입니다. 우리 팀만이 공유할 수 있는 이야기, 혹은 여러 비하인드 스토리를 사랑 콘텐츠로 담아낼 수 있습니다.

그들이 궁금해할 만한 이야기가 무엇인지 힌트가 필요하다면, 고객과 가장 긴밀하고 직접적으로 소통하는 CX팀과 협업하여 콘텐츠를 기획할 수 있습니다. 우리가 진행하는 이벤트 소식, PO가 전하는 제품 기획 비하인드 스토리 등이 있습니다.

사랑 콘텐츠 특성상 구매나 세일즈 기회로 전환되는 수는 적을 수밖에 없기에 고객 대상으로 전송되는 뉴스레터, 카카오톡 플러스 친구 등을 통해 적극적으로 공유하는 것이 좋습니다. 사랑 콘텐츠의 효과를 측정할 때는, 전환 수보다는 **체류시간, 재방문율, 게시글 공유 횟수 등을 측정**해 성과 지표를 확인하는 것이 좋습니다.

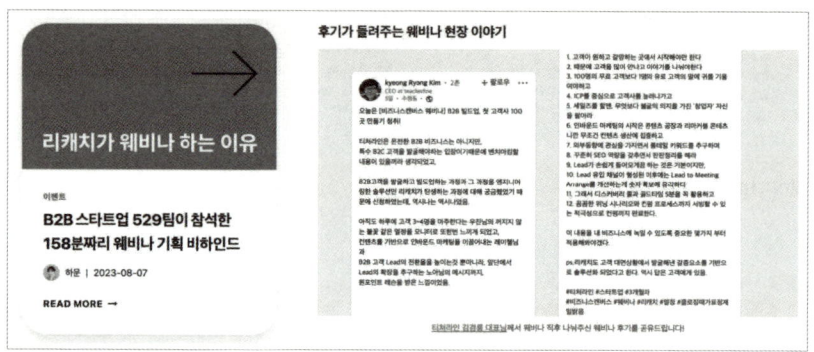

사랑 단계의 마케팅 콘텐츠 예시

CTA로 콘텐츠 퍼널 연결하기

각 단계에 맞는 콘텐츠를 발행했다면 콘텐츠의 의도대로 잠재 고객이 이동할 수 있도록 길을 만들어야 합니다. 바로 각 콘텐츠에 CTA를 설정할 차례입니다. CTA^{Call to Action}(행동 유도 버튼)란, 사용자의 반응을 유도하는 버튼 등의 요소를 의미합니다.

콘텐츠 여정을 설계했다면 인지는 관심으로, 관심은 고려로, 고려는 구매로 이동할 수 있도록 유도해 이탈하지 않고 우리 웹사이트 안에서 최대한 많은 글을 읽을 수 있도록 설계해야 합니다.

특히 '구매 단계에서는 다른 구매 콘텐츠로 연결하여 최소 3개 이상의 강력한 콘텐츠를 읽도록 유도하고 전환율을 높여보겠다'와 같은 목표를 세워볼 수 있고, '1:1 상담 신청하기' 등의 CTA 버튼을 배치해 고객이 글을 읽고 서비스에 대한 관심도가 가장 높을 때 상담 문의를 남기도록 유도해볼 수도 있습니다. **실제로 B2B 마케팅 연구에 따르면 B2B 구매자들은 세일즈 담당자와 대화하기 전에 평균 3~7개의 콘텐츠를 소비하며, 이 중 11%는 7개 이상의 콘텐츠를 읽는 것으로 나타났습니다.**

다음 콘텐츠 퍼널로 이동시키는 것뿐만 아니라 '뉴스레터 구독하기' 혹은 '웹사이트 바로가기' 등 다양한 CTA를 활용해 잠재 고객의 단계에 맞게 다양한 페이지로 고객을 이동시켜보는 것도 좋습니다. 그리고 다음 공간으로 고객을 이동시켰다면, 반드시 마케팅 UTM 추적을 통해 전환이 가장 잘 일어나는 콘텐츠와 CTA 등을 파악해보는 것을 권합니다.

리캐치 블로그 CTA 예시: 뉴스레터 구독

B2B 콘텐츠 마케팅 퍼널 5단계(인지, 관심, 고려, 구매, 사랑)를 다시 한번 정리하면 다음과 같습니다.

[**B2B 콘텐츠 마케팅 퍼널 5단계**]
- **인지**: 제품에 대한 이야기 없이 키워드에 대한 좋은 정보를 제공하기

- **관심**: 문제를 인식하고 솔루션 카테고리의 필요성을 확신하게 하기
- **고려**: 여러 서비스 중에서 우리 서비스가 적합한지 검토하도록 돕기
- **구매**: 구매 결정에 대한 확신을 강화하고 실제 액션을 유도하기
- **사랑**: 우리 제품에 대한 긍정적인 경험을 유지할 수 있도록 하기

제품을 팔려는 생각을 버리고 고객을 이해하고, 진짜 도움이 되는 콘텐츠로 인지와 관심을 만들어내면서부터 세일즈맨 혹은 CX를 통해 "그 콘텐츠 보고 연락드렸어요", "콘텐츠 잘 읽고 있어요!"라는 이야기가 전해지기 시작했습니다.

하지만 좋은 정보와 함께 제품에 대한 이야기도 빠질 수 없습니다. 그래서 **콘텐츠 마케팅은 그냥 광고가 아니라 PPL이 되어야 합니다.** PPL도 광고에 속하지만 시청자가 이게 광고인 걸 눈치채지 못했을 때 PPL이 성공하는 것처럼 콘텐츠 마케팅도 고객이 눈치채지 못하는 사이 스며들어야 성공할 수 있기 때문입니다.

콘텐츠를 썼는데 왜 아무도 안 들어올까?: 트리플미디어 전략 세우기

지금까지 인지, 관심, 고려, 구매, 사랑의 단계별로 최적화된 콘텐츠를 만드는 방법에 대해 알아보았습니다. 하지만 아무리 좋은 콘텐츠를 만들어도 아무도 보지 않는다면 외딴섬에서 홀로 "여기에 보물이 있다"라고 소리 치는 것과 다름없습니다. 소리를 내지만 아무도 듣지 못하는 상태인 것이지요. 여러 B2B 기업이 고품질 콘텐츠를 제작한 후 "이렇게 좋

은 콘텐츠를 만들었는데 왜 성과가 없지?"라며 좌절하는데, 그 이유는 간단합니다. 바로 콘텐츠 배포와 노출 전략이 없기 때문입니다.

콘텐츠 마케팅의 성공 공식은 '품질 좋은 콘텐츠+전략적인 배포'입니다. 아무리 뛰어난 콘텐츠라도 적절한 채널을 통해 타깃 오디언스에게 도달하지 못한다면 그 가치를 발휘할 수 없습니다. 그럼 콘텐츠의 노출과 도달을 극대화하기 위한 '트리플 미디어' 전략에 대해 알아보겠습니다.

1) 트리플 미디어: 콘텐츠 노출 극대화의 비밀 무기

트리플 미디어란 '온드 미디어^{Owned Media}', '페이드 미디어^{Paid Media}', '언드 미디어^{Earned Media}'의 세 가지 미디어 유형을 통합적으로 활용하는 전략입니다. 이 세 가지 미디어 유형은 각각 고유한 특성과 장단점을 가지고 있으며, 이를 적절히 조합하면 콘텐츠의 도달 범위와 효과를 극대화할 수 있습니다. **트리플 미디어 전략의 핵심은 각 미디어 유형이 독립적으로 작동하는 것이 아니라, 서로 시너지를 내며 하나의 통합된 시스템으로 작동하도록 만드는 것**입니다.

예를 들어, 온드 미디어에 '인지' 목적으로 게시한 고품질 백서를 페이드 미디어로 홍보하고, 이것이 업계 인플루언서들에 의해 공유되면서 언드 미디어로 확장되는 선순환 구조를 만들 수 있습니다.

① 온드 미디어 Owned Media	② 페이드 미디어 Paid Media	③ 언드 미디어 Earned Media
: 우리 회사가 소유하거나 통제하는 모든 채널과 미디어	: 노출과 참여를 위해 비용을 지불하는 모든 형태의 미디어	: 외부 언론 또는 타인의 공유를 통해 노출을 만들어내는 미디어

첫째, 온드 미디어Owned Media: 자사 미디어는 우리 회사가 소유하거나 통제하는 모든 채널을 의미합니다.

블로그, 웹사이트, 소셜 미디어 계정(페이스북, 인스타그램, 유튜브, 링크드인, 트위터 등), 자사가 운영하는 뉴스레터 등이 이에 해당합니다. 콘텐츠를 일단 자사 채널에 게시해두면 검색 엔진에 인덱싱되어 잠재 고객들이 검색을 통해 찾아오도록 할 수 있죠.

온드 미디어의 가장 큰 장점은 통제권을 가진다는 점입니다. 콘텐츠의 형식, 메시지, 타이밍, 브랜딩 등을 원하는 대로 관리할 수 있습니다. 초기 구축 비용 외에 추가 비용 없이 지속적으로 활용할 수 있다는 점도 큰 장점입니다. 한번 작성한 블로그 글은 몇 년이 지나도 계속해서 트래픽을 유입시킬 수 있습니다.

하지만 온드 미디어는 기존 고객이나 우리를 알고 있는 사람들에게만 효과적이라는 한계가 있습니다. 더 많은 새로운 잠재 고객층에 도달하기 위해서는 다른 미디어 유형과의 결합이 필요합니다.

온드 미디어 활용 사례

리캐치팀은 초기에 온드 미디어를 중심으로 콘텐츠 전략을 수립했습니다. 먼저 '리캐치 블로그' 페이지를 별도로 만들어 인지, 관심 단계의 정보성 콘텐츠를 꾸준히 발행했습니다. 특히 잠재 고객들이 실제로 고민하는 문제에 초점을 맞춘 콘텐츠를 제작하여 검색 엔진에서 관련 키워드로 상위 노출될 수 있도록 했습니다. '구글 상위 노출', '콜드메일' 같은 키워드로 검색하면 리캐치 블로그가 상위에 노출되도록 한 것이죠. 또한 구매 단계 콘텐츠를 위한 '고객 성공 사례' 카테고리를 별도로 만들어 단계별 콘텐츠를 체계적으로 관리했습니다.

둘째, **페이드 미디어**Paid Media: 노출과 참여를 위해 비용을 지불하는 모든 형태의 미디어를 의미합니다.

검색 광고(구글, 네이버), 소셜 미디어 디스플레이 광고(페이스북, 인스타그램, 링크드인 등), 스폰서드 콘텐츠, 리타기팅 캠페인 등이 여기에 포함됩니다. **페이드 미디어의 가장 큰 장점은 즉각적인 결과를 얻을 수 있다는 점**입니다. 새로운 타깃 고객층에 빠르게 도달하고, 콘텐츠 노출을 대폭 늘릴 수 있습니다. 콘텐츠를 빠르게 많은 사람에게 노출시키고 싶다면 유료 광고는 효과적인 방법이 될 수 있습니다.

특히 특정 타깃을 대상으로 광고를 정밀하게 설정할 수 있기 때문에 콘텐츠가 적합한 잠재 고객에게 노출될 가능성이 커지죠. 하지만 다시 한번 강조하듯 이렇게 유입된 잠재 고객들이 하나의 콘텐츠만 소비하는 것이 아니라 여러 개의 콘텐츠를 소비하며 점진적으로 깊은 관계를 형성하도록 여정을 설계하는 것이 중요합니다. 또한 페이드 미디어는 지속적으로 비용이 발생하며, 광고를 중단하면 효과도 곧바로 중단된다는 단점이 있습니다. 따라서 페이드 미디어는 온드 미디어와 언드 미디어를 강화하는 보조적인 수단으로 활용하는 것이 바람직합니다.

페이드 미디어 활용 사례

리캐치팀은 온드 미디어 기반이 어느 정도 갖춰진 후, 성장을 가속화하기 위해 페이드 미디어 전략을 실행했습니다. 특히 인스타그램과 리타기팅 광고를 중심으로 전략을 수립했습니다.

가장 먼저 시도한 것은 벤치마크 리포트 〈B2B를 파는 사람과 사는 사람의 모든 것〉의 배포였습니다. 이 리포트를 마케팅/영업 직무를 가진 중간급 이상 관리자들에게 소구하는 광고 소재를 제작하여 인스타그램에 광고를 집행했고, 2주 만에 1,000건 이상의 다운로드를 확보할 수 있었습니다.

또한 'B2B 마케팅 CRM', '영업 관리 솔루션' 같은 고관여 키워드에 대한 검색 광고를 집행하여 구매 의도가 높은 잠재 고객들을 웹사이트로 유도했습니다. 리타기팅 광고도 접목하여 웹사이트를 방문했거나 특정 콘텐츠를 본 사용자들에게 다음 단계의 콘텐츠나 행동을 유도하는 광고를 노출시키는 방식도 활용했습니다. 예를 들어, 인지 단계 블로그 글을 읽은 사용자에게는 관련 백서 다운로드를 권유하는 광고를 노출하는 방식입니다.

셋째, 언드 미디어 Earned Media**: 외부 언론 또는 타인의 공유를 통해 노출을 만들어냅니다.**

PR, 미디어 커버리지, 입소문, 소셜 미디어 공유, 인플루언서 언급, 리뷰, 추천 등이 여기에 포함됩니다.

언드 미디어의 가장 큰 장점은 높은 신뢰도와 공신력입니다. 우리가 직접 말하는 것보다 제3자가 우리에 대해 긍정적으로 언급하는 것이 훨씬 더 설득력 있게 다가옵니다. 또한 언드 미디어는 바이럴 확산의 가능성을 가지고 있습니다. 적절한 시점에 적절한 채널을 통해 언급되면 예상을 뛰어넘는 노출 효과를 얻을 수 있습니다.

하지만 언드 미디어는 통제하기 어렵고, 결과를 예측하기 어렵다는 단점이 있습니다. 또한 의미 있는 언드 미디어를 구축하기 위해서는 장기적인 투자와 관계 구축이 필요합니다. 고객의 긍정적인 피드백, 리뷰, 그리고 콘텐츠가 바이럴되며 다양한 매체에서 다뤄질 때 언드 미디어의 역할이 점차 커질 수 있습니다.

언드 미디어 활용 사례

언드 미디어를 구축하기 위해 〈생존을 넘어 성장하는 B2B 기업의 시크릿 노트〉라는 주제로 세미나를 진행했습니다. 이 세미나에는 업계 전문가들을 초청하여 함께 토론하는 형식으로 진행했고, 이를 통해 자연스럽게 커뮤니티와 네트워크를 확장할 수 있었습니다.

또한 〈B2B를 파는 사람과 사는 사람의 모든 것〉 리포트를 주요 업계 인플루언서들에게 공유하고 피드백을 받는 과정에서 여러 인플루언서가 자발적으로 자신의 소셜 미디어 채널에서 리포트를 공유할 수 있도록 했습니다. 구독자가 1만여 명이 넘는 뉴스레터에 리포트가 소개되기도 했습니다. 이날에만 리포트 다운로드 수가 몇백 건 증가했습니다. 이와 함께 대표적인 마케팅/영업 관련 온라인 커뮤니티에 지속적으로 가치 있는 정보를 공유하며 신뢰를 쌓았고, 이는 점차 리캐치팀에 대한 자연스러운 언급과 추천으로 이어졌습니다.

이러한 언드 미디어 전략을 통해 리캐치팀은 브랜드 인지도와 신뢰도를 향상시켰고, 이는 최종적으로 세일즈 사이클 단축과 전환율 향상으로 이어졌습니다.

2) 트리플 미디어의 통합적 활용: 시너지 극대화하기

트리플 미디어 전략의 진정한 힘은 각 미디어 유형을 독립적으로 활용하는 것이 아니라, 유기적으로 연결하여 시너지를 창출할 때 나타납니다. 온드 미디어는 기반이 되는 자산을 구축하고, 페이드 미디어는 이 자산에 대한 노출과 유입을 가속화하며, 언드 미디어는 신뢰와 권위를 더해줍니다. 이 세 가지가 조화롭게 작동할 때 최상의 결과를 얻을 수 있습니다.

중요한 것은 모든 채널에서 일관된 메시지와 브랜딩을 유지하며 '사고 리더십'을 구축하는 것입니다. 각 채널의 특성에 맞게 메시지의 형식이나 톤은 조정할 수 있지만 잠재 고객의 고민 해결에 도움이 될 수 있는 콘텐츠를 지속적으로 만들어내며 '사고 리더십'을 확보해나가야 합니다.

테크니컬 SEO 최적화 안 된 글은 반쪽 짜리인 이유

열심히 콘텐츠를 작성하고 멋진 웹사이트를 만들었는데, 막상 검색해보면 콘텐츠가 잘 보이지 않는 경험이 있으실 겁니다. 계속 기다려도 순위가 변함이 없으면 아쉽고 답답합니다. 우리 페이지의 글이 잘 노출되려면 사용자가 이해하기 쉬운 글을 쓰는 것도 중요하지만, **검색 엔진이 이해하기 쉬운 글을 쓰는 것도 중요합니다.** 웹사이트가 아무리 좋은 내용을 담고 있어도, 테크니컬 SEO가 제대로 되어 있지 않다면 구글 검색 엔진이 그 페이지의 가치를 제대로 평가하고 상위에 노출해주기 어렵기 때문입니다.

SEO는 크게 두 가지 측면이 있습니다. **하나는 좋은 내용을 작성하는 것**이고, 다른 하나는 그 내용을 **검색 엔진이 이해할 수 있는 올바른 형식으로 작성하는 것**입니다. 우리가 글을 쓸 때 좋은 내용도 중요하지만 올바른 문법도 지켜야 하는 것과 마찬가지입니다. 이렇게 SEO의 형식적인 측면을 '테크니컬 SEO'라고 합니다.

우리는 웹사이트의 내용을 눈으로 직접 보고 이해할 수 있지만, 검색 엔진은 오직 HTML이라는 코드를 통해서만 웹사이트를 이해할 수 있습니다. 따라서 아무리 좋은 내용의 웹사이트나 블로그라 하더라도, 검색 엔진이 이해할 수 있는 방식으로 작성되지 않았다면 원하는 키워드에서 상위 노출되기 어렵습니다.

1) 테크니컬 SEO란?

테크니컬 SEO는 검색 엔진이 우리 웹사이트를 이해할 수 있도록 도와주는 기술적인 작업을 말합니다. 쉽게 말해서 검색 엔진에게 "우리 웹사이트는 이런 구조로 되어 있고, 이런 내용을 다루고 있어요"라고 알려주는 것이죠.

마치 도서관에 책을 정리할 때 목차와 색인을 만드는 것처럼 웹사이트도 검색 엔진이 잘 읽을 수 있도록 구조화된 정보가 필요합니다. 지금부터 웹사이트의 SEO를 개선하기 위해 꼭 알아야 할 HTML 태그들을 하나씩 살펴보도록 하겠습니다.

SEO ⇒ 검색 엔진에서 내가 '원하는' 키워드/문장에서
내가 소유한 페이지(온라인 공간)이 노출되도록 하는 것

테크니컬 SEO ⇒ 구글 검색 엔진(검색봇)이 이 글이 어떤 키워드를
검색한 사람에게 보여줄지 판단할 수 있도록 도와주는 것

Re:catch

2) 크롤링과 색인 생성: 검색 엔진에게 자기소개하기

테크니컬 SEO를 위해 가장 먼저 확인해야 할 것은 크롤링과 색인 생성입니다. 여기서 크롤링은 검색 엔진의 로봇이 웹사이트를 방문하여 정보를 수집하는 과정을 말합니다. 보통 크롤링을 부정적으로 생각하기도 하지만 '검색 엔진'이 우리 웹사이트를 크롤링해 가는 것은 SEO를 위해 꼭 필요한 과정입니다. 이 크롤링은 검색 엔진에 우리 도메인에 속한 특정한 페이지의 존재를 알리는 것이기 때문입니다.

이렇게 크롤링을 통해 수집된 정보는 구글의 데이터베이스에 저장되어 색인이 생성됩니다. 검색 엔진이 만들어주는 색인은 도서관의 도서 카탈로그와 비슷한 개념으로, 크롤링을 통해 수집된 정보를 검색 엔진의 데이터베이스에 저장하는 것입니다.

만약 새로 발행한 웹사이트 페이지에 색인이 생성되어 있지 않다면 검색 엔진은 콘텐츠를 찾을 수 없습니다. 따라서 robots.txt 파일을 올바르게 설정하고, XML 사이트맵을 제출하는 등의 방법으로 검색 엔진이

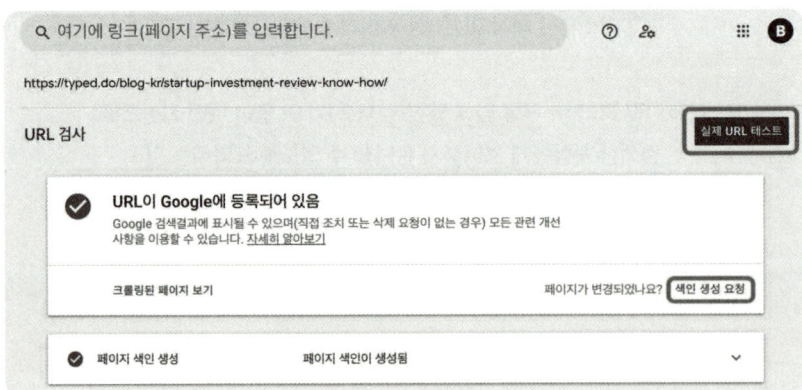

여러분의 웹사이트를 쉽게 크롤링하고 색인화할 수 있도록 조치해두는 것이 필요합니다. 마치 도서관에 책을 등록하는 것처럼 말이죠.

따라서 만약 우리가 블로그 콘텐츠를 열심히 발행하고, 웹사이트도 잘 만들었는데 트래픽이 거의 발생하지 않는다면 가장 먼저 색인이 생성되어 있는지 확인해야 합니다. 색인 생성 여부는 구글의 경우 구글 서치 콘솔^{Google Search Console}*이라는 플랫폼에서, 네이버의 경우 네이버 서치 어드바이저라는 플랫폼에서 확인할 수 있습니다. 크롤링을 통한 색인 생성 여부를 확인하는 것은 웹사이트가 검색 결과에 보이게 하기 위한 가장 첫 번째 단계입니다.

색인은 일반적으로 24시간 내외로 자동 생성되지만, 신규 도메인이거나 여러 이유로 색인 생성이 늦어질 수도 있습니다. 따라서 신규 페이지를 발행했거나 수정했다면 수동으로 구글 서치 콘솔이나 네이버 서치 어드바이저에 색인 생성 요청을 넣는 것이 좋습니다.

3) H 태그(H1~H6) : 뭣이 중헌디?

H 태그는 HTML에서 제목^{Heading}을 나타내는 태그로 H1부터 H6까지 총 6단계의 계층 구조를 가집니다. 마치 논문이나 리포트를 작성할 때 '1. 서론 → 1.1 연구 배경 → 1.1.1 세부 내용'과 같이 체계적으로 구성하는 것처럼 H 태그도 콘텐츠의 구조를 명확하게 보여주는 역할을 합니다. 또한 검색 엔진이 중요한 부분을 구별하고 페이지의 체계를 이해하

---

* 구글 서치 콘솔을 통해 색인 생성하기: 구글 서치 콘솔에서 'URL 검사' 기능을 이용하면 페이지가 제대로 크롤링되고 색인이 생성되었는지 확인할 수 있습니다. 만약 색인이 생성되지 않았다면 콘텐츠가 검색 결과에 절대 나타날 수 없으니 반드시 이 과정을 체크해야 합니다.

는 것을 도와주죠. 만약 하나의 페이지에 H 태그가 하나도 없다면 검색 엔진은 해당 페이지에서 중요한 부분을 구별할 수 없고, 이는 SEO에 매우 불리합니다.

H 태그 설정하기에는 정확한 규칙은 없으며 H1~H6 태그를 활용하여 최대한 구조화 작업을 하면 됩니다. 디자인적으로 크고 볼드한 문장만 H 태그 처리를 해야 하는 것은 아닙니다. 헤더 Header(서비스의 전체적인 구성을 사용자에게 어필해서 브랜드 인지를 도모하기 위한 영역)와 푸터 Footer(스크롤한 페이지의 끝부분에 있는 영역, 사이트맵 등 유용한 보조 콘텐츠를 제약 없이 둘 수 있다)처럼 디자인적인 크기는 작더라도 중요한 내용이라면 H 태그를 꼭 다는 것이 좋습니다. 어떻게 H 태그를 달아야 할지 헷갈린다면 개발자 도구나 'H 태그 확장 프로그램'으로 SEO를 잘하고 있는 경쟁사 사이트 등을 참고하는 것을 추천합니다.

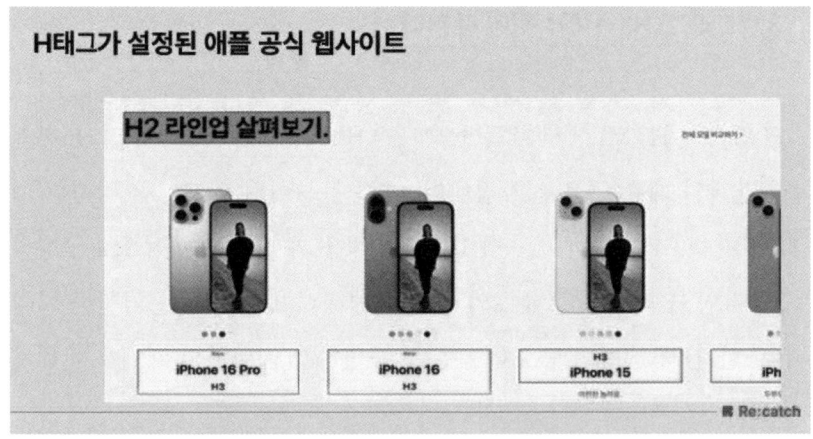

H 태그가 설정된 애플 공식 웹사이트

[웹사이트 H 태그 활용 팁]

- H1 태그는 페이지당 하나만 사용하는 것이 좋습니다. H1은 해당 페이지의 가장 핵심적인 주제를 담아야 합니다.
- H2~H5 태그는 콘텐츠의 구조에 따라 풍부하게 활용하되, 최대한 논리적으로 사용하는 것이 좋습니다.
- 각 H 태그에는 페이지의 핵심 키워드(숏테일 키워드)를 자연스럽게 포함하는 것이 좋습니다.
- H 태그가 설정된 문장이 한 문장을 초과하는 것은 좋지 않습니다. 한 문장 이하나 어절에 H 태그 처리를 합니다.

H 태그가 설정된 애플 공식 웹사이트

4) P 태그: 자연스러운 키워드 반복

P 태그는 H 태그가 적용되지 않은 일반 문단, 파라그래프^{Paragraph}를 의미합니다. P 태그는 구글 검색 엔진에게 해당 페이지가 어떤 주제에

대해서 이야기하고 있는지 알려주는 중요한 재료입니다. 특히 키워드가 P태그 내에서 얼마나 자연스럽게, 그리고 적절한 빈도로 사용되었는지는 SEO에서 중요한 요소입니다.

검색 엔진은 본문에서 특정한 키워드의 반복 정도를 바탕으로 해당 페이지의 주제를 파악하고, 이를 바탕으로 어떤 글을 어떤 키워드에 상위 노출할지를 결정할 수 있습니다. 만약 '리더십 교육'에 대해서 정말 뛰어난 인사이트를 담은 글이라고 하더라도 본문에 '리더십 교육'이라는 단어가 한 번밖에 들어 있지 않다면 검색 엔진은 해당 글을 리더십 교육이라는 키워드의 검색 결과로 노출시키기 어렵습니다.

1콘텐츠 = 1숏테일 키워드 × 15
1콘텐츠 = 1롱테일 키워드 × 5

(제목인 H1 태그에는 반드시 롱테일 키워드를 포함하기)

Re:catch

[키워드 밀도를 조절하는 팁]
- 숏테일 키워드는 한 콘텐츠에서 15회 정도 반복하기
- 롱테일 키워드는 5회 정도 반복하기
- 본문의 첫 문단에 핵심 키워드를 자연스럽게 포함하기
- 억지로 키워드를 넣기보다 문맥상 자연스럽게 녹여내기

- 숏테일 키워드: 검색량이 많고 단순하며 경쟁이 치열한 짧은 키워드(예: 신발)
- 롱테일 키워드: 검색량이 적고 구체적이며 전환 가능성이 높은 긴 키워드(예: 여름용 남성 러닝화 추천)

문단을 작성할 때는 단순히 키워드를 반복하는 것이 아니라, 문맥상 자연스럽게 녹여내는 것이 중요합니다. 예전에는 키워드를 많이 넣을수록 좋다고 여겼지만, 점차 로직이 고도화되며 현대 검색 엔진은 키워드 스터핑(과도한 키워드 삽입)에 대해 불이익을 주고 있기 때문입니다. 무리한 키워드 반복은 좋지 않지만, 문맥상 해당 키워드가 필요하다면 생략하기보다는 써주는 것이 SEO에 유리합니다.

[효과적인 문단Paragraph 작성 팁]
- 한 문단당 5~10문장 내외로 적절히 분량 조절하기
- 필요한 경우 굵은 글씨나 이탤릭체를 사용해 중요 키워드 강조하기
- 요약해야 할 내용은 말머리 기호로 강조하기
- 글의 흐름을 자연스럽게 하되 핵심 키워드가 적절히 포함되도록 작성하기

5) Alt 텍스트(대체 텍스트): 이미지 탭에서 상위 노출

Alt 텍스트는 '대체 텍스트Alternative Text'의 줄임말로, 이미지를 설명하는 텍스트를 제공하는 HTML 속성입니다. Alt 텍스트는 시각장애인이나 데이터 환경이 좋지 않아 이미지를 로드하지 못하는 환경에 있는 사람들을 위한 위한 웹 접근성 향상이 주된 목적이었지만, SEO에서도 매우 중요한 요소로 자리 잡았습니다.

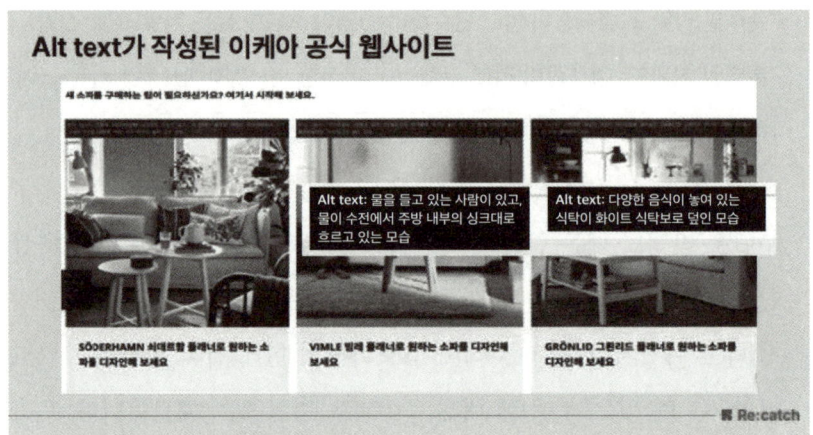

Alt 태그가 설정된 이케아 공식 웹사이트

[Alt 텍스트가 중요한 이유]

- **웹 접근성**: 시각장애인용 스크린 리더가 이미지를 설명할 때 사용
- **이미지 검색 최적화**: 구글 이미지 검색에서 상위 노출될 가능성 증가
- **이미지 로딩 실패 시 대체 텍스트 제공**: 느린 인터넷 환경이나 이미지 로드 실패 시 정보 전달
- **검색 엔진의 이미지 이해도 향상**: 검색 엔진이 페이지의 맥락을 더 정확히 파악 가능

```
<!-- 좋은 예시 -->
<img src="marketers-chat.jpg" alt="리캐치 마케터들이 CRM을 사용해 고객 정보를 관리하는 법에 대해서 이야기를 나누고 있어요.">

<!-- 나쁜 예시 -->
<img src="img001.jpg" alt="이미지">

<!-- 나쁜 예시 -->
<img src="img001.jpg" alt="CRM, 마케팅, 전략">
```

[Alt 텍스트 작성 팁]
- **구체적으로 설명하기**: 이미지가 보여주는 상황, 맥락, 감정까지 포함
- **자연스러운 문장 사용**: 키워드를 억지로 넣지 말고 자연스럽게 포함
- **적절한 길이 유지**: 너무 길지 않게, 보통 100~125자 이내로 작성
- **핵심 키워드 포함**: 페이지의 주제와 관련된 키워드를 자연스럽게 포함

특히 제품 이미지나 인포그래픽처럼 정보를 담고 있는 이미지의 경우, 이미지가 담고 있는 내용에 관한 키워드를 포함해서 Alt 텍스트(대체 텍스트)를 작성해야 합니다. 단순히 '제품 사진'이라고 쓰는 대신 '2024년형 리캐치 고객 관리 대시보드 스크린샷'처럼 구체적으로 작성하는 것이 좋습니다. 혹은 아예 문장 형식으로 "2024년 리캐치 고객 관리 대시보드를 사용하고 있는 고객사 A의 모습입니다"라고 작성하는 것도 좋습니다.

대체 텍스트를 잘 작성하면 구글 검색 엔진에서 두 번째 탭인 '이미지' 탭에서 해당 이미지를 상위노출할 수 있어요. 특정 키워드에 따라서 사용자들이 첫 번째 탭보다 이미지 탭을 주로 보는 경우도 있기 때문에 타깃하는 키워드가 이미지 적합성이 높다면 Alt 텍스트는 반드시 챙겨야 할 요소입니다.

6) 메타 태그와 OG 태그: 미리보기의 첫인상

메타 태그는 웹페이지의 기본 정보를 검색 엔진에 전달하는 HTML 요소이고, OG^{Open Graph} 태그는 소셜 미디어에서 콘텐츠가 공유될 때 어떻게 보일지 결정하는 요소입니다. 두 태그 모두 사용자가 보는 '첫인상'을 결정짓는 테크니컬 SEO 요소라고 할 수 있어요. 두 요소는 상위 노출

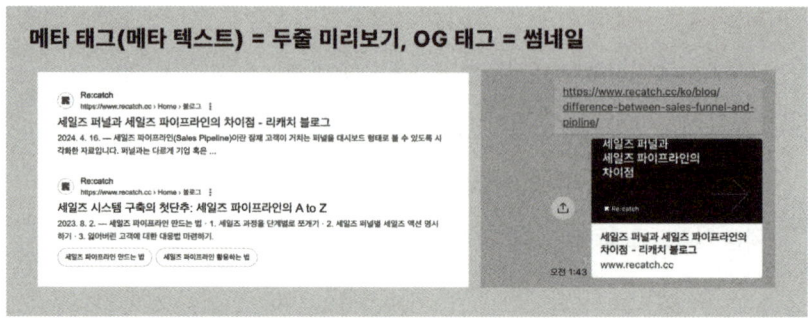

에도 도움이 되지만, '전환율'을 높이는 요소입니다.

두 태그는 여러 검색 결과 중에서 사람들이 '어떤 것을 클릭할지' 좌우합니다. 메타 태그는 매력적인 두 줄 설명으로, OG 태그는 매력적인 섬네일로 사용자들의 클릭을 유도할 수 있습니다.

[메타 태그의 설정 예시]

- Title 태그: 검색 결과에서 가장 눈에 띄는 파란색 제목(50~60자 권장)
- Description 태그: 검색 결과에서 제목 아래 나오는 설명문(150~160자 권장)

[OG 태그 설정 예시]

- og:title: 공유될 때 보일 제목
- og:description: 공유될 때 보일 설명
- og:image: 공유될 때 보일 썸네일 이미지(1200 × 630px 권장)

[메타 태그, OG 태그 설정 위한 팁]

- 각 페이지에서는 메타 태그와 OG 태그를 잊지 않고 추가하기
- 핵심 키워드를 자연스럽게 포함하되, 사용자가 클릭하고 싶도록 매력적으로 작성하기

- OG 이미지는 텍스트가 포함된 이미지를 사용하여 시각적 임팩트 주기

7) 앵커텍스트와 백링크: 보장된 맛집 후기

마지막으로 소개할 요소는 앵커텍스트와 백링크입니다.

먼저 앵커텍스트(하이퍼링크가 걸린 텍스트)와 백링크(다른 웹사이트에서 우리 사이트로 연결되는 링크)는 테크니컬 SEO에서 매우 중요하지만 가장 통제하기 어려운 요소입니다. 구글 검색 엔진은 도메인의 신뢰도를 판단하기 위해 이 '백링크'를 잘 활용하면서 세계 1순위의 검색 엔진으로 성장할 수 있었다고 합니다.

백링크는 마치 학술 논문에서의 인용처럼 웹사이트의 신뢰도와 전문성을 보여주는 지표라고 할 수 있습니다. 고품질의 백링크가 많을수록 도메인 점수가 높아지고, 상위 노출에도 유리한 환경이 마련되는 것이죠.

[앵커텍스트의 두 가지 유형: 인링크와 아웃링크]

내부 링크(인링크)

- 같은 웹사이트 내의 다른 페이지로 연결하는 링크
- 사용자가 자연스럽게 웹사이트를 탐색할 수 있도록 도와줌
- 검색 엔진이 사이트의 구조를 이해하는 데 도와줌

외부 링크(아웃링크)

- 다른 웹사이트로 연결하는 링크
- 글의 신뢰도를 높이고 참고 자료를 제공함
- 관련 분야의 전문성을 보여줄 수 있음

앵커텍스트와 백링크의 차이

앵커텍스트는 '우리 도메인' 안에 우리 도메인의 다른 링크 혹은 다른 도메인 링크를 포함하고 있는 텍스트를 의미합니다. 따라서 앵커텍스트는 인링크와 아웃링크 두 가지로 나뉩니다.

반대로 백링크는 '다른 도메인' 안에 우리 도메인의 링크가 있는 경우에요. 백링크는 중요성이 높음에도 불구하고 내 도메인에 내가 직접 만들 수 없기 때문에 단기간에 많이 만들기 어려운 요소입니다.

백링크: 우리 도메인에 대한 후기

백링크는 다른 웹사이트가 우리 사이트를 신뢰하고 가치 있게 평가한다는 증거가 됩니다. 마치 맛집에 대한 미슐랭의 별점과 같은 역할이라고 할 수 있죠. 하지만 모든 백링크가 같은 가치를 가지는 것은 아닙니다. 다음과 같은 백링크일수록 도메인에 더 긍정적인 영향을 줍니다.

[좋은 백링크의 특징]
- 관련성 높은 웹사이트에서 오는 링크
- 신뢰도 높은 도메인에서 오는 링크
- 자연스러운 문맥에서 사용된 링크
- 다양한 출처에서 오는 링크

다만 백링크를 인위적으로 많이 만드는 것보다는 수적으로는 적더라도 양질의 백링크를 획득하는 것이 중요합니다. 검색 엔진은 백링크의 수와 함께 그 퀄리티도 평가하기 때문입니다.

8) 사이트 속도 최적화와 URL 구조: 완성도를 높이는 마무리

마지막으로 사이트 속도는 사용자 경험뿐만 아니라 SEO에도 직접적인 영향을 미치는 중요한 요소입니다. 구글은 공식적으로 페이지 로딩 속도를 검색 순위 결정 요인 중 하나로 포함하고 있으며, 특히 모바일 환경에서 사이트 속도는 중요한 요소 중 하나예요. 사이트 로딩이 느리면 실제로도 사용자가 이탈할 가능성이 커지고, 테크니컬 SEO적으로도 좋지 않기 때문입니다. 사이트 속도는 구글의 페이지 스피드 인사이트 PageSpeed Insights로 확인할 수 있습니다.

[SEO를 위한 이미지 최적화 방법]

- **WebP 포맷 사용**: JPG, PNG보다 30~80% 더 작은 용량(webp는 png, jpg와 달리 웹 환경에 최적화된 이미지 확장자입니다.)
- **지연 로딩 Lazy Loading 적용**: 화면에 보이는 이미지만 우선 로드(개발적 조치가 필요하지만, 웹사이트 로딩 속도를 줄일 수 있습니다.)

최종적으로 글을 발행할 URL 구조도 테크니컬 SEO의 중요한 요소 중 하나입니다. URL에서는 영문으로 우리가 타기팅하는 키워드에 대한 내용을 포함하여 5~6단어로 작성하는 것이 좋습니다.

[SEO 최적화를 위한 URL 작성 원칙]

- **간단명료하게**: 불필요한 파라미터 제거
- **키워드 포함**: 페이지 내용을 대표하는 키워드 사용하기(타깃 키워드)
- **영문 사용**: 특수문자나 공백 대신 하이픈(-) 사용
- **계층 구조 반영**: 카테고리와 주제를 명확히 표현

9) 테크니컬 SEO는 더 좋은 웹 환경을 만듭니다

지금까지 HTML 태그를 활용한 테크니컬 SEO의 기본적인 요소들을 살펴보았습니다. 기술적인 최적화인 테크니컬 SEO는 검색 엔진이 우리 웹사이트를 더 잘 이해하고 평가하는 데 도움을 줍니다. 검색 엔진이 글을 잘 이해하면, 어떤 검색어를 사용한 사람에게 어떤 글을 추천해야 할지 잘 파악할 수 있습니다. 그러면 검색을 하는 사람들이 더 좋은 결과를 받아볼 수 있겠죠.

즉 테크니컬 SEO를 잘 활용하면 인터넷 사용자들은 더 좋은 검색 결과를 받아볼 수 있고, 서비스 제공자들은 더 많은 방문자를 얻을 수 있습니다. 이는 결국 더 유익한 온라인 공간을 만드는 데 기여합니다.

5. 리드 생성을 위한 두 번째 단계: 트래픽을 더 많은 리드로 전환하기

"웹사이트 트래픽은 점점 늘고 있는데, 왜 실제 도입 문의는 늘지 않을까요? 매달 수천만 원의 예산을 투입하고 있는데 트래픽이 리드로 이어지지 않는다면 의미가 없지 않나요? 다음 달 예산을 줄이는 것을 검토해주세요."

대표님의 질문에 마케팅 팀장은 난감한 표정을 짓습니다. 가상의 사례지만 수많은 B2B 기업에서 매우 일상적으로 발생하는 일입니다. 웹사이트 방문자 수는 꾸준히 증가하는데, 정작 '고객'으로 전환되는 비율은 미미한 경우가 많기 때문입니다.

월간 웹사이트 트래픽이 10만 명이 넘었지만, 실제 도입 문의는 고작 10건에 불과하다면 전환율 0.01%로 이는 매우 낮은 수치입니다. 홈페이지에 들어오는 방문객인 트래픽을 성공적으로 확보했다 하더라도 그것이 리드로 이어지지 않는다면 실질적인 비즈니스 성과로 연결되기 어렵습니다.

트래픽Traffic vs 리드Lead

'트래픽'과 '리드'는 다릅니다. 웹사이트에 방문하여 블로그 글을 읽는 사람이 곧 '리드'인 것은 아닙니다. 트래픽에 머물러 있던 유저가 자신의 이름, 회사 정보, 이메일, 전화번호 등 개인 정보를 제공하는 순간, 비로소 리드가 됩니다. 이 구분은 매우 중요합니다. 왜냐하면 우리는 데이터베이스에 저장된 리드에게만 직접적인 마케팅과 영업 활동을 전개할 수 있기 때문입니다.

그렇다면 웹사이트 트래픽을 어떻게 고객으로 전환할 수 있을까요? 이 과정을 성공적으로 수행하기 위한 핵심 요소는 크게 세 가지로 나눌 수 있습니다.

1. 전환을 유도하는 웹사이트 설계
2. 리드 너처링Lead Nurturing과 리드 스코어링Lead Scoring
3. SDRSales Development Representative로 리드 전환Lead conversion 가속화하기

이 세 가지 요소가 유기적으로 결합할 때 트래픽을 리드로, 나아가 리드를 고객으로 전환하는 강력한 파이프라인을 구축할 수 있습니다. 이제 각 요소에 대해 구체적으로 살펴보겠습니다.

매출로 이어지는 전환율 높은 웹사이트 만들기

"웹사이트를 바꿔서요." '회사가 왜 이렇게 빨리 성장하나요?'라는 질문에 대한 런웨이Runway 창업자 시치Siqi의 답변입니다. 재무관리 솔루션 런웨이는 웹사이트 하나를 바꾸는 것만으로 트래픽이 100배, 매출이 30배 증가했습니다. 리캐치 고객사인 토스페이먼츠는 별도의 마케팅 활동 없이 웹사이트 리뉴얼만으로 도입문의 전환율을 2.6배 높였습니다.

두 사례가 보여주듯 웹사이트는 단순 온라인 매체를 넘어서는 중요한 역할을 합니다. 잠재 고객과의 첫 만남이자 비즈니스 성장을 위한 핵심 도구죠. 특히 B2B 비즈니스는 웹사이트 하나로만 구매 결정이 이루어지긴 어렵다고 생각하여 홈페이지의 중요성을 간과하는 경우가 종종 있습니다.

그러나 B2B 웹사이트야말로 기획과 제작에 심혈을 기울여야 합니다. B2C에 비해 구매 리스크가 큰 B2B 구매는 의사결정 과정에 영향을 주는 이해관계자들과 얼마나 설득력 있는 정보를 주고받는지가 중요하기 때문입니다.

딜로이트 인더스트리 4.0을 통한 고객 관여 보고서에 따르면 B2B 구매 여정의 90%가 디지털에서 시작된다고 보고되었으며, 디멘드 젠 리포트Demand Gen Report에 따르면 B2B 구매자의 약 80%가 구매 결정을 내리기

스타트업 미디어 채널 EO 김태용 대표의 런웨이 창업자 인터뷰

전에 3회 이상 관련 웹사이트를 방문한다고 알려졌습니다.

　B2B 웹사이트는 '아름다운 디자인'의 웹사이트가 아니라 '전환율이 높은' 웹사이트를 목표로 해야 합니다. 웹사이트 전환율을 높일 수 있는 네 가지 방법은 다음과 같습니다.

1. 정보 전달력 강화하기
2. 림빅LIMBIC 프레임워크 적용하기
3. 리드 마그넷 만들기
4. 웹사이트 곳곳에 리드 마그넷 설치하기

1) 정보 전달력 강화하기

B2B 고객은 구매 결정을 내리기 전에 B2C보다 더 많은 정보를 필요로 하기 때문에 B2B 웹사이트 기획은 정보 전달력이 특히 중요합니다. B2B 웹사이트의 방문자들은 복잡한 문제를 해결하기 위해 제품이나 서비스를 찾고 있고, 이를 위해 신뢰할 수 있는 정보가 필요하죠. B2B 웹사이트의 정보 전달력이 중요한 이유는 다음과 같습니다.

- **의사결정 과정이 길다**: B2B 거래는 의사결정 과정이 길고 다양한 이해관계자가 존재합니다. 이 과정에서 고객은 다양한 정보와 설득 자료를 필요로 합니다. 때문에 웹사이트는 이 다양한 요구들을 충족시켜야 합니다.
- **고관여 제품 및 서비스**: B2B는 B2C에 비해 비교적 객단가가 높고 고관여 서비스인 경우가 많습니다. 서비스 내용이 복잡하고 기술적일수록 상세하고 명확한 정보를 제공해야 합니다.

그렇다면 어떻게 웹사이트의 정보 전달력을 강화할 수 있을까요?

정보 전달력을 강화하기 위해서는 다양한 페이지를 활용해 정보를 입체적으로 제공해야 합니다. 예를 들어, 기능 소개 페이지, 가격 안내 페이지, 자료·리소스 페이지 등을 통해 방문자가 필요한 모든 정보를 쉽게 찾을 수 있도록 하는 겁니다. B2B 웹사이트 기획 시 중요한 역할을 하는 대표적인 카테고리 메뉴들을 소개합니다.

1. **'기능 소개' 페이지**: 메인 페이지에서 충분히 다루지 못한 제품·서비스의 핵심 기능을 상세히 설명하여 방문자가 제품의 가치를 충분히 이해할 수 있도록 돕는 카테고리입니다.

2. **'가격 안내' 페이지**: 고객이 자신에게 맞는 가격 플랜을 쉽게 비교하고 검토할 수 있게 돕는 카테고리예요. 제품·서비스에 대한 관심도와 온도가 가장 높은 사람들이 방문하는 페이지인 만큼 중요도가 높습니다.
3. **'자료·리소스' 페이지**: 웹사이트에 단순 제품·서비스에 대한 설명만 늘어놓는 것이 아니라 이 분야에서 얼마나 연구와 고민을 많이 하는 기업인지, 잠재 고객들을 돕기 위해 어떤 인사이트를 제공하고 있는지 등을 보여주는 것이 중요합니다.

고관여 서비스일수록 검토 과정이 길고 복잡하기 때문에 그 시간과 과정을 줄이려면 '아, 이런 기업이라면 믿고 도입해도 좋겠어'라는 생각이 들 만큼 강한 신뢰도를 구축하는 것이 중요하기 때문이에요. B2B 홈페이지에서는 '자료·리소스' 카테고리가 그런 역할을 대신합니다. 여기에는 백서, 템플릿, 블로그, 세미나·웨비나 소식, 사용 설명서 등 다양한 자료가 포함됩니다.

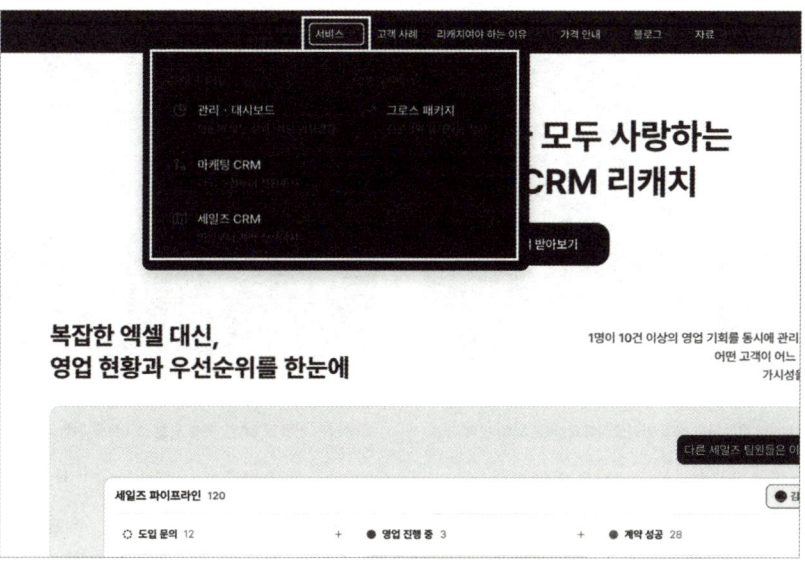

기능 소개 페이지 예시

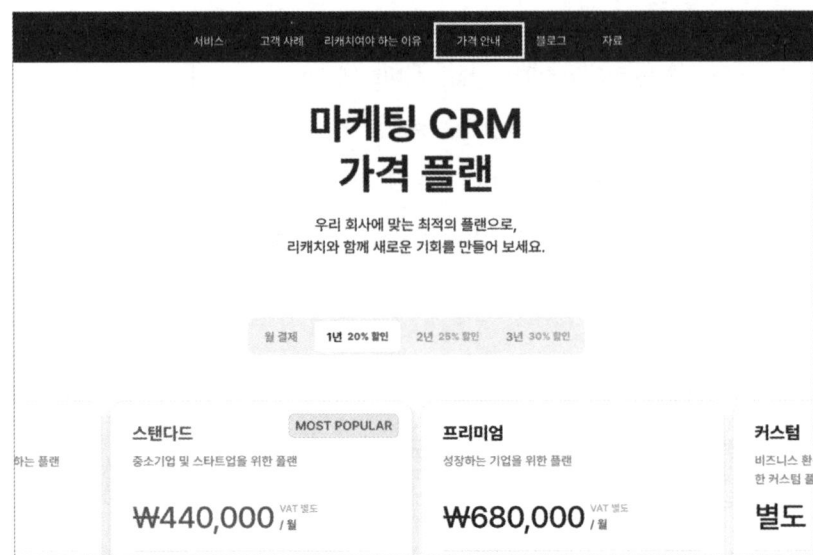

가격 소개 페이지 예시

자료/리소스 소개 페이지 예시

2) 림빅LIMBIC 프레임워크 적용하기

"We are not thinking machines that feel, we are feeling machines that think(우리는 감정을 느끼는 사고기계가 아니라, 생각할 줄 아는 **감정기계**다)."

— 안토니오 다마지오(Antonio Damasio)

림빅LIMBIC 프레임워크란?

인간은 합리적인 동물인 것 같지만, 사실 **감정에 의해 선택하고 그것을 이성으로 합리화하는 존재**라는 이야기가 있습니다. 즉, 감정과 이성이 분리된 것이 아니라, 감정이 우리 사고 과정의 핵심적인 부분이라는 것이죠. 이런 생각을 마케팅에 적용한 **림빅LIMBIC 이론**이 있습니다. 이미 세계 200대 기업이 마케팅에 적용하고 있는 방법론이며, 마케팅에이전시 '워디'의 대표이자 18년 차 마케터인 전승범 대표에게 이를 전수받아 웹사이트에 적용하기 시작했습니다.

림빅은 인간 뇌의 '변연계'를 뜻하는데, 소비자를 뇌 유형에 맞춰 나누고 유형별로 마케팅 메시지를 바꿔 보여줌으로써 효과를 극대화하는 방법론입니다. 고객의 심리적 욕구와 동기를 이해하고 이를 바탕으로 설득력 있는 메시지를 작성하는 데 중점을 두는 것이죠. 특히 웹사이트 기획에 많이 참고할 수 있습니다.

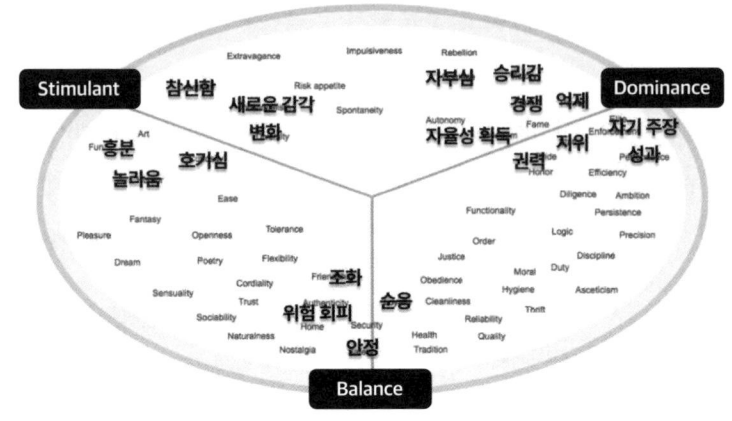

출처: Increase customer engagement by creating emotional marketing experiences

림빅 프레임워크에 따르면 소비자를 네 가지 유형으로 나눠볼 수 있습니다. 각 유형에 맞춘 메시지 작성 방법의 차이를 살펴보겠습니다. 이 방법을 활용하면 B2B에서 다양한 의사결정자들을 설득하는 메시지를 작성할 수 있습니다.

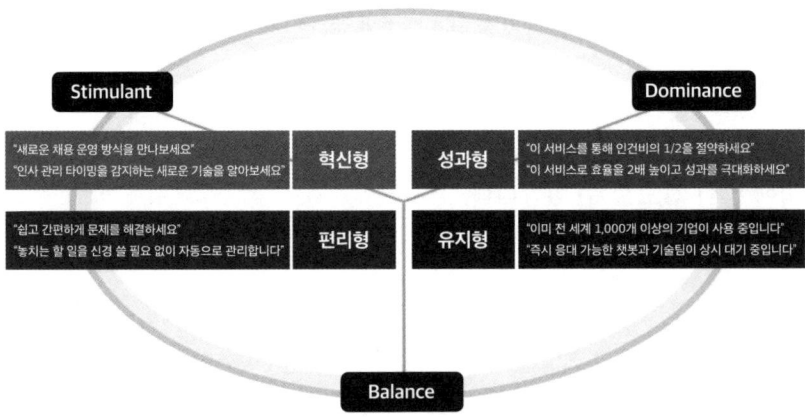

B2B 의사결정 참여자 유형

(1) 성과형

성과형 사람들은 성공과 성취를 중시하며, 목표 달성을 위한 도전에 열정적입니다. 이들에게는 높은 성과를 강조하고 명확한 지표를 제시하는 메시지가 효과적입니다.

- **소비자 연관 키워드**: 자부심, 성과, 자율성, 경쟁, 자기 주장, 지위, 승리감 등
- **핵심 메시지 예시**: '이 서비스를 통해 인건비의 2분의 1을 절약하세요', '이 서비스로 효율을 2배 높이고 성과를 극대화하세요', '이 제품을 사용한 고객들은 평균적으로 30% 이상의 생산성 향상을 경험했습니다.'

(2) 혁신형

혁신형 사람들은 새로운 아이디어와 창의성을 중시하며, 기존의 방식을 벗어난 혁신적인 해결책을 선호합니다. 독창적인 요소를 강조하고 최신 기술과 트렌드를 소개하는 메시지가 효과적입니다.

- **소비자 연관 키워드**: 변화, 놀라움, 호기심, 새로움 등
- **핵심 메시지 예시**: '새로운 채용 운영 방식을 만나보세요', '인재 관리 타이밍의 결정적 신호를 감지하는 새로운 기술을 알아보세요', 'AI를 기반으로 고객의 니즈에 맞춰 자동으로 최적화됩니다.'

(3) 편리형

편리형 사람들은 효율성과 편의성을 중시하며, 복잡한 과정을 피하고 싶어 합니다. 사용성과 시간 절약 효과를 강조하는 메시지가 효과적입니다.

- **소비자 연관 키워드**: 자동, 간편함, 쉬움, 유연함, 조화 등
- **핵심 메시지 예시**: '쉽고 간편하게 문제를 해결하세요', '놓치는 할 일을 신경 쓸 필요 없이 자동으로 관리합니다', '이 서비스는 설치와 사용이 간편해요. 3분 내에 모든 설정을 완료할 수 있습니다.'

(4) 유지형

유지형 사람들은 안정성과 신뢰를 중요시하며, 변화보다는 현재 상태를 유지하는 것을 선호합니다. 제품의 안정성과 신뢰도를 강조하고 검증된 성과를 소개하는 문구가 효과적입니다.

- **소비자 연관 키워드**: 신뢰, 안정, 보장 등
- **핵심 메시지 예시**: '안정적이고 신뢰할 수 있는 솔루션을 제공해요', '이미 전 세계 700개 이상의 기업이 사용 중입니다', '즉시 응대 가능한 챗봇과 기술팀이 상시 대기 중입니다.'

그럼 이제 본격적으로 림빅 맵을 적용하여 웹사이트 기획에 들어갈 효과적인 문구를 기획해보겠습니다.

고객이 림빅의 어느 유형인지 파악하기

먼저 현재 고객사들로부터 힌트를 얻어볼 수 있습니다. ICP[Ideal Customer Profile](이상적인 고객 프로필)에 가까운 대표적인 기존 고객사들을 나열하고 각 고객사에서 우리 제품·서비스를 구매할 때 의사결정 과정에 참여한 모든 인원을 나열해봅니다.

왜 **의결권자뿐만 아니라 모든 의사결정 참여자의 유형을 분석**해야 할까

요? B2B 웹사이트에는 다양한 유형의 사람들이 방문합니다. 실무자가 제품·서비스를 알아보다가 우리 웹사이트를 발견하고 대표님께 구매를 검토해달라며 링크를 공유하여 대표님이 접속하는 경우도 있고, 비용을 집행하는 구매 관리 담당자가 서비스를 최종 검토하기 위해 웹사이트에 방문하는 경우도 있죠.

때문에 B2B 웹사이트를 기획하고 있다면 **의사결정 과정에 참여하는 여러 이해관계자의 특징을 이해하고, 그들이 긍정적으로 인지하는 문구를 작성**하면 웹사이트 전환율을 높일 수 있습니다.

예컨대 ○○○ 대표님, △△△ 팀장님, ◇◇◇ 책임님 등 모든 의사결정 참여자를 나열합니다. 그리고 각 참여자가 SNS에서 사용하는 말투, 그들이 '좋아요'를 누르고 공유하는 콘텐츠의 특징, 기사 인터뷰 내용 등을 참고하여 림빅의 어느 유형에 해당하는지 파악합니다. 다음을 참고하여 작업을 시작해보세요.

	A	B	C	D	E	F	G
1	고객사명	의사결정 참여자	직무 및 직책	SNS, 인터뷰 링크	반복 키워드	림빅 유형 분류1	림빅 유형 분류2
2	주식회사 오우락	홍길동	대표	https://www.facebook	문제 해결, 750+개	성과형	혁신형
3		아무개	사업전략 리드	https://www.youtube.	그로스	혁신형	편리형
4		김캐치	대표	https://www.youtube.	성장, 공격적인 투자	성과형	유지형
5	웨어페이먼츠	송캐치	경영지원팀 팀장	https://www.linkedin.	공정, 대책, AI 강화,	유지형	편리형
6		박캐치	마케팅팀 팀장	https://www.linkedin.	전문성 높이기, 폭넓	혁신형	편리형
7		정캐치	경영지원팀 팀장	https://www.facebook	인사 담당자 출신, 신	유지형	편리형
8		최캐치	마케팅팀 부팀장	https://www.linkedin.	성장, AI 기술 적용,	성과형	유지형
9	...	...	...	...	...	...	...

림픽(LIMBIC) 매핑 예시

이제 어떤 유형의 고객들이 우리 솔루션에 도입 문의를 넣고, 구매할 가능성이 큰지 확인할 수 있습니다. 예컨대 성과형이 3명, 혁신형이 10명, 편리형이 15명, 유지형이 2명이라면 고객 페르소나는 편리형 > 혁신형 > 성과형 > 유지형 순으로 분포되어 있다는 것을 알 수 있습니다.

그렇다면 편리형, 혁신형을 타깃하는 문구를 위주로 웹사이트를 기획하는 것이 전환에 효과적이라는 결론을 얻을 수 있습니다.

림빅에 맞춰 웹사이트 문구와 디자인 기획하기

이제 편리형 〉 혁신형 〉 성과형 〉 유지형 순으로 웹사이트 문구를 기획할 차례입니다. 각 유형에게 적합한 문구는 앞에서 언급한 예시 문구들을 참고하도록 합니다.

가장 중요한 메인 페이지의 히어로 섹션에는 '유지형'과 '편리형'을 타깃하는 문구를 작성하고, 같은 페이지 안에서 편리형 5 : 혁신형 3 : 성과형 1 : 유지형 1 정도의 비율로 문구 및 내용을 기획하면 ICP의 긍정적인 경험을 축적하는 홈페이지를 만들 수 있습니다.

문구뿐만 아니라 홈페이지에 들어가는 요소별 색상도 림빅에 맞추어 기획할 수 있습니다. 성과형은 검은색 혹은 금색이나 빨간색, 혁신형은 주황색 등의 원색, 편리형은 차분한 초록 계열 색상이, 유지형은 신뢰를

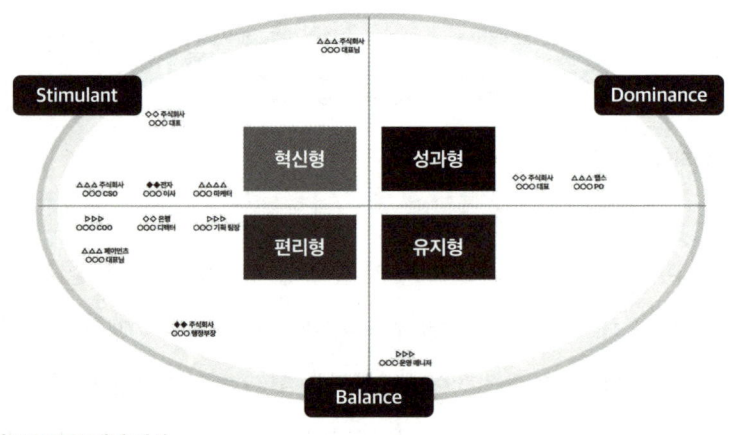

림픽(LIMBIC) 매핑 예시

주는 푸른 계열 색상이 효과적이라고 합니다. 'Limbic map colors'를 구글에 검색하면 더 많은 타입별 색상을 참고할 수 있습니다.

소개된 그림처럼 각 유형별로 대표적인 의사결정 참여자들을 기입하고, 브랜드 컬러를 각 유형에 매칭시키고 가이드화해보세요. 이렇게 가이드로 만들어두면 추후 웹사이트 기획할 때뿐만 아니라 블로그, 서비스 소개서 등 마케팅 에셋을 디자인할 때 다양하게 활용할 수 있습니다.

예를 들어보겠습니다. 다음 그림을 보면 리캐치 웹사이트 메인 페이지 히어로 섹션의 "고객 획득을 2배로, 실행 중심 CRM 리캐치" 문구와 검정 색상 조합은 '성과형' 소비자 유형을 타깃하고 있습니다. 바로 다음의 설명 문구와 CTA$^{\text{Call to Action}}$(고객의 특정 반응이나 행동을 유도하는 것) 버튼은 '혁신형' 소비자를 타깃하고 있습니다.

성과형 문구와 색상에 소구하는 리캐치 웹사이트 예시

다음 사진의 '자료' 카테고리에서는 각 항목이 타깃하는 페르소나에 맞춘 색상과 문구를 적용했습니다.

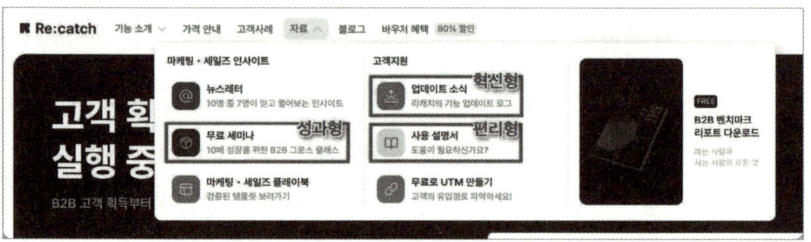

리캐치 웹사이트의 '자료' 카테고리에 적용한 림빅 프레임워크

이렇게 림빅 프레임워크를 활용하여 각 유형에 맞춘 메시지와 색상을 기획하면 다양한 의사결정 참여자들이 웹사이트에 방문했을 때 긍정적인 경험을 축적하고 자연스럽게 웹사이트 전환율이 높아집니다.

3) 리드 마그넷 만들기

사람들이 탐색하고 학습하고 싶은 '정보'를 웹사이트에 잘 담았고, 림빅 프레임워크에 맞춰 웹사이트 문구와 디자인을 기획했다면 이제는 본격적으로 방문자로부터 리드 정보를 확보할 차례입니다. 이 중요한 역할을 하는 것이 바로 '리드 마그넷Lead Magnet'입니다.

리드 마그넷이란 리드가 연락처 등의 정보를 제출하고, 콘텐츠를 다운로드하도록 유도하는 장치입니다. 쉽게 말해 리드(잠재 고객)의 정보를 자석Magnet처럼 끌어당기는 장치입니다. 기업에서 배포하는 자료를 다운받는 조건으로 잠재 고객으로 하여금 그들의 이메일, 전화번호 등 정보를 제공하게 하는 것이죠.

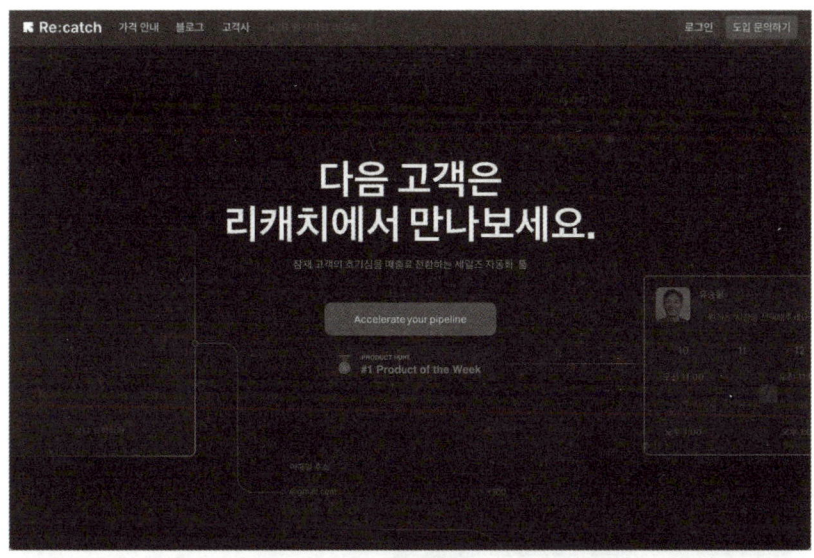
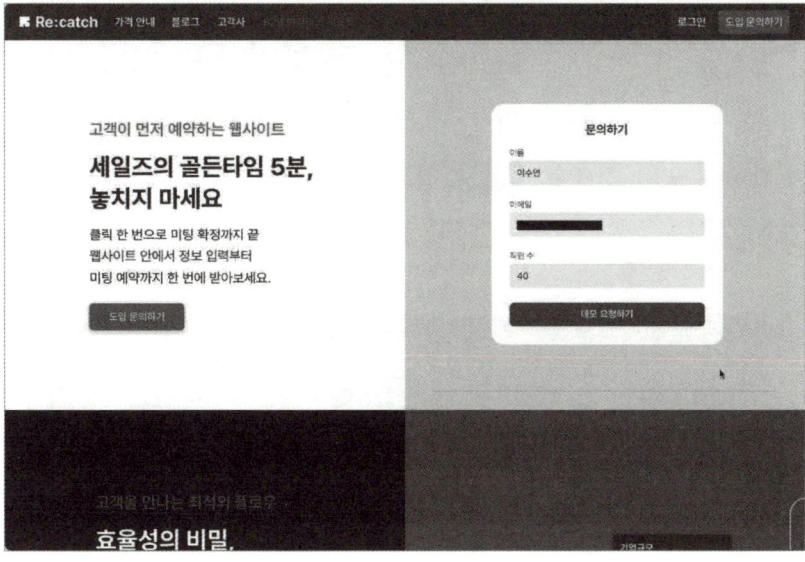

[그림 1] 100명 중 1명이 전환되는 개편 전의 웹사이트

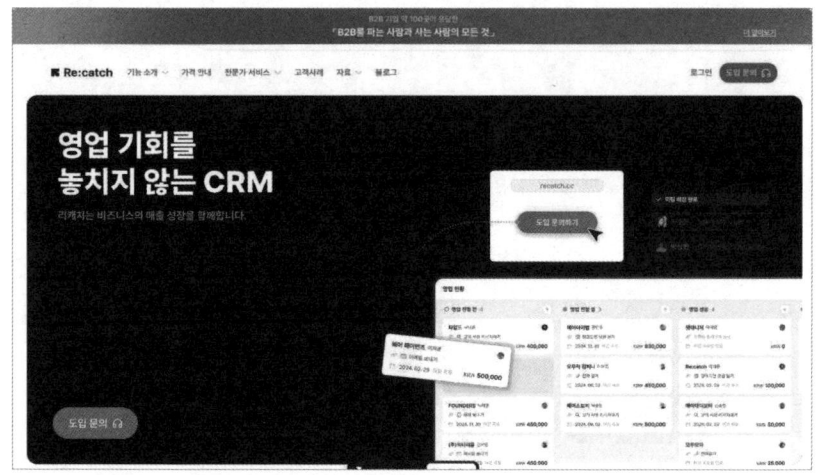

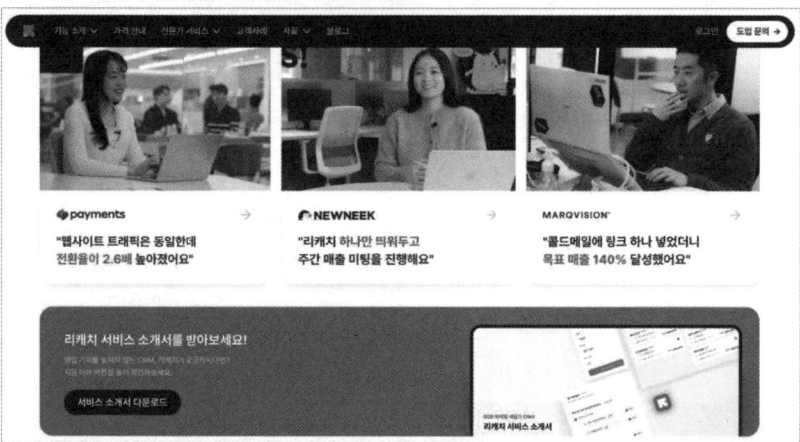

[그림 2] 100명 중 10명이 전환되는 개편 후의 웹사이트

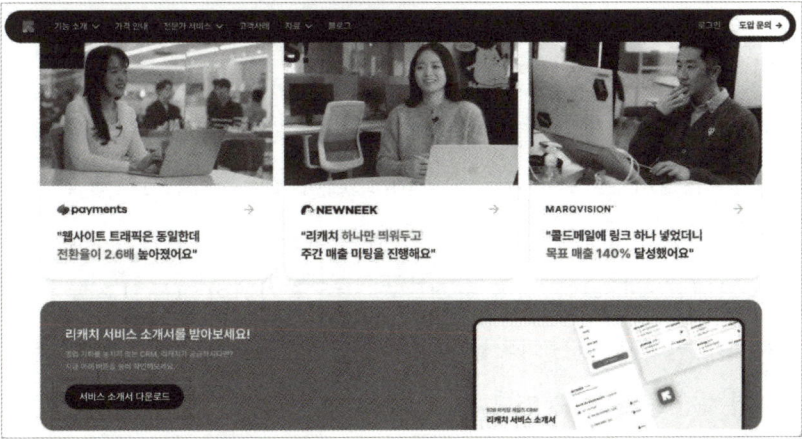

[그림 3] 100명 중 10명이 전환되는 웹사이트

Chapter 3 리드 생성하기

B2B는 B2C와 달리 의사결정 과정에 여러 사람이 참여하고, 광고와 같은 마케팅 채널로는 한 번에 구매로 전환되기 어렵기 때문에 여러 단계의 퍼널을 거치게 됩니다. 그렇기에 한 번의 노출로 직접적인 구매가 일어나길 기대하기보다 최대한 많은 컨택 포인트를 확보해 마케팅 리드에서 세일즈 기회로 전환될 수 있도록 유도하는 것이 중요합니다.

앞의 [그림 1]은 개편 전의 리캐치 웹사이트이고, [그림 2]는 개편 후입니다. 개편 전 리캐치 웹사이트는 방문자 100명 중 1명만이 리드로 전환되어 산업 평균 Traffic to lead 전환율인 2~5%보다 현저하게 낮은 수치를 기록했습니다. 개편 이후에는 방문자 100명 중 10명이 리드 정보를 제출하는 사이트로 변화했으며 이는 무려 10%의 전환율이었습니다. 변화의 중심에는 [그림 3]과 같이 웹사이트 곳곳에 숨어 있는 리드 마그넷이 있었습니다.

리드 마그넷 자료 만들기

대표적인 리드 마그넷에는 '백서 다운로드', '템플릿 다운받기', '세미나 참여 신청하기' 등이 있습니다. '뉴스레터 구독' 역시 컨택 포인트를 확보하는 마그넷의 역할을 합니다. 여기서 다시, 사고 리더십의 중요성을 상기해봐야 합니다. 잠재 고객들로 하여금 기꺼이 그들의 정보를 제출하도록 만들 수 있는 **가치를 지닌 콘텐츠를 만드는 것이 리드 마그넷 기획에서 가장 중요한 부분입니다.**

리드 마그넷을 새롭게 제작하기로 했다면 타깃하는 잠재 고객이 누구인지, 그리고 그 잠재 고객이 어느 그룹에 속하는지를 명확히 정의해야 합니다. 예를 들어, HR 관련 서비스를 제공하고 있는 제품이라면 아웃바운드 채용, 채용 브랜딩과 같은 주제로 가이드북을 발행해볼 수 있습니다. 만약 높은 품질의 리드 마그넷을 제작할 리소스가 충분하지 않다면 이미 가지고 있는 콘텐츠를 활용하거나, 체크리스트 혹은 템플릿 형태의 자료도 활용해볼 만합니다. 리드 확보를 위해 활용할 수 있는 자료의 예시는 다음과 같습니다.

- **E-book 또는 백서**: 산업 통찰력이나 문제 해결에 도움이 되는 심층적인 콘텐츠
- **체크리스트나 템플릿**: 고객이 바로 사용할 수 있는 실용적인 템플릿이나 체크리스트의 형태의 자료
- **웨비나**: 교육적이거나 문제 해결 중심의 온라인 세미나
- **무료 도구 또는 샘플**: 특정 기능을 체험하거나 간단한 문제를 해결할 수 있는 무료 도구나 서비스의 체험판
- **업계 트렌드 리포트**: 업계 트렌드의 통계와 통찰, 분석을 담은 리포트
- **뉴스레터**: 특정 분야의 소식이나 인사이트를 이메일을 통해 정기적 혹은 비정기적으로 전달

리드 마그넷 사례: 뉴스레터 구독

리드 마그넷 폼 양식 설계하기

자료가 준비되었다면 고객이 정보를 입력할 수 있도록 폼 양식을 설계해야 할 차례입니다. 리드를 수집할 때는 너무 많은 정보를 요구하지 않도록 유의해야 합니다. 한 연구에 따르면 리드 마그넷의 폼 양식은 세 개의 필드만 사용할 때 잠재 고객을 구매자로 전환하는 데 더 효과적이라고 합니다.

입력하는 필드가 적을수록 고객의 정보 제출률, 전환율이 높아지므로 보통은 이름과 이메일 주소를 기본값으로 두고 정보를 받지만, 자료의 매력도나 품질에 따라 추가적인 정보를 요청할 수 있습니다. **고객은 자료가 가치 있다고 판단할수록 기꺼이 더 많은 정보의 입력을 감수하기 때문입니다.**

폼 제출 전환율을 높이기 위해서는 고객이 쉽게 접근 가능하도록 하면서도 충분한 신뢰를 주는 것이 중요합니다. 신뢰를 주는 요소에는 여러 가지가 있지만, 최소한으로 1) 개인정보와 관련된 안내와 2) 단순하면서도 효과적인 폼 디자인을 꼭 챙겨야 합니다.

리캐치 폼은 잠재 고객의 정보를 수집할 수 있는 설문 폼으로, 쉽고 빠르게 만들어 링크로 공유하거나 홈페이지에 설치할 수 있습니다. '도입 문의'에 리캐치 폼을 활용할 때 고객이 입력한 폼 정보에 따라 가장 적합한 영업 담당자를 자동으로 매칭하고, 해당 담당자의 가능한 스케줄을 노출해 즉시 미팅을 잡을 수 있도록 설정할 수 있어 [잠재 고객 → 미팅 전환율]이 산업 평균에 비해 3배가량 높은 편입니다.

리캐치 폼을 리드 마그넷에 활용할 경우 [그림 5]처럼 폼 제출 시 자료 페이지나 드라이브 링크에 랜딩이 되도록 설정하거나 이메일이 자동 발송되도록 설정할 수 있습니다.

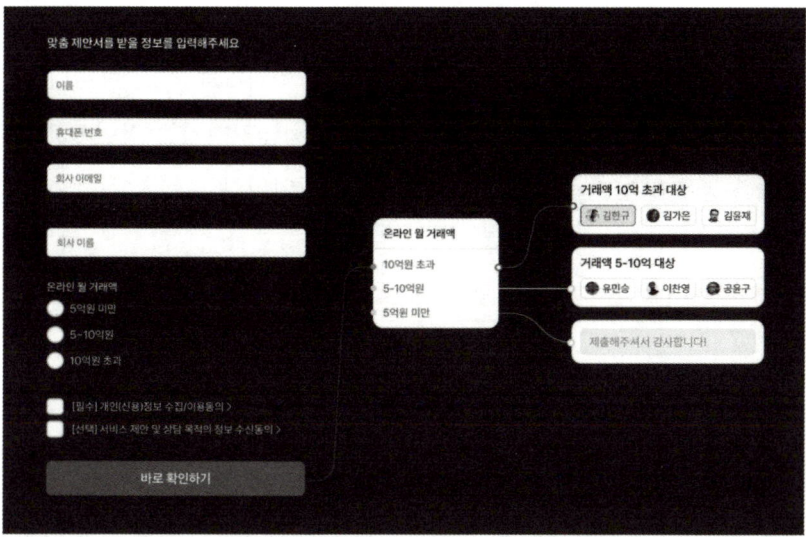

[그림 4] 영업 담당자를 자동 배정하는 리캐치 폼

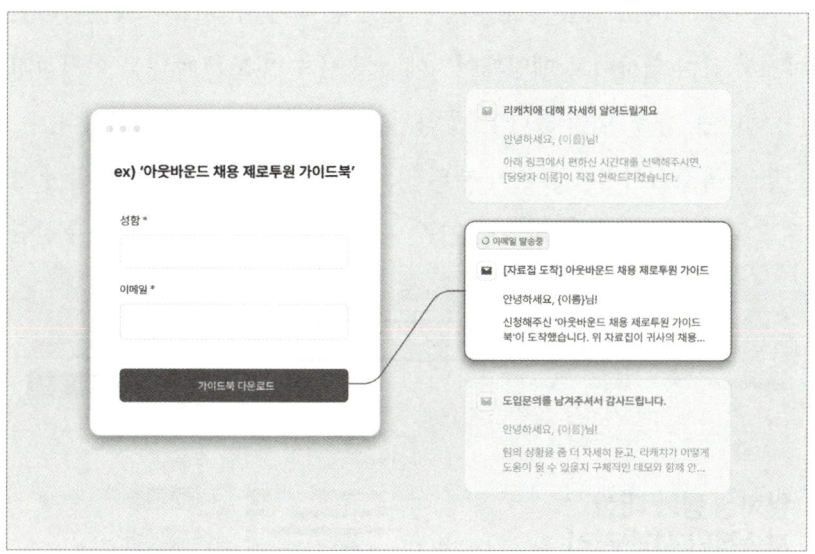

[그림 5] 리드 마그넷에 활용되는 리캐치 폼

기억해주세요! '사고 리더십'의 잠재력을 지닌, '잠재 고객에게 도움이 되는 콘텐츠'를 만들었다면 이를 아무 조건 없이 배포하는 것이 아니라 반드시 리드 마그넷화해서 잠재 고객의 연락처와 교환해야 합니다. 그렇게 차근차근, 잠재 고객과의 접점을 하나씩 늘려나가는 것이 B2B 거래의 성공률을 높일 수 있는 가장 강력한 방법입니다.

4) 웹사이트 곳곳에 리드 마그넷 설치하기

제작한 자료와 리캐치 폼을 연결했다면, 이제 우리 웹사이트에 유입되는 트래픽을 리드로 전환할 차례입니다. 어느 정도 우리 서비스나 제품에 관심이 있어 웹사이트에 방문자가 직접 도입 문의를 남기지 않더라도 최소한의 정보를 남기고 떠날 수 있도록 하는 것이죠.

백서나 e-book처럼 정보량이 많은 높은 품질의 리드 마그넷이라면 예시와 같이 웹사이트 메인페이지에 노출될 수 있도록 배너를 설치하거나, 헤더에 '자료' 탭이 있다면 탭 하위에 직접 추가해볼 수 있습니다.

만약 특정적이거나 좁은 주제의 자료를 제작했다면 주제와 적합한 블로그 글을 새롭게 발행하거나 기존 글에 CTA로 추가하는 것을 추천합

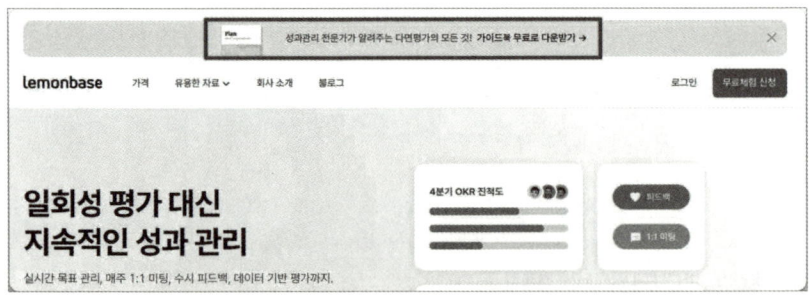

웹사이트 내 배너 설치 예시

니다. 버튼을 눌렀을 때 폼이 뜨도록 하거나, 다음 예시와 같이 게시글에 직접 설치해볼 수 있습니다. 리캐치 폼은 링크와 임베드 형식을 모두 지원하기 때문에 웹사이트 도입 문의 버튼 등 다양한 방식으로 활용할 수 있습니다.

블로그 CTA 설치 예시

팝업 활용하기

정성스럽게 제작한 리드 마그넷을 조금 더 적극적으로 알리고 싶다면 웹사이트나 블로그 페이지에 팝업을 띄우는 것도 좋은 방법입니다. CX 툴 채널톡을 사용 중이라면 캠페인 기능을 활용해 원하는 메시지와 링크를 노출할 수 있습니다. 팝업을 띄울 페이지가 조금 더 제품 구매와 연관이 깊다면 마그넷 폼 대신에 도입 문의 폼을 설치하는 것도 좋은 전략입니다.

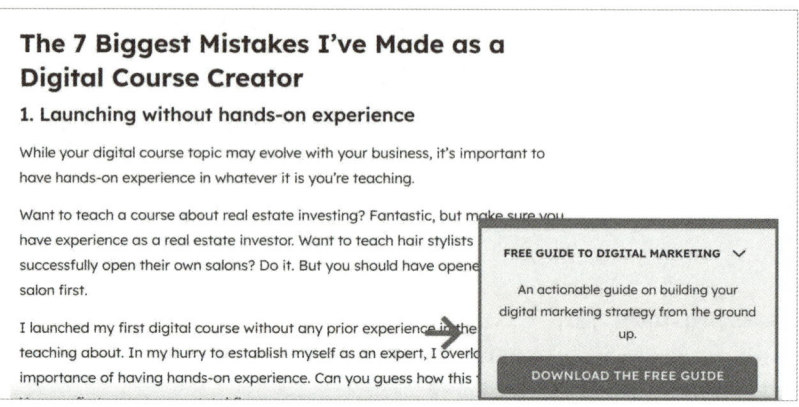

팝업 CTA 설치 예시

퍼포먼스 마케팅 활용하기

고객의 직접 구매가 일어나기 힘든 B2B 비즈니스에서는 도입을 유도하는 형태의 광고 효율이 떨어지는 편입니다. 하지만 **'고객'이 아닌 '리드' 생성을 목적으로 한다면, 퍼포먼스 마케팅에서 리드 마그넷을 활용하는 건 유효한 전략**이 될 수 있습니다. 사고 리더십을 강화할 수 있는 매력적인 콘텐츠가 있다면 광고 집행을 통해 빠르게 다수의 잠재 고객들에게 노출과 유입을 도모하는 것이지요.

이렇게 다양한 채널을 통해 리드 마그넷을 배포했다면 어느 채널을 통해 리드가 가장 많이 유입되는지 확인이 필요합니다. 가장 전환율이 높은 채널에 가장 효율이 좋았던 자료를 설치할 수 있고, 실제 전환이 일어나는 리드들은 어느 채널에 가장 많이 방문하고 반응하는지 확인할 수 있기 때문입니다.

리캐치 폼은 UTM 추적을 지원해 리드가 웹사이트 내 배너/자료 탭/

Meta 광고 소재로 활용된 벤치마크 리포트 리드 마그넷

블로그/페이드 광고 등 여러 채널 중 어떠한 경로로 유입되었는지 트래킹이 가능합니다. 배포하는 각 폼 링크에 UTM만 달아두면 되기 때문에 채널 효율을 측정하기에 유용합니다.

리드 마그넷의 성공 여부를 평가하는 KPI는 전환율과 리드 품질입니다. 어떤 리드 마그넷이 실제로 우리의 잠재 고객들에게 더 매력적이고, 어디에서 유입된 고객이 실제 구매 전환까지 이어지는지 성과를 확인하기 위해서는 리캐치 폼처럼 유입 경로를 확인할 수 있는 폼을 활용해야 합니다.

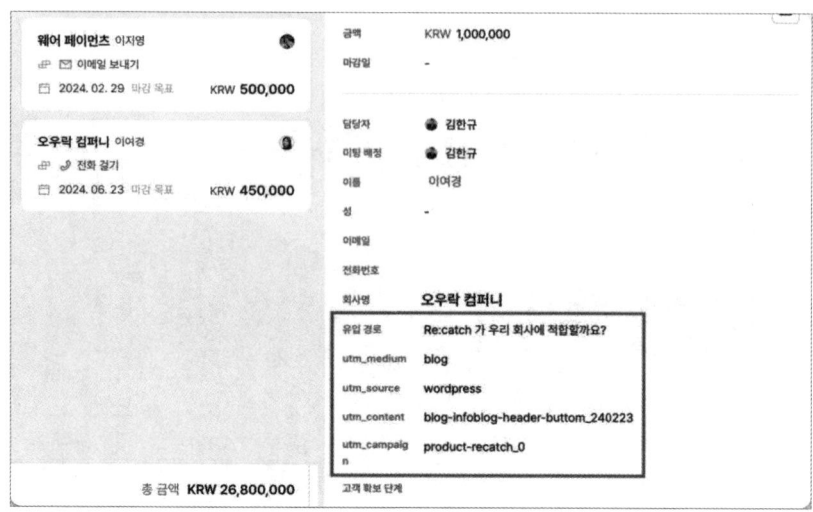

리드 마그넷을 통해 정보 제출 시, UTM을 함께 추적하는 리캐치 폼

1. 리드를 영업 기회로 전환하는 첫 번째 단계: 너처링 여정 설계하기

1. 정보 전달력 강화하기 → 2. 림빅LIMBIC 프레임워크 적용하기 → 3. 리드 마그넷 만들기 → 4. 웹사이트 곳곳에 리드 마그넷 설치하기 단계까지 완료했다면 ICP가 방문했을 때 긍정적인 경험을 축적하고 CTA 버튼을 클릭하는 웹사이트에 가까워졌습니다.

하지만 단순히 클릭을 유도하는 정도로는 충분하지 않습니다. **리드 마그넷 CTA 버튼을 클릭한 이후의 여정을 설계**하는 것도 중요합니다.

이제 CTA 버튼을 눌렀을 때 실제로 문의를 제출하고 미팅을 예약하여 영업 기회로 전환될 수 있도록 웹사이트 방문자의 경험을 완성할 차례입니다. **아무리 웹사이트를 잘 만들어도 실제 '구매 문의'나 '미팅 예약'**

등 전환으로 연결되지 않는다면 소용이 없습니다.

잠재 고객의 우리 제품/서비스에 대한 관심도를 X축으로, 온도감을 Y축으로 놓고 배치하면, 여러 종류의 리드 마그넷을 다음 그림처럼 배치할 수 있습니다. 이것을 '리드 마그넷 맵'이라고 부르겠습니다. 여기서는 두 가지 주요 CTA 유형에 대해 이야기해보겠습니다. 첫째는 직접적인 영업 기회로 전환되는 '도입 문의' 버튼, 둘째는 직접적인 영업 기회는 아니지만 마케팅 퍼널로 전환되는 기타 '리드 마그넷'들입니다.

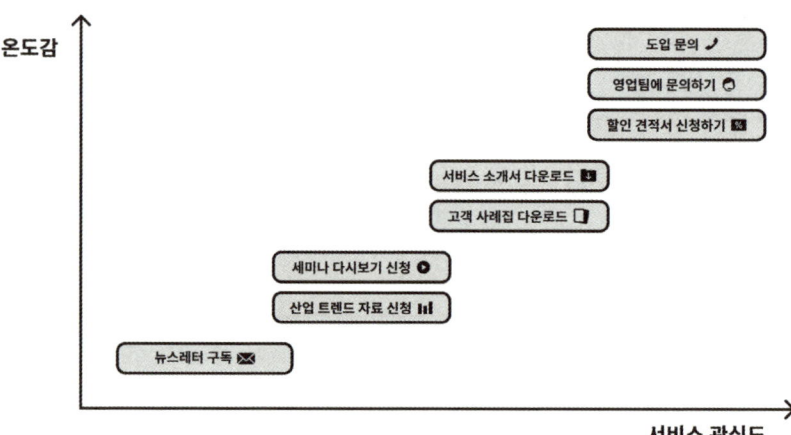

리드 마그넷 맵(Lead Magnet Map)

도입 문의 이후의 여정 설계

대부분의 B2B 웹사이트에는 구매 문의를 남길 수 있는 문의 양식이 있습니다. 일반적으로 잠재 고객이 문의를 넣고 받아보는 응답은 '감사합니다. 영업일 기준 2~3일 내로 답변드리겠습니다'입니다. 그리고 1~2일쯤 뒤에 해당 기업으로부터 '문의해주셔서 감사합니다. 미팅 가능한 시간이 있으신가요?' 같은 메일을 받아봅니다. 이 과정에서 약 80%의 고객이 이탈한다고 합니다.

왜일까요? 잠재 고객이 '도입 문의' 버튼을 누르는 순간은 곧 서비스에 대한 관심도가 최고조에 달했을 때입니다. 시간이 지날수록 온도감과 관심도는 급격하게 식을 수밖에 없습니다. 여러 경쟁사 제품을 찾아보거나 중요한 업무들에 집중하다 보면 우리 서비스는 금세 잊힙니다.

때문에 잠재 고객의 관심도가 가장 높은 골든타임 5분 내에 응답하는 것이 매우 중요합니다. **잠재 고객이 문의 양식을 제출한 이후부터 골든타임 5분 내에 응답하는 것만으로도 영업 기회로의 전환율이 4배 증가**합니다. 한 설문 결과에 따르면 B2B 소비자의 절반 이상이 '그저 빠르게 답변을 주었다는 이유'만으로 해당 기업과 거래를 결정합니다.

이제, 기존보다 개선된 고객 여정을 설계할 때입니다. 잠재 고객이 '도입 문의' 버튼을 누르고 문의 양식을 제출했더니 바로 알맞는 담당자가

영업 담당자를 자동 배정하거나 이메일을 자동 발송하는 리캐치

등장합니다. 그 담당자의 시간 중 상담받고 싶은 일정을 바로 선택합니다. 그 일정에 맞춰 상담을 받습니다. 리캐치를 활용하면 완성할 수 있는 고객 경험입니다.

리캐치를 활용하면 문의 폼 제출과 동시에 미팅 일정을 자동으로 조율하고 예약하거나 이메일을 보낼 수 있습니다.

- **자동 미팅 예약**: 문의 양식을 제출한 즉시 골든타임 내에 미팅 일정을 잡아 이탈률을 최소화합니다.
- **자동 이메일 발송**: 문의 양식을 제출한 즉시 콘텐츠에 대한 추가 설명, 관련 자료, 다음 단계 안내 등을 포함한 맞춤형 이메일을 발송해 전환율을 극대화합니다.
- **담당자 배정**: 잠재 고객이 문의 폼에 작성한 정보를 기반으로 맞춤 담당자를 자동으로 배정하고 담당자가 가능한 시간만 추려 고객에게 제안합니다.
- **실시간 알림**: 미팅이 수립되면 슬랙, 메일로 알림을 받아보고 빠르게 담당자가 대응할 수 있습니다.
- **고객 경험 개선**: 먼저 알고 찾아온 고객이 기다리지 않고 편하게 미팅 일정을 선택할 수 있어요. 미팅에 대한 기대감과 기업에 대한 신뢰도가 쌓입니다.
- **유입 경로 확인**: 미팅을 예약한 잠재 고객의 유입 경로(UTM)를 확인하고 효과적인 마케팅 채널을 파악할 수 있습니다.
- **고객 여정 확인**: 고객이 폼을 제출하기 전, 어떤 콘텐츠와 페이지를 관심 있게 둘러봤는지 방문자 여정을 파악하고 맞춤형으로 응대할 수 있습니다.

도입 문의 외 리드 마그넷 CTA 버튼

도입 문의를 제외한 기타 '리드 마그넷'으로는 서비스 소개서, 고객 사례 모음집, 가이드북, 템플릿 등을 다운로드할 수 있도록 유도하는 CTA가 있습니다. 이 버튼을 클릭한 방문자는 특정 자료를 얻기 위해 신청 폼을 작성하게 됩니다. 이때 역시 리캐치를 활용해 리드를 제출하고 자료를 받아보는 여정을 설계할 수 있습니다.

신청 폼을 작성한 사람들에게 특정 링크를 보내거나 커스텀 메시지를 띄우거나 이메일을 보낼 수 있습니다.

- **커스텀 메시지**: 신청 폼을 작성한 고객에게 맞춤형 메시지를 띄웁니다.
- **특정 링크 연결**: 신청 폼 제출 후 서비스 소개서, 템플릿, 가이드북 등의 자료 링크로 고객을 안내합니다.
- **이메일 발송**: 신청 폼을 작성한 고객에게 맞춤형 이메일을 발송합니다.
- **임베드·링크 공유**: 하나의 신청 폼을 링크 형태 혹은 임베드 형태로 다양한 채널에 공유할 수 있습니다.

이 세 가지 방법으로 리캐치를 활용하면 마치 명품 매장의 퍼스널 쇼퍼가 되어 고객 경험을 개선하고 전환율을 높일 수 있습니다. 웹사이트에서 CTA 버튼을 클릭한 이후의 경험까지 최적화하여 실제 마케팅·세일즈 기회로 전환할 수 있는 것이죠.

웹사이트 전환율 개선 없이 트래픽을 늘리기만 하는 것은 밑 빠진 독에 물을 붓는 것과 같습니다. 잠재 고객들을 웹사이트로 불러오는 마케팅 활동에만 집중하고 있다면, 애써 데려온 잠재 고객들이 웹사이트에

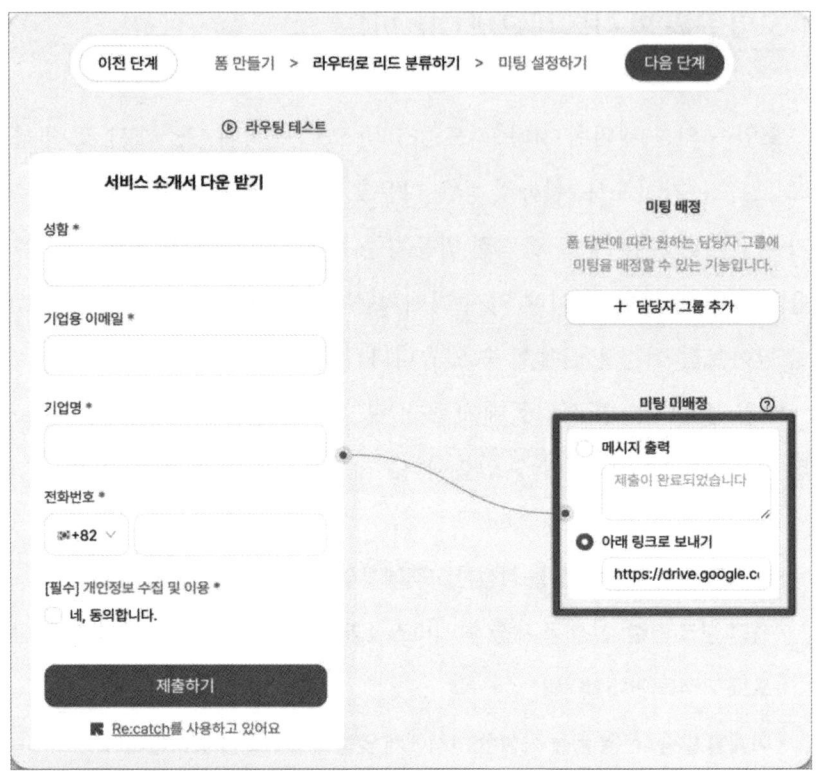

도입 문의 외 리드 마그넷에 리캐치 폼을 활용하는 방법

서 이탈하고 있진 않은지 전환율을 꼭 체크해보는 것을 추천합니다.

 웹사이트 기획을 고민하고 계신 단계라면 정보 전달, 리드 마그넷, 립빅, CTA 이후의 여정 이 네 가지를 반드시 기억하고 적용할 수 있어야 합니다. 이렇게 조금씩 웹사이트를 개선해보면 매출로 연결되는 홈페이지를 만들 수 있습니다.

리드 너처링

리드 마그넷을 통해 잠재 고객의 연락처를 확보했다면 이제 본격적으로 그들을 '더 높은 온도감의 리드'로 전환할 차례입니다. 여기서 핵심은 '전환'에 있습니다. 낮은 온도감의 리드로 머무르게 두지 않고 구매 가능성이 높은 리드로 전환하는 것이지요. 전환을 위해서는 '잠재 고객을 육성'하는 전략이 필요하며, 이를 리드 너처링이라고 합니다.

예를 들어, 웨비나에 참석한 잠재 고객을 대상으로 정기적으로 뉴스레터를 보내어 관심을 유지하고 최종적으로 구매로 이끄는 경우 이메일 마케팅과 뉴스레터를 리드 너처링 도구라고 볼 수 있습니다.

너처링은 '잠재 고객과 썸타기'라고 이해하면 쉽습니다. 소개팅에서 만나자마자 결혼을 제안하지 않듯, 잠재 고객과의 관계도 서서히 신뢰를 쌓아나가며 발전시켜 나가야 합니다. 이때 **너처링 과정에서 '기대 이상의 가치'를 꾸준히 제공하는 것이 중요**합니다. 고객이 예상한 것보다 더 유용한 정보, 더 흥미로운 콘텐츠, 더 세심한 관심을 제공하면 자연스럽게 신뢰가 형성됩니다.

예를 들어, 클라우드 보안 솔루션을 판매하는 회사라면 이렇게 접근할 수 있습니다.

- **인지 단계**: "우리 솔루션 좋아요!"라고 바로 말하기보다, 먼저 [기술 백서: 디지털 시대 클라우드 보안의 중요성] 리포트를 발송합니다.
- **관심 단계**: 리포트를 오픈한 리드에게 [2024년 주목해야 할 클라우드 보안 위협 TOP 5] 블로그 아티클을 보냅니다.
- **고려 단계**: 더 깊이 알아보려는 고객을 [성공적인 클라우드 보안 시스템 구축

사례] 웨비나에 초대합니다.

- **구매 단계**: 구매를 고민하는 고객에게 [클라우드 보안 솔루션 도입 가이드 영상]을 제공합니다.

이처럼 리드의 단계에 따라 적절한 콘텐츠를 제공하면 자연스럽게 신뢰가 쌓이며 구매로 이어질 가능성이 커집니다.

2. 리드를 영업 기회로 전환하는 두 번째 단계: 너처링 여정 자동화하기

기업이 보유한 모든 리드를 영업팀이 직접 한 명 한 명 너처링하는 것은 불가합니다. 따라서 마케팅팀이 캠페인 기반으로 리드 너처링을 자동화하는 것이 필수입니다.

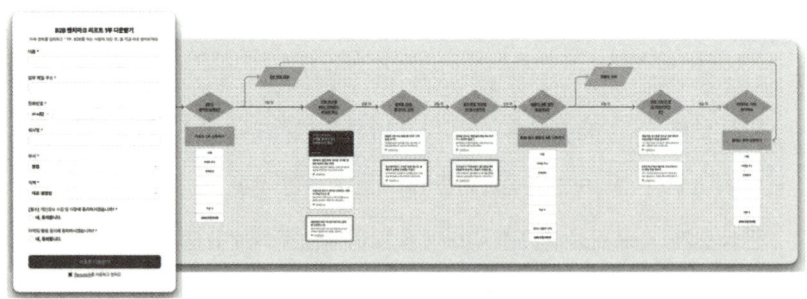

벤치마크 리포트 다운로드 이후의 리드 너처링 캠페인 자동화 로직

그림과 같이 리포트 1부를 받으면 자동으로 2부를 다운로드받을 수 있는 이메일이 전송되고, 2부를 다운로드받으면 하루 뒤 블로그 콘텐츠가 뉴스레터 형태로 나갑니다. 이후 2~3일 간격으로 인지 → 관심 → 고려 → 구매 단계의 콘텐츠가 순서대로 잠재 고객에게 전송되며 최종 이메일에서 '오프라인 세미나 신청하기'가 전송됩니다.

제품/서비스에 대한 관심도와 온도감이 낮은 리드 마그넷인 리포트 북을 받은 잠재 고객을 '육성'하기 위해 수차례의 자동화된 이메일이 전송되고, 최종적으로 오프라인 세미나로 초대하며 직접 대면할 수 있는 기회를 마련하는 것입니다. 그렇게 자동화 캠페인상의 모든 이메일을 읽고 오프라인 세미나에 참여한 리드는 최초에 벤치마크 리포트를 다운로드받았을 때보다 훨씬 높은 온도감으로 리캐치팀과 만남을 갖습니다.

리드 너처링 인사이트:
매출 성장률 2배 이상인 기업들의 리드 너처링 수단

[B2B를 2배 더 파는 기업의 모든 것] 벤치마크 리포트에 따르면 매출 성장률이 2배 이상인 기업 중 무려 91%(하지 않는다 9%)가 잠재 고객의 관심도를 높이기 위해 체계적인 활동을 수행하고 있습니다.

그중에서도 **1:1 개인화 이메일(49%)과 전화(47%)가 가장 선호되는 방식**으로 나타났습니다. 특히, 매출 500억 원 이상의 기업에서는 56%가 개인화된 이메일을, 63%가 전화 채널을 활용하는 것으로 나타났습니다. 이는 **개인 고객에게 맞춤화된 커뮤니케이션 방식을 선호**하는 경향을 보입니다.

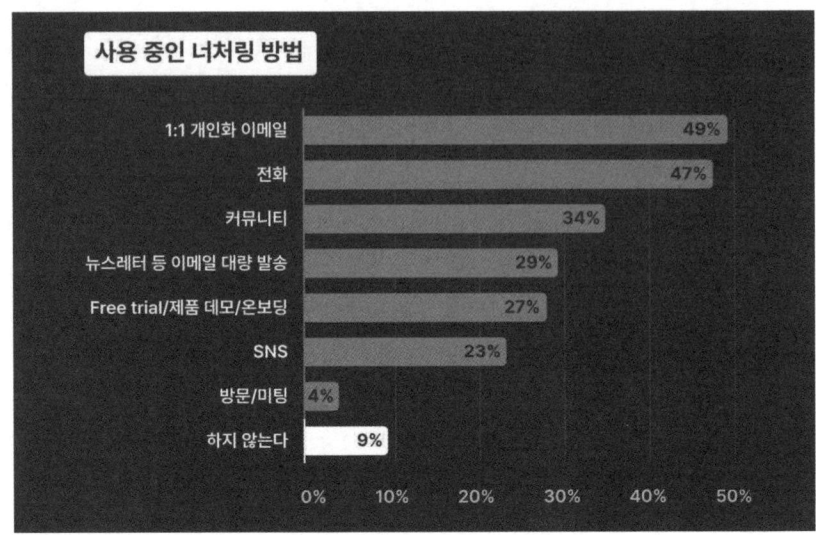

매출 성장률이 상위 25% 이상(평균 4배 이상 성장)인 기업들이 사용 중인 너처링 방법

채널	10억 미만	10~25억	25~100억	100~500억	500억 이상
매출 구간별					
1:1 개인화 이메일	53%	38%	46%	55%	56%
전화	60%	38%	46%	30%	63%
커뮤니티	20%	31%	50%	30%	44%
뉴스레터 등 이메일 대량 발송	33%	38%	8%	40%	25%
Free trial/제품 데모/온보딩	33%	31%	19%	35%	13%
SNS	23%	14%	31%	25%	25%
방문/미팅	7%	0%	4%	10%	0%
하지 않는다	0%	3%	19%	20%	6%

매출 성장률이 상위 25% 이상(평균 4배 이상 성장)인 기업들의 매출 구간별 사용 중인 너처링 방법

또한, **커뮤니티(34%)와 뉴스레터(29%)**도 높은 활용도를 보입니다. 이러한 방식들은 **대규모 리드를 대상으로 지속적인 접점을 유지**하며 브랜드 신뢰도를 구축하고, 효율적으로 관리하는 전략의 일부로 활용되고 있습니다.

리드 너처링의 수단으로서 '방문 및 미팅'의 비중은 4%로 상대적으로 낮게 나타났습니다. 기업들이 초기 단계에는 시간이 많이 소요되는 대면 미팅보다는 효율적인 비대면 채널을 통해 더 많은 잠재 고객과 지속적인 접점을 만드는 데 집중하고 있음을 보여줍니다. 실제로 무료 체험이나 온라인 제품 데모/온보딩을 활용하는 비율이 27%에 이르며, 디지털 방식을 통한 고객 경험 제공이 국내에서 점차 증가하는 추세를 보이고 있습니다.

3. 리드를 영업 기회로 전환하는 세 번째 단계: 리드 스코어링

리드 너처링이 '잠재 고객과 썸타기'라면 리드 스코어링은 '썸타는 상대의 마음을 숫자로 읽는 것'입니다.

리드 스코어링은 우리와 '썸'을 타고 있는 잠재 고객의 온도를 숫자로 측정합니다. 영업 담당자들이 "이 고객은 구매할 의향이 있는 것 같아"라고 감으로 판단하는 대신, 객관적인 데이터를 바탕으로 온도감을 수치화하는 것이죠.

리드 스코어링이 특히 중요한 이유는 한정된 영업 리소스를 가장 효율적으로 배분할 수 있게 해주기 때문입니다. 모든 리드에 똑같은 에너지를 쏟는 대신, 구매 가능성이 높은 리드에 집중함으로써 성공률을 높이고 세일즈 사이클을 단축할 수 있습니다.

주의할 점은 리드 수가 적을 때(예: 월 20개 미만)는 오히려 스코어링보다 정성적인 분석이 더 효과적일 수 있다는 것입니다. **리드가 충분히 많아져서 우선순위 설정이 필요할 때 스코어링 시스템을 도입하는 것이 좋습니다.**

리드 스코어링의 두 가지 핵심 기준: 프로필 정보와 행동 데이터

효과적인 리드 스코어링은 두 가지 유형의 데이터를 균형 있게 고려해야 합니다.

1. **프로필 정보**: 리드의 직책, 회사 규모, 산업 분야 등의 정보는 리드가 이상적인 고객 프로필(ICP)에 얼마나 부합하는지를 평가하는 데 중요한 요소입니다.

스타트업	2020.7.30 설립 (6년차)	응용 소프트웨어 개발 및 공급업

웹사이트	https://www	
이메일		
전화번호	+82 02 123 5678	
주소	서울 강남구	

	2023년	2024년	2025년
종업원	93명	↑143명	↓125명
매출액	132억	↑193억	↑250억
영업이익	-11.2억	-26.1억	-27.2억
순이익	-9.3억	-25.1억	-21.0억

리드 스코어링의 기준으로 활용할 수 있는 프로필 정보(리캐치-나이스 BizAPI DB 연동분)

2. 행동 데이터: 웹사이트 방문, 이메일 열람 및 클릭, 소셜 미디어 참여, 콘텐츠 다운로드 등 리드의 상호작용 데이터를 의미합니다. 이러한 행동은 리드의 관심도와 참여도를 나타냅니다.

리드 스코어링의 기준으로 활용할 수 있는 행동 데이터(리캐치 고객 여정 데이터)

이 두 데이터 유형은 상호 보완적입니다. 프로필 정보는 리드가 ICP(이상적인 고객 프로필)에 얼마나 해당하는지를 보여주고, 행동 데이터는 현재 리드의 관심도와 구매 의향을 나타냅니다.

가장 효과적인 스코어링은 이 두 가지를 조합하는 것입니다. 예를 들어, CEO(+20점)가 가격 페이지를 3번 이상 방문(+30점)하고, 제품 데모 웨비나에 참석(+40점)했다면 해당 리드는 매우 높은 점수를 갖게 됩니다.

4. 리드 전환 촉진의 주역: SDR

모든 리드가, 리드 마그넷 맵 기준으로 제품에 대한 관심과 온도가 가장 낮은 축에 속하는 '뉴스레터 구독하기'로 리드 정보를 제출하고 → 너처링 캠페인을 통해 블로그 글을 수차례 읽으며 → 웨비나/세미나에 참석하고 → 서비스 소개서를 다운로드받고 → 도입 문의를 넣으면 이상적이겠지만 모든 리드가 그토록 아름다운 경로를 거쳐 전환되지는 않습니다.

B2B 기업에 세일즈가 존재하는 이유는 더 빠르게 더 많은 리드를 구매로 전환하기 위함입니다. 이것을 영업조직 생산성 갭이라고 합니다. 계약의 규모가 크면 클수록, 마케팅팀의 역할에만 의존하여 높은 수준의 Free-trial(무료체험 기간) 경험을 제공하고, PLG(제품주도성장)를 만들어가는 것이 거의 불가능해지고, 영업팀이 해당 어카운트들을 개별적으로 컨택하여 세일즈 파이프라인에서 후속 단계로 전환하는 중요성이 올라갑니다.

이때 최초의 역할을 담당하는 포지션이 SDR[Sales Development Representative]

입니다. 특히, 디지털 기반의 마케팅-영업의 이어달리기를 추구하는 매출 조직이라면 반드시 SDR 포지션을 마련할 것을 권합니다. SDR은 잠재 고객을 발굴하고 초기 영업 기회를 창출하는 핵심 역할을 수행하며, **마케팅팀과 영업팀을 잇는 가교 역할**을 합니다.

SDR은 리드 스코어링 기준으로 우선적으로 영업 기회로 전환해야 할 리드를 선별하고 직접 컨택하여, 세일즈 퍼널의 스펙트럼으로 보면 어정쩡한 단계의 인지 수준에 머무르고 있는 잠재 고객에게 먼저 손을 내밀어 보다 빠르고 적극적으로 고려할 수 있게 돕습니다. 세일즈 파이프라인의 스펙트럼에서 보면 MQL에서 머무르고 있는 리드를 SQL로 전환합니다.

SDR은 때에 따라서는 마케팅팀의 지원 없이 링크드인 소셜 활동, 콜드메일, 콜드콜 활동을 통해 리드를 만들어내기도 합니다. 결국, SDR의 목표는 마르지 않는 리드의 샘물을 마케팅팀과 함께, 때에 따라서는 독립적으로 만들어내는 것이라고 할 수 있습니다.

리캐치팀도 SDR 팀을 운영함으로써 기존 SDR 포지션이 없을 때에 대비하여 120% 이상의 리드 수 증가는 물론, 한 해 중 최대 규모의 딜을 성사시킬 수 있었습니다. 이후 수준 높은 SDR팀을 빌딩하는 것의 중요성을 인지하고 플레이북을 정립해나가고 있습니다.

한편, 기존의 필드 영업 담당자들이 하고 있던 역할을 굳이 SDR 포지션을 두어 분업해야만 하는지, 오히려 그것이 매출 조직의 추가 인력 채용에 따른 비용 상승만을 초래하는 것이 아닌지에 대한 반론이 충분히 있을 수 있습니다. 이에 대해 다음 두 가지 요소로 답해보겠습니다.

SDR = Junior AE^{Account Executive}

매출 조직을 운영하는 사람이라면 누구나 한 번쯤 "도대체 어디에서 영업 잘하는 사람을 구해서 어떻게 키워야 하는가"에 대한 고민을 해봤을 것입니다. 직접 잠재 고객이나 기고객을 만나 대면 미팅을 하고, 전화/문자/SNS/메일 소통을 해야 하는 영업 담당자의 활동은 회사가 전달하고자 하는 메시지를 대표하게 됩니다.

그의 말 한마디, 문장 한 줄로 적게는 수십만 원, 많게는 수억 원의 계약이 오가므로 '우수한 영업 담당자'를 보유한 기업은 그 자체로 우수한 매출 성장의 잠재력을 지니고 있다고 볼 수 있습니다. 오죽하면 그들을 단순히 '영업사원$^{Sales\ manager}$'이 아니라 '영업대표$^{Sales\ representative}$'라고 표현하는 기업들이 있을 정도입니다.

그러나 우리 회사의 제품과 서비스, 시장, 고객에 대한 높은 이해도를 바탕으로 정제된 말과 문장으로 높은 수준의 영업 활동을 수행할 수 있는 영업 담당자를 채용하기란 하늘의 별 따기에 가깝습니다. 따라서 보다 나은 접근은 '지금 당장 필드 영업 실전에 투입 가능한' 영업 담당자를 채용하는 것이 아니라, '미래에 필드 영업에 투입 가능한' 영업 담당자를 채용하고 교육하여 우리 팀에 맞춤형 인재로 키워나가는 것입니다.

SDR은 그런 의미에서 미래의 AE 또는 미래의 영업대표로 성장하기에 가장 적합한 포지션입니다. 잠재 고객의 산업/시장/제품에 대해 흥미로운 이야기를 나눌 수 있는 인사이트를 수집하며, 직접 고객 대면 미팅을 수행하지는 않지만 콜/메일/SNS를 통해 대면 미팅 전 단계의 고객 소통 과정을 담당하여 고객 커뮤니케이션 스킬을 갖춰나갈 수 있습니다.

때에 따라서는 활발한 소통을 선호하는 고객을 만나며, 대면 미팅 전

단계에서 이미 잠재 고객의 문제에 대해 깊이 이야기를 나누고 1차 제품 데모(제품 체험)를 시연하는 기회를 얻게 될 수도 있습니다. 이러한 과정을 경험한 SDR은 미래에 높은 성과를 내는 AE로 성장할 수 있게 되며, 잦은 채용과 이탈이 반복되는 영업팀이 아닌 '평균 근속연수가 길며, 인원당 전환율의 편차가 작으며, 안정적으로 운영되는 영업팀'의 일원이 될 수 있습니다.

결과적으로, SDR 포지션을 두는 것이 영업팀의 HR(채용/교육/평가) 측면에서 더 비용 효율적인 선택이라고 할 수 있습니다.

전환율의 핵심은 '골든타임'

한 조사 결과에 따르면 5분 안에 전화를 걸면 잠재 고객에게 연락이 닿을 확률은 30분 안에 전화를 걸 때에 비해 100배 더 높고, 잠재 고객의 적합성을 성공적으로 검증할 확률은 21배 더 높다고 합니다.

또 다른 조사 결과에 따르면 "왜 이 회사의 상품을 구매하기로 결정하셨습니까?"라는 질문에 무려 50%의 구매 기업이 "그저 가장 빠르게 답변을 준 업체이기 때문"이라고 답했다고 합니다.

이것이 핵심입니다. B2B 거래가 일어나기 위해서 가장 중요한 것은 '가격 경쟁력'도, '가장 많은 종류의 상품'을 공급해서도 아닌, '잠재 고객의 문의에 가장 빠르게 응답하는 것'입니다. 해당 조사에서 보여주는 안타까운 사실 중 하나는 무려 47%의 업체들이 잠재 고객의 문의에 아예 대응하고 있지 않는다는 것입니다.

바꿔 말하면, 잠재 고객의 문의에 대응만 해도, 심지어 경쟁 기업보다 더 빠른 속도로 응대하기만 해도 더 많은 영업 기회를 창출하고 심지어 계약 전환율을 높일 수 있습니다.

그래서 SDR이 필요합니다. 필드 영업 담당자는 잠재 고객의 관심을 캐치하고 빠르게 영업 기회로 전환하는 활동을 수행할 '틈'이 없습니다. 그들은 늘 고객을 만나고 있으며, 영업 미팅이 많은 담당자는 오전 10시부터 오후 7시까지 온·오프라인을 종횡무진하다 하루를 마칩니다. 심지어 미팅 기록을 CRM에 업데이트하고 내일의 영업 계획을 준비하다 보면 밤 9시가 넘어가기 일쑤입니다.

리드 스코어링의 기준 점수를 꽉 채운 잠재 고객들, 예를 들어 서비스 소개서를 다운로드받고 도입 문의를 제출한 잠재 고객들이 줄 서서 기다리고 있어도 필드 영업 담당자가 그들에게 주의를 기울이는 것은 매우 어려운 일입니다.

필드 영업 담당자가 리드 스코어링 기준을 만족한 잠재 고객에게 컨택하는 때는 단 두 가지입니다.

- 신규 리드가 부족해서 신규 영업 기회 발굴이 필요할 때
- 예정되어 있던 영업 미팅이 취소되어 잠깐 1~2시간 짬이 날 때

이렇게 해서는 충분히 많은 잠재 고객을 만들어낼 수 없습니다. 따라서 필드 영업 담당자가 바쁜 시간을 쪼개가며 영업 기회를 만드는 것에 만족하지 않고, 잠재 고객에게 '적시에' 접근하여 영업 기회^{SAL}로 전환할 수 있는 SDR 포지션을 둠으로써 더 많은 영업 기회를 찾고, 더 많이 계약으로 전환시킴으로써 매출 생산성에 기여할 수 있습니다.

탁월한 SDR팀을 만드는 방법

1) 세일즈 펀더멘털

SDR의 업무를 잘 수행하기 위해서는 '글쓰기나 말하기 스킬'보다 '세일즈 펀더멘털'을 확립하는 것이 우선입니다. 앞에서 언급했듯이 세일즈 펀더멘털은 'Don't sell, help' 한 문장으로 나타낼 수 있는데, 고객에게 팔고자 하는 영업 담당자가 아니라 고객을 돕고자 하는 영업 담당자로 접근해야 한다는 것이 핵심입니다.

'세일즈 펀더멘털을 확립한다' 또는 '고객을 돕는 영업 담당자로 접근한다'라는 말이 단순히 듣기 좋은 말에 그쳐서는 안 됩니다. 세일즈 펀더멘털은 세일즈의 행동의 변화를 만들어내는 원천이자 마인드셋이며, 단순히 좋은 태도를 지니는 것 그 이상의 의미를 지니기 때문입니다.

고객에게 '팔고자 하는 마음이 강한 영업 담당자'는 고객을 만나서 늘 자신의 회사와 제품/서비스를 소개하기 바쁩니다.

반면, 고객을 '돕고자 하는 마음이 강한 영업 담당자'는 자신의 회사와 제품/서비스를 소개하기에 앞서 고객의 문제가 무엇일지 상상하고, 준비하고, 질문해서 알아낸 도움이 될 수 있는 지점을 콕 집어 전달합니다.

그리고 그들은 잠재 고객에게 도움이 될 수 있는 지점을 제품과 서비스의 기능을 장황하게 늘어놓는 것으로 전달하지 않습니다. 그들은 이미 '우리의 잠재 고객들은 결코 우리 회사의 제품과 서비스가 궁극적인 관심사가 아님'을 알고 있기 때문입니다.

우수한 SDR 담당자는 다음 사실을 뼛속 깊이 알고 있으며 실천합니다.

"우리의 잠재 고객들은 결코 우리 회사의 제품과 서비스에 관심이 없습니다. 그들이 관심 있어 하는 것은 오로지 그들의 문제가 해결되는 것, 또는 그들의 문제가 해결될 수 있겠다는 가능성을 발견하는 것뿐입니다."

우수한 SDR들은 잠재 고객이 그들의 문제를 이야기했을 때, 제품/서비스의 기능을 나열하는 것이 아니라 '문제가 해결되었던 사례' 또는 '성공 사례'를 언급합니다. 그들은 결코 이렇게 이야기하지 않습니다.

"인바운드 도입 문의 제출 수는 많은데, 영업 미팅으로 연결되는 비율이 10%밖에 되지 않아 고민이시군요. 저희 리캐치를 활용하신다면 문의 제출의 항목에 따라 기존에 설정한 리드 라우팅 로직을 반영하여 영업 담당자를 자동으로 배정해주고 빠르게 미팅으로 전환시킬 수 있습니다. 뿐만 아니라 노쇼 방지를 위해 메일/카카오톡으로 미팅이 잡힌 양측 상대방 모두에게 정해진 시간에 알림을 보내는 것도 가능하지요."

우수한 SDR 담당자들은 '제품과 서비스의 기능'을 팔지 않고, 다음과 같이 '잠재 고객의 문제가 해결될 수 있는 가능성'을 팝니다.

"인바운드 도입 문의 제출 수는 많은데, 영업 미팅으로 연결되는 비율이 10%밖에 되지 않아 고민이시군요. 마침, 저희 리캐치의 고객사인 토스페이먼츠에서도 리캐치를 도입하여 홈페이지 도입 문의의 미팅 전환율을 2배 이상 증가시켰던 사례가 있습니다. 혹 다음 주 월요일이나 수요일 오후 3시 이후에 가능한 일정이 있으실까요? 토스페이먼츠와 함께 전환율 상승을 만들었던 담당자가 직접 미팅에 참여하여 보다 구체적으로 어떻게 전환율 상승을 만들었는지에 대해 소개해드리겠습니다."

바로 이겁니다! 잠재 고객의 문제 해결을 돕기 위해서는 우선 '이 회사의 담당자를 만나면 우리 회사의 문제가 해결될 것 같다'라는 기대감을 주어야 합니다.

그렇기에 빠르게 성장하는 SDR 담당자는 잠재 고객을 영업 미팅으로 전환하기 위해 '산업/시장별' 맞춤형 인사이트와 성공 사례에 대해 알아두는 것이 중요하다는 것을 직감적으로 압니다. 잠재 고객은 일방적으로 제품/서비스 소개를 늘어놓는 담당자가 아니라 놓치면 후회할 것 같은 정보를 많이 알고 있는 담당자와 이야기하고 싶어 하기 때문입니다.

2) 지형지물 활용하기

SDR에게 아무 연고도 없는 고객사의 사무실에 들어가 명함을 주고받고, 잠재 고객사 대표번호 리스트를 주고 폰 부스에 들어가 하루 종일 콜드콜을 하라는 업무를 줘서는 안 됩니다. 주니어 영업 담당자가 수행하기 어려운 난이도는 둘째 치고, 높은 품질의 리드와 미팅을 만들어내기 위한 지형지물이 주어지지 않은 상태이기 때문입니다.

SDR이 활용할 수 있는 지형지물은 '리드 너처링 및 리드 스코어링 히스토리'입니다. 한 가지 실제 예를 통해 살펴보도록 하겠습니다.

1. I사의 마케팅 과장은 2025년 2월 19일, 리캐치의 웹사이트에서 2시 16분경 서비스 소개서를 다운로드 받았습니다. 서비스 소개서를 다운로드 받을 때 찍힌 UTM은 리캐치 웹사이트 내 '아웃바운드' 기능 소개 카테고리였습니다.
2. 2시 25분경, 리캐치의 블로그에 소개된 '토스페이먼츠' 성공 사례 콘텐츠에 진입하고 6분 정도 읽다가 31분에 페이지를 이탈하였습니다.
3. 2시 34분경, 리캐치의 블로그에 소개된 '테이텀시큐리티' 성공 사례 콘텐츠에

진입하고 2시 50분까지 블로그 글의 75%까지 스크롤을 내리며 읽다가 2시 53분에 '기프트럭의 인바운드 성장 전략' 성공 사례 콘텐츠를 읽었습니다.
… 중략…

4. 3시 1분경, 리캐치 블로그에 소개된 '리드 마그넷' 콘텐츠에 진입하고 4시 58분경 해당 페이지에서 벗어났습니다. 본 리드가 리캐치의 웹사이트에 들어와서 체류한 시간은 총 325분이며, 총 13곳의 페이지를 방문했으며, 총 88회의 이벤트가 찍혔습니다.

5. 한편, 마케팅팀에서 전달받은 정보에 따르면 해당 리드는 2024년 8월부터 '뉴스레터'를 구독 중이었다고 합니다.

SDR 담당자는 이 정보들을 지형지물 삼아 다음과 같은 스크립트를 작성하고, I사 담당자에게 전화를 걸어 미팅 기회를 만들어낼 수 있었습니다.

"안녕하세요! I사 과장님. 리캐치 그로스팀 ○○○입니다. 저희 팀의 서비스 소개서를 다운로드받아주시고, 지난 8월부터 저희 뉴스레터를 통해 여러 콘텐츠도 관심 있게 살펴봐주셔서 너무나 감사한 마음에 연락드리게 되었습니다! 특히 리드 마그넷 콘텐츠에 가장 관심을 보여주신 것으로 파악하고 연락드리게 되었는데, 마침 H사의 리드 마그넷 여정 설계를 돕고 있어서 관련 내용을 소개해드리고 싶습니다. 혹 55초 미만으로 통화 가능하실까요?"

만약 SDR 담당자가 이와 같은 여러 지형지물을 활용하지 않고 서비스 소개서를 다운로드받았다는 사실만 활용하여 다음과 같이 콜을 했다면 결과는 어땠을까요?

"안녕하세요! I사 과장님, 리캐치 그로스팀 ○○○입니다. 저희 팀의 서비스 소개서를 다운로드 받아주셔서 감사한 마음에 연락드리게 되었습니다. 혹 55초 미만으로 통화 가능하실까요?"

분명 제한된 지형지물을 활용한 사례보다 앞서 소개한 '풍부한 지형지물을 활용'한 사례가 잠재 고객사 담당자로 하여금 통화를 더 해보고 싶은 마음이 들게 합니다.

3) 정기적 코칭 세션

한 명의 영웅적인 SDR이 아니라, 지속 가능한 성과를 창출하는 SDR 팀을 만들기 위해서는 정기적인 코칭과 리뷰 세션이 필요합니다. 가장 권장하는 방법은 OB와 YB가 돌아가며 SDR 콜을 돌리고 피드백을 주고 받는 세션을 정기적으로 운영하는 것입니다.

최근 일주일에 1회, 시니어 AE와 SDR 담당자가 함께 모여 리드 스코어링 기준을 만족한 리드를 대상으로 콜을 하는 세션을 운영하기 시작했습니다. 진행하는 방식은 다음과 같습니다.

1. SDR 담당자별로 콜 대상을 배정합니다.
2. SDR 담당자가 배정받은 딜을 살펴보며, 스크립트 작성을 위해 활용하고자 하는 지형지물에 대해 이야기합니다(기존 리드 너처링 및 스코어링 히스토리, 레퍼런스 등).
3. 시니어 AE가 SDR 담당자가 작성한 스크립트 초안을 보고 실시간으로 피드백을 제공합니다.

4. SDR 담당자가 AE의 피드백을 적용하여 스크립트를 보완합니다.
5. 잠재 고객사 대상으로 콜을 합니다. 이때 동료 중 한 명은 반드시 콜을 녹음합니다.
6. 콜을 종료하고, SDR에게 콜에서 좋았던 부분과 아쉬웠던 부분을 셀프 피드백 하게 합니다.
7. 시니어 AE도 SDR에게 좋았던 부분과 아쉬웠던 부분을 피드백해줍니다.
8. 해당 콜 녹음본과 피드백 제공 내역은 노션 등 별도의 문서에 아카이빙합니다.

이 과정을 'SDR'만 수행하는 것이 아니라, 시니어 AE가 직접 시연하는 시간도 필수로 넣도록 합니다. 특히, 반드시 미팅으로 전환해야만 하는 중요도 높은 리드의 경우에는 SDR에 맡기지 않고 AE가 직접 콜을 하고, 그 모습을 SDR이 보며 배울 수 있도록 합니다.

SDR은 디지털 기반 영업 전략의 혁신을 만들려는 조직이라면 반드시 눈여겨봐야 할 포지션입니다. SDR은 더 많은 리드를 더 효율적으로 만들어내고, 심지어 계약 전환율 상승에도 기여할 수 있는 귀한 존재입니다.

그렇다면 SDR 포지션의 실제 채용 공고는 어떻게 생겼을까요? 독자 여러분의 이해를 돕기 위해 리캐치팀의 SDR 채용 공고를 소개합니다. 여러분 조직만의 색깔에 맞게 자유로이 변형하여 활용하시길 바랍니다.

SDR 포지션 소개

리캐치 소개

리캐치는 비즈니스 성장을 위한 고객 확보 및 영업 관리 솔루션(CRM)입니다. 고객 확보를 위한 핵심적인 활동들을 쉽고 효율적으로 돕는 SaaS로, 잠재 고객의 유입부터 실제 고객으로의 전환까지 필요한 마케팅/세일즈 전략을 리캐치를 통해 쉽게 세우고 실행할 수 있습니다.

기업들의 성장과 성공을 돕는 동반자로서 기업의 핵심 지표인 '고객 유치', '매출' 목표 지표를 달성할 수 있도록 돕고 있습니다.

리캐치는 2023년도 5월에 출시하여 폭발적인 매출 증가를 이어 나갔으며, 300곳 이상의 유료 고객사들을 유치하였습니다.

리캐치팀은 2025년도의 더 큰 성장을 위한 준비를 하고 있으며, 의미 있는 도전을 함께하실 분들을 찾고 있습니다.

리캐치 SDR팀은

끊임없이 잠재 고객들에게 손을 내밀고, 리캐치의 가치를 전파하는 데 앞장서고 있습니다. 마케팅과 세일즈를 연결하는 가교 역할을 하면서요.

성장에 대한 열망과 열정으로 똘똘 뭉친 팀원들이 때로는 do things that don't scale을 하며 누구보다 치열하게 고민하고 의미 있는 결과들을 만들고 있습니다.

리캐치팀이 찾는 SDR은

비즈니스의 핵심 지표를 달성하기 위해 적극적으로 잠재 고객을 발굴하고 효과적인 초기 영업 활동을 수행할 수 있는 분입니다.

하나의 영업 방식에 국한되지 않고, 데이터 기반의 전략적 영업 역량을 갖춘 세일즈 전문가로 성장하고 싶은 분에게 적합한 포지션입니다.

세일즈 분야의 경력이 아직 없거나, 오래되지 않아도 괜찮습니다.

리캐치 SDR의 중요한 임무 중 하나는 잠재 고객을 찾아내고 초기 접점을 형성하여 실질적인 영업 기회를 창출하는 것입니다.

시장에서 리캐치의 가치를 명확하게 전달하고, 고객의 비즈니스 니즈를 파악하여 맞춤형 솔루션을 제안합니다. 또한, 양질의 블로그 콘텐츠를 작성하여 잠재 고객의 관심을 유도하고 리캐치의 전문성을 알리는 역할도 수행합니다.

이를 위해,
1. 우리의 제품과 가장 핏하고, 우리의 제품을 가장 필요로 하는 pain을 가진 고객을 발굴합니다.
2. 그 고객에게 전달할 수 있는 가치를 고민하고 효과적으로 커뮤니케이션합니다.
3. 더 많은 고객의 이야기를 귀 기울여 듣고 비즈니스 니즈를 파악하며,
4. 그들이 가지고 있는 문제를 더 나은 방식으로 해결하기 위해 수단과 방법을 가리지 않습니다.

성장, 데이터, 고객 발굴, 영업 전략, 콘텐츠, 팀워크에 가슴 뛰는 분들을 모십니다.

앞으로 이런 일들을 하게 될 거예요

- 이상적인 고객 프로필(ICP)에 맞는 잠재 고객을 발굴하고, 데이터를 체계적으로 관리합니다.
- 콜드 콜링, 이메일, 링크드인 등 다양한 채널을 활용하여 잠재 고객과 첫 번째 접점을 형성합니다.
- 잠재 고객의 관심과 니즈를 끌어낼 수 있는 양질의 블로그 콘텐츠를 기획하

고 작성합니다.
- 고객의 비즈니스 니즈를 파악하고, 리캐치의 가치를 효과적으로 전달하는 맞춤형 피칭을 개발합니다.
- CRM 시스템을 활용하여 영업 데이터 및 고객 정보를 체계적으로 관리하고 분석합니다.
- 영업팀과 긴밀히 협업하여 고객 미팅을 설정하고, 영업 프로세스의 원활한 진행을 지원합니다.

이런 분을 모시고 싶어요
- 적극적인 자세로 시장을 탐색하고 잠재 고객을 발굴하는 데 열정이 있는 분
- 콜드 콜링, 이메일, 소셜 셀링 등 다양한 영업 접근법을 경험하고 발전시키고 싶은 분
- 논리적인 사고력과 뛰어난 커뮤니케이션 능력을 갖춘 분
- 데이터 기반으로 영업 프로세스를 최적화하고 성과를 측정하는 데 관심이 있는 분
- 끈기와 도전 정신을 바탕으로 영업 목표 달성에 몰입할 수 있는 분
- 팀 플레이어이며 유관 부서와의 협업/커뮤니케이션에 능한 분
- B2B 마케팅과 세일즈에 대해서 끊임없이 공부하며 업계의 리더로서 성장하고 싶으신 분
- 블로그 콘텐츠 작성을 즐기며, 복잡한 개념을 쉽고 명확하게 전달할 수 있는 분

이런 점이 있다면 더욱 좋아요
- B2B 영업 또는 고객 접점 경험이 있는 분(영업, 마케팅, 고객 상담 등)
- SaaS 또는 B2B 서비스에 대한 이해도가 있는 분
- 링크드인, 이메일 자동화 툴, 세일즈 스크립트 개발 등의 디지털 영업 역량

을 보유한 분
- 스타트업, 창업 경험이 있거나, 창업에 관심이 있는 분
- CRM 및 세일즈 자동화 도구 활용 경험이 있는 분
- 마케팅 콘텐츠, 기술 문서, 또는 비즈니스 관련 글쓰기 경험이 있는 분

SDR 포지션에서 얻을 수 있는 경험 및 성장 기회
- B2B 영업 전문가로 성장하는 확실한 출발점
- 실무 경험을 통해 체계적인 영업 전략을 익히고, 비즈니스 성장에 기여하는 역량을 구축할 수 있습니다.
- 업계 최고 수준의 영업 프로세스를 실무에서 익히고 적용
- 검증된 영업 방법론을 학습하고, 효과적인 고객 커뮤니케이션을 통해 실질적인 성과를 창출하는 역량을 키울 수 있습니다.
- 데이터 기반의 정교한 영업 전략 실행
- 최신 CRM 및 세일즈 자동화 도구를 활용해 리드를 효과적으로 관리하고, 영업 활동을 분석하여 최적의 전략을 설계할 수 있습니다.
- 빠르게 변화하는 스타트업 및 IT 산업에서의 실무 경험
- 다양한 산업군의 고객을 발굴하고, 시장 흐름을 파악하며, 실질적인 비즈니스 인사이트를 쌓을 수 있습니다.
- 성과를 분석하고 최적화하는 데이터 중심의 영업 경험
- 리드 전환율, 콜 성공률 등의 핵심 영업 지표(KPI)를 기반으로 성과를 측정하고, 지속적으로 개선하는 과정을 통해 높은 수준의 영업 역량을 갖출 수 있습니다.
- 장기적인 커리어 성장을 위한 탄탄한 기반
- SDR로 시작해 영업 전문가로 자리 잡을 수 있으며, 경험과 성과에 따라 Account Executive(AE) 등 더욱 전략적인 영업 역할로 성장할 수 있습니다.

5. 마케팅과 세일즈의 시너지: 바통 터치

리드 너처링과 스코어링은 마케팅과 세일즈 사이의 '바통 터치'를 가능하게 합니다. **마케팅팀이 너처링을 통해 잠재 고객과의 관계를 발전시키고, 스코어링을 통해 이 리드가 '준비되었다'고 신호를 주면 세일즈팀이 자연스럽게 바통을 이어받는 것입니다.**

이런 유기적인 협업이 이루어지기 위해서는 두 팀 간의 명확한 기준 합의가 필수입니다. MQL과 SQL의 정의, 스코어링 포인트 체계, 리드 전달 프로세스 등에 대한 공통된 이해가 있어야 합니다. 이러한 합의가 없다면 마케팅팀은 "좋은 리드를 전달했는데 세일즈팀이 제대로 팔로우업하지 않는다"라고 불만을 품고, 세일즈팀은 "마케팅에서 온 리드는 품질이 낮다"라고 투덜대는 악순환이 발생할 수 있습니다.

1. 리드는 많은데 도입 문의로 전환이 되지 않나요?
   → 너처링에 더 힘을 쏟으세요.
2. 리드가 너무 많아 어떤 리드부터 팔로우업할지 막막한가요?
   → 스코어링으로 우선순위를 정하세요.

이 두 가지 전략의 균형 있는 활용이 B2B 비즈니스 성장의 핵심 엔진이 될 것입니다.

지금까지 트래픽을 리드로, 리드를 MQL과 SAL로 전환하는 과정을 살펴보았습니다. '전환율 높은 웹사이트 설계', '매력적인 리드 마그넷 활용', 그리고 '효과적인 리드 너처링과 스코어링'이 유기적으로 결합될 때, 여러분의 B2B 비즈니스는 지속 가능한 성장의 첫 단추를 꿸 수 있게 될 것입니다.

1. 콜드콜 프로세스

"Sell me this pen(나에게 이 펜을 팔아보시오)."
― 〈더 울프 오브 월스트리트(The wolf of wall street)〉

콜드콜, 듣기만 해도 간담이 서늘해지고, 혀가 굳고, 등 뒤에서 식은땀이 납니다.

마케팅팀과의 이어달리기를 통해 영업 기회를 만들어낼 수 있다면 너무나 좋겠지만, 마케팅팀의 화력 지원이 불가능하거나 불충분한 상황도 존재합니다. 어쩌면 그러한 상황이 더 일반적일 수 있습니다. 그렇기에 오늘도 영업 담당자들은 수화기를 들고 한 번도 본 적 없는 잠재 고객사의 전화번호를 눌러야 합니다.

얼굴 한번 본 적 없는 대상에게 갑자기 전화를 걸어 만나자고 해야 한다니⋯ 회사 제품을 소개해야 한다니⋯ 보험이나 금융상품 투자 관련 영업사원들의 전화는 늘 귀찮았기에, 막상 제가 전화를 거는 입장이 되니 정말이지 도망치고 싶을 정도였습니다.

리드를 확보할 수 있는 여러 수단이 있지만, 가장 두렵고 또 어렵게 느껴졌던 건 콜드콜입니다. 아무런 연고 없는 사람이 걸어온 상품이나 서비스 권유 전화를 "죄송하지만 괜찮습니다~" 하며 끊은 적이 100번 중 99번은 되니까요. 그런데 내가 그런 전화를 해야 한다고 생각하니 눈앞이 캄캄하고 속이 메스껍고 가슴이 두근댔습니다.

그래도 전화기를 들어야만 합니다. 잠재 고객을 발굴하고 만나야 매출이 발생할 텐데, 자본도 팀도 없는 상황에서 당장 할 수 있는 건 전화기를 붙잡고 콜드콜을 돌리는 게 전부입니다. 이렇게 된 이상 어떻게든 잘하는 방법을 찾고 실행해야 합니다. 하늘에서 갑자기 수십, 수백억 원의 투자금이 쏟아져서 마케팅에 투자할 수 있지 않은 이상, 당장 전화기를 붙잡고 잠재 고객에게 전화를 걸어야 합니다. 단, 무턱대고 기계처럼 콜드콜을 하는 것은 안 됩니다. 콜드콜을 잘하기 위해서는 콜드콜이 왜 중요한지, 목적은 무엇인지, 프로세스와 좋은 스크립트는 무엇이 있는지 알고 '훈련'해야 합니다.

콜드콜이 중요한 이유

계약 없이 목표 매출을 달성할 수 없듯 미팅 없이 계약(클로징)을 만들어낼 수 없습니다. 콜드콜은 네트워크 기반 소개, 콜드메일과 함께 마케팅의 지원을 최소화한 채 리드를 만들어낼 수 있는 거의 유일한 방법입니다. 적은 비용으로 미팅을 만들어낼 수 있는 주요 수단이지요. 콜드콜을 위해 필요한 건 오직 인터넷, 잠재 고객의 연락처, 전화기, 잘 작성된 스크립트뿐입니다.

인력과 자본을 마케팅에 투자할 수 있는 스타트업의 경우 보다 중장기적인 관점에서 꾸준하게 인바운드 리드를 만들어내는 것에 집중할 수 있습니다. 일부러 고객을 찾아 나서지 않아도 알아서 찾아 들어오는 인바운드 리드를 소화하는 벅찬 하루들이 반복되지요.

반면, 마케팅은커녕 당장 사무실 월세부터 걱정해야 하는 극초기 스타트업이나 신규 사업팀은 최소한의 비용으로 미팅을 만들어내야 합니다. 물론, 콜드콜이 아닌 네트워크를 통해서도 미팅을 만들어낼 수 있습니다. 다만, 창업가의 네트워크는 수개월 내에 반드시 한계가 오기 마련입니다.

더 심각한 문제는 아무리 많은 네트워크를 보유하고 있다고 하더라도 실제 돈을 지불하고 제품이나 서비스를 구매할 ICP와 겹칠 확률은 극도로 낮다는 것입니다. 사람이 좋아서, 친해서 한번 구매해주거나 주변 사람에게 추천해줄 수는 있으나 그의 시급한 비즈니스적 문제를 해결하는 데 기여하는 것은 아니기에 ICP와 PMF$^{\text{Product-Market-Fit}}$(제품–시장 적합성)를 찾고 GTM$^{\text{Go-To-Market}}$(시장 진출 최적화) 전략을 수립하는 데 있어 직접적인 도움이 되기 어렵습니다.

한편, 콜드메일은 창업가의 네트워크에 국한되지 않고 ICP를 타깃하여 미팅을 잡을 수 있다는 장점이 있습니다. 문제는 한 번의 메일만으로 미팅이 잡히지 않는다는 것이지요. 잠재 고객의 메일함에는 하루에도 수십, 수백 통의 업무 메일과 콜드메일, 심지어 SNS 댓글 알림까지 뒤

섞여 있기 때문에 아무리 잘 쓴 콜드메일이더라도 한 번에 '간택'되기란 매우 어렵습니다. 그렇기에 잠재 고객의 메일함에서 눈에 띌 수 있도록 '여러 차례의 시퀀스'를 만들어 지속적으로 콜드메일을 보내는 것이 중요하지요. 따라서 콜드콜만큼 빠르게 미팅을 잡아내기에는 분명 한계가 있습니다.

이 모든 장점을 다 합한 것 이상으로 콜드콜이 다른 수단들보다 매력적이고도 탁월한 이유는 'Talk to Customers(고객과 대화하기)'에 있습니다. 신규 사업팀은 'Shut up and take my money(내 돈을 가져가세요)'를 외치는 ICP를 발굴하고, 그들을 위한 제품을 만들어 PMF를 찾는 것이 지상 최대의 미션이어야만 합니다.

이에 비춰봤을 때 네트워크 기반 세일즈는 ICP를 대상으로 미팅을 만들어내기 어렵기 때문에 적절하지 않고, 콜드메일은 고객과 직접 대화하기 위해 상대적으로 많은 시간을 투자해야 한다는 것이 단점입니다.

반면, 콜드콜은 전화 연결만 성공적으로 이어진다면 즉시 고객과 대화할 수 있는 기회를 얻을 수 있습니다. 심지어 미팅에 실패한다 하더라도, 짧은 통화 중에 잠재 고객의 '시급한 문제'에 대해 대화를 나눌 수 있게 됩니다. 이는 이후의 제품 개발 방향성에도 영향을 미칠 수 있기에 무척 중요합니다. 만들고 싶은 제품을 만들어 파는 것이 아니라, 고객이 필요로 하는 제품을 만들고 팔아야 하기에 고객과 즉시 대화할 수 있는 콜드콜은 매력적인 방법 중 하나입니다.

콜드콜이 어려운 이유

문제는 콜드콜이 참 어렵게 느껴진다는 것이지요. 콜드콜의 중요성을 이해하는 것과 실제 콜드콜을 잘하는 것 사이에는 큰 괴리가 있습니다. '콜드콜은 중요해!'라고 백날 외쳐봤자, 통화하기 버튼 앞에서 우리의 손은 눈치 없이 떨리기 마련이니까요. 중요성을 이해하는 것에서 한발 더 나아가야 합니다. 모든 일이 그렇듯, **목적과 방법을 알고, 지속적으로 훈련**한다면 잘할 수 있습니다. 콜드콜 역시 올바른 목적과 방법, 훈련 내용이 존재합니다.

대부분의 창업가 또는 세일즈 담당자들은 콜드콜의 목적을 '미팅 수립'이라고만 생각합니다. 물론 미팅 수립도 콜드콜의 목적에 해당하지만, 이는 B2B 세일즈의 핵심 프레임워크를 이해하지 못한 데서 나온 반쪽짜리 답변에 불과합니다. B2B 비즈니스는 B2C 비즈니스에 비해 상대적으로 고관여 제품/서비스를 세일즈하고, 더 긴 리드타임이 소요되며, 구매 의사결정 과정에 영향을 주는 이해관계자가 다수 존재합니다. 이로 인해 영업 기회를 창조하고 클로징하기 위한 과정이 더 길고 복잡할 수밖에 없습니다.

이와 같은 복잡성 안에서 길을 헤매지 않도록 체계적으로 구분할 수 있게 돕는 것이 프레임워크입니다. B2B 세일즈의 프레임워크 중에서도 가장 중요한 것 중 하나는 BANT입니다.

Budget(예산), Authority(권한), Need(필요), Timing(타이밍) 중 단 하나의 요소라도 부재하다면 B2B 영업 기회는 클로징될 수 없고, B2B 세일즈 프로세스의 단계를 진행해나가며 각 요소에 대한 가시성을 지속적으로 파악하는 것이 중요합니다.

그러므로 콜드콜의 목적이 무엇인가에 대한 **나머지 반쪽의 답변은 'BANT를 파악하고 잠재 고객을 검증하는 것'**이라고 할 수 있습니다.

이것을 이해하는 순간부터 콜드콜을 무작정 두려워하는 단계에서 벗어날 수 있게 될 것입니다. 콜드콜을 통해 미팅 수립에 실패하더라도 BANT에 해당하는 요소들을 최대한 많이 확보할 수 있다면 완전한 실패가 아니기 때문이지요. 잠재 고객사가 Budget(예산)이 없다는 것을 알아냈다면 더 낮은 비용으로 제안하거나 예산이 확보될 시점에 맞추어 다시 연락할 수 있습니다. Authority(권한)이 없다는 것을 알아냈다면 의사결정권자에게 연결을 요청하거나 그를 만날 수 있는 다른 채널을 뚫어볼 것이며, Need(필요) 자체가 없다는 것을 알아냈다면 당장의 ICP로 판단하지 않고 부가적인 리소스를 들여 후속 연락을 취하지 않는 등 다양한 전략들을 펼칠 수 있게 됩니다.

이제, 콜드콜을 Pass or Fail(미팅 수립 성공 아니면 실패), 게다가 실패의 확률이 성공의 확률에 비해 4~5배 크다는 편견에서 벗어날 때입니다.

잠재 고객사의 BANT를 파악하고 검증했다면 이 역시 콜드콜의 목적 중 일부를 달성한 것이며, 추가로 실행할 전략을 모색할 수 있습니다. 따라서 올바른 목적을 갖고 콜드콜을 하는 것이 중요합니다.

콜드콜 프로세스

콜드콜은 단순한 전화를 넘어서 잠재 고객과의 첫 만남이자 관계를 구축하는 시작점입니다. 성공적인 콜드콜을 위해서는 올바른 프로세스를 이해하고, 순차적으로 접근하며 실행해야 합니다. 이번 장에서 제안하는 콜드콜 프로세스는 다음 그림과 같이 총 9단계로 구성되어 있습니다. 단계별로 반드시 학습해야만 하는 내용과 주요 스크립트의 예시도 함께 살펴보겠습니다.

원칙 이해하기 › 준비하기 › 바로 콜하기 › 자기소개 › 오프닝 › 초기 저항 극복 › 대화 › 후기 저항 극복 › 회고와 공유

1) Step 1: 원칙 이해하기

콜드콜의 성공을 위해 가장 먼저 수행되어야 할 것은 '원칙'을 이해하는 것입니다. 원칙 없이 수행되는 콜드콜은 아무리 '먹히는 스크립트'를 달달 외우고 뱉어봤자 전화기 너머 고객에게 들통나기 마련입니다. 항상 근본부터 단단하게 다지는 것부터가 시작입니다.

콜드콜을 잘하기 위해서는 먼저 **팔려는 느낌이 아니라 도우려는 느낌을 주어야 합니다.** 그동안 우리가 낯선 세일즈맨들로부터 받아왔던 콜드콜의 대부분은 팔기 위한 것이었습니다. 그래서 애써 불쾌함을 숨긴 채 "지금 바쁘니 나중에 연락해달라"고 하며 전화를 끊고 조용히 차단하기 버튼을 누르지요.

B2B 거래의 본질은 고객사의 문제를 해결하는 것입니다. 고객사의 문제는 단 한 가지 '돈을 더 많이 벌 수 있거나 비용을 더 많이 아낄 수 있는 것'으로 귀결됩니다. 이를 해결할 수 있는 실마리를 콜드콜을 통해 발견하고 또 제안할 수 있다면, 콜드콜의 성공 확률은 기하급수적으로 올라갈 수밖에 없습니다.

이렇게 팔지 않고 돕는 세일즈콜을 하기 위해서는 의도적으로 '세일 즈맨'이 아니라 '기업가^{entrepreneur}'의 포지션을 추구해야 합니다. '기업가' 하면 여러분은 누가 떠오르나요? 스티브 잡스, 일론 머스크, 제프 베조스, 정주영, 이병철 등의 기업가가 떠오를 것입니다. 만약, 여러분이 한참 몰두해서 업무를 진행하던 중 갑자기 스티브 잡스나 일론 머스크로부터 콜드콜이 걸려온다면? 그리고 여러분의 비즈니스 문제 해결의 실마리를 주며 미팅을 제안한다면 어떻게 하시겠습니까? 분명, 없던 시간을 내서라도 해당 미팅에 참석하려고 할 것입니다. 그들의 콜드콜은 와다다다 쏟아내는 상품 가입 권유형 콜이 아닐 것이 분명합니다. 어떻게 해야 양사가 협업 또는 계약 관계를 통해 새로운 비즈니스적 기회를 창출할 수 있는지에 대해 이야기할 것입니다.

따라서 콜드콜을 통해 전달해야 하는 것은 일주일 내로 도입을 결정해주시면 3개월간 30% 할인을 제공하겠다는 '혜택'이 아니라, 고객사의 비즈니스 성장을 도울 수 있다는 가능성을 엿볼 수 있게 해주는 '가치 전달'입니다. 특히, B2B는 단기적으로 구매하고 판매하는 것으로 끝나는 바이어-셀러가 아니라 중장기적으로 가치를 주고받는 파트너 관계이기 때문에 가치 전달 요소가 더욱 중요합니다.

2) Step 2: 준비하기

운동을 하기 전 준비운동의 단계가 있는 것처럼 콜드콜을 하기 전에도 준비해야 할 네 가지가 있습니다.

첫째, 독립적인 공간에서 콜을 합니다.

우리는 '구매'를 할 때, '좋은 상품'을 사는 것이 아니라 '좋아하는 사람'의 상품을 구매합니다. 로버트 치알디니가 그의 저서 《설득의 심리학》에서 언급한 호감의 원칙이 이에 해당합니다. 콜드콜을 할 때도 마찬가지입니다. 콜드콜은 생면부지의 잠재 고객을 오직 목소리만으로 마주하고 설득해야 하기에 '호감을 주는 사람'의 '느낌'을 주는 것이 매우 중요합니다. 따라서 최대한 밝게, 자신감 있게, 입꼬리를 올리고 전화하는 것이 중요하지요.

콜드콜이 익숙하지 않다면 공개적인 장소보다는 독립적인 공간에서 콜을 하는 것이 좋습니다. 옆자리에 있는 팀원들의 눈치를 살피다 보면 괜스레 방해될까봐 목소리가 작아지고, '너무 오버하는 것 아닌가' 싶어서 톤다운을 하게 됩니다. 이로 인해 잠재 고객에게 설득력 있는 메시지와 느낌을 전달할 수 없게 됩니다. 목소리만으로 콜드콜러가 신뢰할 만한 사람인지 아닌지 판단해야 하는 상황에서 다 기어 들어가는 목소리와 태도는 이미 지고 들어가는 게임이라고 봐도 무방합니다.

둘째, 동병상련 레퍼런스를 준비합니다.

잠재 고객은 제품이나 서비스를 궁금해하지 않습니다. 잠재 고객이 궁금해하는 것은 오로지 '당면하고 있는 문제가 해결될 수 있는지에 대한 가능성'뿐입니다. 다만, 20분이나 30분 콜드콜러의 말을 들어줄 여유가 없는 잠재 고객에게 즉각적으로 이를 보여줄 수 있는 수단이 필요합니다. '동병상련 레퍼런스'가 그것이지요.

B2B 마케팅-세일즈에 있어 '레퍼런스'는 현재 자사와 계약 관계를 맺고 있는 회사들의 로고와 실제 사용 사례를 의미합니다. 레퍼런스는 'T

사에서 리캐치를 활용하여 도입 문의 전환율을 2.6배 높였다'와 같이 표현됩니다. 이때 **잠재 고객을 콜드콜로 설득하기 위해서는 아무 레퍼런스가 아닌 최대한 잠재 고객과 산업, 시장, 제품, 투자 단계 등 다양한 측면에서 유사도가 높으면서 비슷한 문제를 겪다가 해결된 '동병상련' 레퍼런스가 설득하기에 더 유용합니다.**

그렇기에 '주요 경쟁사'의 레퍼런스가 가장 강력할 수밖에 없습니다. 미리 준비해놓은 동병상련 레퍼런스는 추후 자기소개와 핵심 제안, 잠재 고객의 초기 및 후기 저항을 극복하는 과정에서 매우 효과적으로 활용될 수 있습니다.

셋째, 맞춤형 메시지를 준비합니다(홈페이지, 뉴스 기사, 채용 사이트 참고 등).

만약, 감기 환자에게 안약을 처방하는 의사가 있다면 그는 유능한 의사가 아닐 것입니다. 콜드콜도 마찬가지입니다. 잠재 고객이 마주하고 있는 현재 상황과 문제를 진단하지 않은 채로 '하나만 얻어걸려라'는 식으로 전화를 계속하는 것은 좋은 콜드콜이라고 부를 수 없습니다.

두 가지 스크립트를 비교해보겠습니다. 어떤 스크립트가 더 '좋은 스크립트'라고 느껴지나요?

A. "우연히 귀사의 홈페이지를 보고, 저희가 제공하는 솔루션이 도움이 될까 궁금하여 연락드렸습니다."

B. "지난 7월, 200억 원 규모의 시리즈C 투자 유치를 완료하신 것 정말 축하드립니다. 투자 유치 이후 여러 채용 사이트에서 영업 사원들을 다수 채용하고 계신 것을 확인하고, 보다 공격적인 매출 확보에 집중하고 계신 것으로 생각하여 저희가 제공하는 솔루션이 도움이 될까 궁금해서 연락드렸습니다."

B 스크립트가 더 좋은 스크립트라고 느껴지는 이유는 잠재 고객의 현재 상황을 인지하고, 이로부터 유추할 수 있는 니즈를 바탕으로 작성되었기 때문입니다. 반면 A 스크립트는 '그냥 한번 찔러 봤다'라는 의도가 다분해 보입니다. 콜드콜의 성공률을 높이기 위해서는 잠재 고객의 홈페이지, 블로그 글, SNS 콘텐츠, 뉴스 기사, 채용 사이트 등을 조사하는 것이 우선입니다.

넷째, 올바른 담당자의 이름과 직함을 알아둡니다.

콜드콜러: "혹 제가 드리는 제안이 마음에 드셨다면, 다음 주 화요일 또는 목요일 오후 2시 이후에 가능한 시간이 있으실까요? 30분 정도 시간을 내어주신다면 저희 솔루션이 귀사 비즈니스 성장에 어떻게 도움이 될 수 있는지 상세하게 공유해드리겠습니다."

수신자: "네? 저는 지난 주 입사한 인턴인데요?"

잠재 고객이 먼저 회사명, 이름, 직책을 밝히고 연락을 주는 인바운드 문의와 달리, 콜드콜은 전화를 걸 때 어떤 담당자에게 연결될지 모르는 채 전화를 걸게 됩니다. 아무리 탄탄한 콜드콜 스크립트를 준비해봤자 올바른 담당자에게 연결되지 못한다면 무용지물인 셈이지요. 그러므로 제안 건에 대해 검토를 진행할 확률이 높은 부서와 해당 부서에서 의사 결정 권한이 있을 것으로 예상되는 담당자의 이름과 직함을 미리 조사해두는 것이 좋습니다. 다음과 같은 스크립트라면 올바른 담당자와 연결될 확률이 더욱 높아질 수 있습니다.

"혹 마케팅 부서의 김은수 팀장님을 연결해주실 수 있을까요? 저희가 제공하는 솔루션이 귀사의 마케팅 지표 성장에 도움이 될 수 있을지 여쭙고자 합니다. 전화 받으신 담당자님께서 팀장님과의 연결을 도와주시면 정말 감사하겠습니다."

물론 올바른 담당자를 쉽게 예상하기 어려워 준비가 불가능한 경우도 있습니다. 이때는 다음과 같이 전화 수신자에게 담당자 소개를 요청하는 것이 방법입니다.

"혹 저희가 제안하고자 하는 건에 대해 함께 검토를 진행해주실 수 있는 담당자분과의 연결을 도와주실 수 있을까요?"

3) Step 3: 바로 콜하기

HBR Harvard Business Review에 따르면 콜드콜을 위한 최적의 시간대는 오전 8시 30분 이전과 오후 5시 30분 이후라고 합니다. 또 다른 조사 결과에 따르면 오후 4시에서 5시 사이가 가장 적절한 시간대라고 합니다.

여러 연구와 조사에서 제안하는 시간대에 콜드콜을 하는 것을 고려하되, 최적의 시간대만 골라서 콜드콜을 하는 것은 추천하지 않습니다. 8회와 9회에 점수가 많이 나온다고 해서 그때만 타석에 들어가 배트를 휘두르는 것은 점수를 포기하는 것이나 마찬가지니까요.

일단, 타석에 많이 들어가서 최대한 많이 휘둘러야 승리에 가까워질 수 있습니다. '최적의 타이밍'을 재다가 기회를 놓치는 실수를 범해서는 안 됩니다. 콜드콜을 할 수 있는 최적의 타이밍은 오직 '지금'뿐입니다.

한편, 스크립트를 수정하느라 콜드콜의 타이밍을 놓치는 경우도 자주 발생합니다. 잠재 고객을 설득하기 위해 스크립트를 준비해야 하지만, 콜을 해보지도 않고 '더 좋은 스크립트'를 고민하는 것은 효과적이지 못합니다. 더 좋은 스크립트는 오직 콜을 한 뒤 회고를 통해서만 만들어질 수 있습니다. 실험의 결과에 따라 수정을 진행하는 것이 올바른 순서입니다.

4) Step 4: 자기소개

그동안 수많은 영업 담당자로부터 받아온 콜드콜의 첫마디는 대개 "안녕하세요. [회사명]에서 연락드립니다. 동탄 쪽에 상업용 부동산 투자 생각 있으신가요? 투자 수익률 250% 이상이 예상되는…"과 같이 말하는 유형이 대부분이었습니다.

콜드콜의 펀더멘털은 세일즈맨이 아닌 기업가의 포지션을 취하는 것입니다. 잠재 고객에게 제품을 팔려고만 하는 세일즈맨은 회사 이름 뒤에 숨어 파는 멘트를 읽는 데 급급하지만, 잠재 고객에게 매력적인 비즈니스적 제안을 하는 기업가는 회사명 뒤에 숨지 않고 명확하게 본인의 이름을 밝히며 신뢰를 주는 자기소개부터 시작합니다.

앞에 소개한 부동산 투자를 권유하는 스크립트에는 오직 회사명만 나와 있기에 올바른 자기소개라고 할 수 없습니다. "안녕하세요. 비즈니스캔버스(회사명) 그로스팀(부서) 리드(직함) ○○○입니다. 저희 회사는 토스페이먼츠, 인포뱅크, 마크비전 등 회사들과 함께하며 2배 더 빠른 고객 확보를 돕는 리캐치 솔루션을 만들고 있습니다." 이와 같이 콜드콜 상황에서는 회사명, 부서, 직함, 이름을 모두 포함하여 자기소개를 하는 것이 좋습니다.

5) Step 5: 오프닝

콜드콜을 받는 잠재 고객의 모습을 상상해보세요. 회사에서 중요한 프로젝트 업무를 수행하고 있었을 수도, 다가오는 연인과의 기념일 선물을 고르고 있었을 수도 있습니다. 무엇이 되었건, 갑자기 걸려온 콜드콜에 주의력을 돌리기 어려운 상황이라는 것은 분명합니다. 그러므로 잠재 고객의 주의력을 단숨에 돌려놓는 역량이 필요합니다.

칵테일파티 효과 이용하기: 레퍼런스가 가미된 정중한 자기소개

1953년 영국 왕립 런던 대학에서 일하던 콜린 체리는 흥미로운 실험을 진행했습니다. 그는 피실험자들에게 헤드폰을 착용하게 한 후, 동일한 목소리로 서로 다른 내용을 양쪽 귀에 동시에 들려주었습니다. 실험 결과 피실험자들은 두 개의 내용을 동시에 들으면서도 자신이 집중하고자 하는 이야기를 구분할 수 있었으며, 관심 없는 내용에는 집중하지 않는 경향을 보였습니다.

이 실험은 사람들이 자신에게 필요한 소리만 선택해 집중할 수 있다는 것을 보여주었고, 콜린 체리는 이를 '칵테일파티 효과'라고 명명했습니다. 칵테일파티처럼 여러 사람이 한데 모여 동시에 이야기하고 있는 상황에서도 자신이 참여하고 있는 대화나 자신의 이름이 불리는 것을 쉽게 인식할 수 있는 '선택적 주의'를 강조한 것이지요.

이 효과는 단순한 청각적 과정 이상으로 우리의 인지적 처리 능력과 밀접하게 관련이 있습니다. 뇌는 특정 소리에 집중하면서도 주변의 다른 소리를 무의식적으로 처리하여 중요한 정보가 들어오면 주의를 전환할 수 있게 합니다. 예를 들어, 누군가가 멀리서 자신의 이름을 부르는 것을 들으면 현재의 대화에서 주의를 돌려 그 소리에 반응하게 됩니다.

콜드콜을 할 때도 이를 의도적으로 활용해보세요. 잠재 고객이 관심 있어 할 만한, 그리고 즉각적으로 주의를 집중할 만한 단어는 '레퍼런스'

입니다. **좋은 레퍼런스는 콜드콜 담당자의 회사를 신뢰할 수 있게 하는 단서일 뿐만 아니라, 문제 해결의 가능성을 빠르고 직관적으로 보여주는 지표이기도 합니다.** 그러므로 다음 예시와 같이 자기소개와 함께 레퍼런스사 1~2곳을 언급하는 것이 좋습니다.

(예시) 안녕하세요. [회사명] [담당자명] 담당자님! [동병상련 레퍼런스 고객사 1~2곳]과 함께하고 있으며, CRM 솔루션을 만드는 리캐치 그로스팀 리드 김한규입니다.

홀수의 마법: 통화 가능한 시간 양해 구하기

한편, 콜드콜 오프닝 상황에서 통화 가능한 시간의 허락을 구할 때 30초, 60초 등과 같이 짝수로 제시하는 것보다는 홀수로 시간을 제시하는 것이 더 효과적입니다.

(예시) 귀사의 웹사이트에서 개선이 필요한 사항을 발견하여, 도움을 드리고자 연락드리게 되었습니다! AB180, 마크비전 등의 회사는 저희 리캐치 솔루션을 활용하며 평균 2배 이상 많은 고객과 매출을 확보하였습니다! 제가 담당자님께 빠르게 안내해드리고 싶은 게 있는데 혹 47초 정도 시간 가능하신가요?

홀수로 시간을 제안하는 이유는 여러 심리적 요인과 관련이 있습니다.

첫째, 홀수 시간대는 정확성과 신뢰성을 만들어냅니다.
'47초'와 같은 구체적인 시간을 제시하면, 상대방에게 준비된 느낌을 주며 제안하는 시간에 대해 신중하게 생각했다는 인상을 줍니다. 이를 통해 더 신뢰할 수 있는 정보나 대화일 것이라는 인식을 심어줄 수 있습니다.

둘째, 홀수 시간대는 주의를 끌기 위한 차별화를 가능하게 합니다.

짝수 시간(예: 60초)은 일반적이고 흔한 표현이지만, 홀수 시간(예: 47초)은 다소 예상치 못한 숫자입니다. 이로 인해 상대방의 주의를 끌 수 있으며, 그 숫자가 왜 특정되었는지 궁금해하는 심리가 작용해 상대방이 귀 기울이게 될 가능성이 커집니다.

셋째, 홀수 시간대는 정확한 기대치 조율을 하는 담당자라는 인식을 줍니다.

47초나 53초와 같은 비정형적인 숫자는 요청한 시간에 대해 매우 구체적이고 정확하게 생각하고 있다는 느낌을 줍니다. 이로 인해 상대방은 제안자가 시간 관리에 능숙하고, 약속을 지킬 가능성이 크다는 인상을 받을 수 있습니다.

피해야 할 오프닝

활용하면 좋을 오프닝도 있지만, 반드시 피해야 할 오프닝도 있습니다. 이에 대해 몇 가지 유형을 소개합니다.

"바쁘신데 죄송합니다."

우리는 죄송한 일을 하는 사람들이 아닙니다. "죄송합니다"라는 말에는 이미 당신의 시간을 빼앗고 귀찮게 한다는 의미가 내포되어 있습니다. 세일즈 펀더멘털은 파는 것이 아니라 돕는 것이기에 고객의 비즈니스 성장에 도움을 줄 수 있는 좋은 제안을 갖고 있다면 더 당당하게 콜을 이끌어갈 필요가 있습니다.

"혹시 저희 회사 들어보셨나요?"

잠재 고객이 우리의 회사에 대해 들어봤을 수도 있습니다. 그러나 들어봤다고 해서 크게 달라질 것은 없습니다. 잠재 고객은 우리 회사, 우리 회사의 서비스가 궁금하지 않습니다. 잠재 고객이 궁금해하는 것은 오직 비즈니스 문제 해결에 도움이 될 만한 정보뿐입니다.

"지난 주에 보내드린 이메일 읽어보셨나요?"

콜드콜은 보통 수차례의 콜드메일을 보내는 것과 함께 진행됩니다. 이에 "지난번에 보내드린 메일을 읽어보셨는지" 물어보며 대화를 주도하려는 시도를 많이 하는데, 메일을 읽지 않았을 확률이 더 크고, 읽어봤다고 하더라도 크게 달라질 것은 없습니다.

정말 읽어봤고, 기억에 남는 이메일이었다면 '아! 지난번에 보내주신 이메일 잘 읽어봤습니다!'라고 고객이 먼저 말할 것입니다. 따라서 콜드메일을 읽어봤는지 확인하는 데 소중한 시간을 투자하지 말고, 매력적인 비즈니스 제안을 하는 데 시간을 투자해야 합니다.

6) Step 6: 초기 저항 극복

콜드콜의 오프닝을 성공적으로 진행했다면, 이제는 잠재 고객의 초기 저항을 극복해야 할 차례입니다. 고객이 "네, 잠깐 통화 괜찮아요"라고 했다고 해서 끝까지 긍정적인 반응을 보여줄 가능성은 작습니다. 특히, 전화를 받은 담당자가 의사결정 권한이 있는 키맨이 아닌 프런트 직원이라면 키맨에게 잘못된 전화가 연결되지 않도록 막는 '골키퍼' 역할을 하게 됩니다. 골키퍼의 '초기 저항'을 현명하게 극복하고, 우리 편으로 만들 수 있다면 보다 수월하게 키맨과 연결될 수 있습니다.

조사 결과에 따르면, 골키퍼 역할을 하는 프런트 직원들 대상으로 한 "왜 이 사람의 전화를 키맨에게 연결해주었나요?"라는 질문에 과반수 이상이 "그냥, 제 마음에 들어서요"라고 답변했다고 합니다. 오직 목소리와 멘트만으로 '마음에 들었다'는 반응을 얻기 위해서는 데일 카네기의 《인간관계론》에 소개된 내용을 참고할 필요가 있습니다.

데일 카네기의 《인간관계론》 첫 번째 챕터 "꿀을 얻으려면 벌통을 걸어차지 마라"에서는 지그문트 프로이트 Sigmund Freud가 인간의 제1욕구에 대해 언급한 내용이 소개되어 있습니다. 카네기는 프로이트의 이론을 인용하면서 인간의 가장 기본적인 욕구는 중요성을 느끼고자 하는 욕구라고 설명합니다.

사람들은 자신이 중요하다고 느끼기를 원하며, 이는 인간 행동의 근본적인 동기 중 하나라는 것이지요. 이 욕구는 단순히 물리적 생존을 넘어서 사회적 관계와 자아존중감에 깊이 관련되어 있습니다. 사람들은 자신이 가치 있고, 존중받고, 인정받는 존재라는 느낌을 받기를 원하며, 이 욕구가 충족되지 않을 때 좌절감을 느낍니다.

따라서 콜드콜을 할 때도 골키퍼 담당자들의 자존감을 존중하고, 그들이 중요하다고 느낄 수 있게 이야기를 전달하는 것이 중요합니다. "시간 내주셔서 정말 감사합니다. 저희가 귀사의 문제를 해결하는 데 큰 도움이 될 것이라 확신합니다. 본 제안 건을 담당자님과 함께 검토해주실 수 있는 분을 소개해주실 수 있을까요?"와 같이 담당자에게 존중과 감사의 마음을 표현하면서도 단단한 자신감을 표현해야 합니다. 이를 통해 그들과 더 나은 관계를 형성하고 키맨과 연결될 수 있는 확률을 높일 수 있습니다.

7) Step 7: 대화

콜드콜의 목표는 단순히 미팅을 잡는 것이 아니라, 잠재 고객과 의미 있는 대화를 나누는 것입니다. 대화는 신뢰를 구축하고, 고객의 문제를 이해하며, 해결책을 제안하는 중요한 과정입니다. 스크립트에 써둔 내용을 쏟아내기만 하고 고객과 '진짜 대화'를 하는 것에는 관심이 없다면, 콜드콜을 통해 유의미한 결과를 얻어낼 수 없습니다. 다음은 콜드콜 스크립트 '낭독'이 아닌 '대화'를 하기 위한 주요 방법들입니다.

대화의 생명은 리액션

"감사합니다! 와우, 너무 좋은데요! 영광입니다!"와 같은 긍정적인 리액션은 대화의 분위기를 좋게 만듭니다. 고객의 말을 경청하고, 적절히 반응하며 공감을 표현하세요. "저희가 가장 잘 해결할 수 있는 문제네요! 공유해주셔서 감사합니다"라는 말로 고객의 말을 인정하고, 신뢰를 쌓아가세요.

객관식형 질문을 적절히 활용합니다

콜드콜 상황에서는 "요즘 어떤 게 가장 고민이세요?"라는 열린 질문보다 객관식형 닫힌 질문을 하는 것이 더 유용합니다. 이제 막 이름만 알게 된 상대에게 평소 갖고 있던 고민을 술술 털어놓는 고객이 과연 몇이나 될까요? 심지어 잠재 고객은 스스로의 문제를 제대로 정의하고 있을 확률이 매우 낮기까지 합니다. 따라서 다음과 같이 **'객관식'으로 하나하나 집어서 이야기하며 대화를 이끌어가는 것이 좋습니다.**

"저희 리캐치팀과 함께 하는 고객분들의 고민은 크게 네 가지 유형이 있습니다. 1) 앞단에서 더 많은 리드를 확보하는 것, 2) 확보한 리드를 대상으로 더 많은 미팅을 수립하는 것, 3) 수립된 미팅을 더 많은 계약(클로징)으로 전환시키는 것, 4) 마케팅 세일즈 인재를 채용하고 교육하며 관리하는 것입니다. ○○님께서는 이 네 가지 중 어떤 것이 가장 큰 문제라고 느끼시나요?"

질문을 한 이유를 밝힙니다

1978년 하버드 대학의 심리학자 엘렌 랭거$^{Ellen\ Langer}$와 동료 연구자들은 복사기를 사용하는 사람들에게 대기 순서를 바꾸어 본인이 먼저 복사할 수 있는지 요청하는 실험을 했습니다. 실험은 세 가지 조건에서 진행되었습니다.

1. **단순 요청**: "제가 먼저 복사 좀 해도 될까요?"
2. **이유를 제시한 요청**: "제가 먼저 복사 좀 해도 될까요? 왜냐하면 제가 급해서요."
3. **단순 이유를 제시한 요청**: "제가 먼저 복사 좀 해도 될까요? 왜냐하면 제가 복사를 해야 하거든요."

첫 번째의 양보율은 60%, 두 번째의 양보율은 94%를 기록했습니다. 심지어 이유 같지 않은 이유를 제시한 세 번째의 양보율도 무려 93%를 기록했습니다. 결과적으로 이유를 제시한 두 경우에서 사람들이 자리를 양보해주는 비율이 더 높아진 것이지요.

특히, 마지막 경우처럼 이유가 매우 평범하거나 자명하더라도 이유를 제시하는 것이 효과적임을 보여줬습니다. 이는 사람들이 '왜냐하면'이라는 이유 제시의 신호에 반응하는 경향이 있음을 시사합니다.

마찬가지로 콜드콜 상황에서도 우리가 요청할 때 이유를 함께 제시하면 설득력과 효율성을 높이는 데 도움이 됩니다. 다음처럼요.

"혹 현재 거래처를 결정하는 데 있어, 가장 주요했던 요소가 무엇이었을까요? 해당 내용을 여쭙는 이유는…."

8) Step 8: 후기 저항 극복

신뢰할 만한 자기소개와 함께 매끄러운 오프닝까지 완료했나요? 초기 저항을 극복하여 올바른 담당자와 연결된 뒤 매력적인 비즈니스 제안까지 할 수 있었나요? 중간중간 적절한 리액션과 함께 흥미로운 대화까지 진행했나요?

그럼에도 불구하고 우리의 잠재 고객은 제안을 수락할 마지막 순간까지 저항할 확률이 큽니다. **적당한 수준의 저항은 "네, 뭐… 괜찮네요", "네, 뭐… 한 번 만나보죠"라는 밋밋한 승낙보다 오히려 좋은 기회가 될 수 있습니다.** 고객이 저항하는 이유를 이해하고, 이를 단숨에 극복함으로써 더욱 강력한 관계를 형성할 수 있기 때문입니다.

잠재 고객의 '저항'을 '거절'이라는 부정적인 신호가 아닌 '더 많은 정보를 얻어낼 수 있는 긍정적'인 신호로 받아들여 보세요. 다음 잠재 고객의 대표적인 후기 저항별 대응 스크립트를 참고해보세요.

> **[유형 1]**
> "이 솔루션 저 솔루션 다 써봤는데 별 차이 없던데요?"
> → 대응: 맞습니다! 별로 차이가 없습니다. 하하하!

1966년 미국의 심리학자 잭 브렘Jack Brehm은 심리적 반발 이론Psychological Reactance Theory을 제안했습니다. 이 이론의 핵심은 사람들이 자신의 자유나 선택권이 제한되거나 위협받을 때, 그 제한에 저항하려는 심리적 반응을 보인다는 것입니다.

브렘은 사람들이 자유롭게 선택할 수 있는 권리가 침해될 때 그 자유를 회복하려는 동기로 심리적 반발이 작용한다고 설명했습니다. 이러한 반발은 다양한 상황에서 나타날 수 있으며, 특히 누군가가 특정 행동이나 의견을 강요할 때 그에 대한 반발로 오히려 반대되는 행동이나 의견을 고수하려는 경향을 유발할 수 있습니다.

잠재 고객의 후기 저항에 대한 대응 시에도 "그렇지 않습니다! 저희는 경쟁사와 달리 A, B, C의 기능적 특징이 있고, 훨씬 더 경쟁력 있는 가격으로 제공해드릴 수 있습니다"와 같이 고객의 말에 반박하는 것은 오히려 "아닌데요? 별 차이 없다니까요?"와 같이 더 완고한 입장 고수를 불러일으키기 마련입니다.

그보다는 "맞습니다! 별로 차이가 없습니다. 하하하!"와 같이 잠재 고객의 입장을 호탕한 웃음과 함께 긍정해보세요. 어떻게 나오는지 보려고 눈에 불을 켜고 입장을 고수하려 했던 잠재 고객의 맥이 탁 하고 풀리게 될 겁니다. 이때를 놓치지 않고 빠르게 치고 들어갑니다.

"별 차이가 없을 겁니다! 올바른 방법으로 제대로 사용하지 않는다면

요. 현재 저희와 함께하고 있는 T사, I사, A사도 처음엔 그렇게 말씀하셨습니다. 다행히 담당자님처럼 여러 솔루션에 대한 지식과 경험이 풍부한 분들이 조직 내 한 분씩 계셨던 덕분에 '제대로' 솔루션의 특장점을 검토하고 평균 3개월 만에 2배 이상의 잠재 매출을 확보할 수 있었습니다. 앞서 언급한 고객사들이 여러 솔루션을 거쳐 저희와 함께하면서 어떻게 이러한 결과를 빠르게 만들어낼 수 있었는지 단 20분의 미팅으로 소개해드리겠습니다!"

> **[유형 2]**
> "괜찮아요. 저희 지금 다른 제품(서비스) 잘 쓰고 있어요."
> → 대응: "아, 그러시군요. 혹시 해당 제품을 언제 구매하셨는지 알려주실 수 있을까요? 아울러 재계약이 도래하는 시점도 궁금합니다. 질문을 드리는 이유는 이미 타 제품을 사용하고 계시니 이번에 제안드리지는 못하겠지만, 재계약이 도래하는 시점에 다시 한번 제안드리고 싶어서요."

미팅을 수립하는 것뿐만 아니라 BANT를 파악하여 적합성을 검증하는 것까지가 콜드콜의 목적입니다. 잠재 고객이 이미 다른 제품(서비스)을 잘 쓰고 있다고 말하며 미팅을 거절한다면, 다시 구매할 수 있는 T^{Timing}을 알아내어 다시 제안할 수 있는 시점을 알아내야 합니다.

[유형 3]

"미팅은 어렵고 문자나 메일로 서비스 소개서 보내주실래요?"

→ 대응: "아! 그러시군요. 말씀해주셔서 감사합니다. 다만, 제가 담당자님께 연락을 드린 이유는 제안하려는 내용을 확인하고 검토하시는 데 들어가는 시간을 줄여드리기 위함입니다! 서비스 소개서를 보내드리는 것은 문제없지만, 내용을 일일이 확인하고 이해하는 것보다는 저희 팀에서 20분 정도 온라인으로 안내해드리는 것이 훨씬 더 빠르게 파악하는 데 도움이 되실 겁니다! 괜찮으시다면 ○월 ○○일 ○○시 어떠신가요?"

우리는 모두 알고 있습니다. 서비스 소개서를 꼼꼼히 읽는 잠재 고객은 매우 극소수에 불과하다는 것을. 한편, 서비스 소개서를 읽는 것도 문제입니다. 첫 두세 페이지 정도를 읽고, 중간 장표들은 4~5초 정도 스크롤을 빠르게 내리며 훑고, 맨 마지막 장표를 슥 보고는 '뭐야, 별 내용 없네'라고 생각할 가능성이 매우 크기 때문입니다.

서비스 소개서를 한 장 한 장 꼼꼼히 읽으며 '오, 이 업체는 좀 다르네. 한번 만나자고 연락해야겠다'라는 적극성을 갖고 먼저 연락하는 잠재 고객은 매우 드물다는 것을 기본값으로 생각해야 합니다. 자료를 보내주면 읽어보겠다는 후기 저항에 "내용을 비교 검토하는 데 들어가는 시간을 확실하게 줄여드리겠다"라고 이야기하며 **한 번 더 미팅을 통해 얻을 수 있는 효익을 강조하는 것이 필요한 이유입니다.**

9) Final Step: 회고와 공유

펜실베이니아대학의 심리학 교수이자 전 세계적인 베스트셀러《그릿 Grit》의 저자 앤젤라 더크워스 Angela Duckworth는 타고난 재능보다는 꾸준한 노력과 열정이 성공에 있어 더 중요하다는 것을 강조했습니다. 저자가 말하는 '노력과 열정'이란 단순히 시간을 많이 투자하는 것이 아니라 '의식적인 연습'을 동반하는 것을 의미합니다.

의식적인 연습은 구체적인 목표 설정, 피드백 수용, 약점 개선에 초점을 맞춘 연습 방법으로, 지속적인 성장을 이루기 위해 반드시 필요한 과정이며, 더 나은 콜드콜을 위해서도 똑같이 적용해야 합니다.

첫째, 구체적인 목표를 설정합니다.

'살을 뺄거야!'라는 두루뭉술한 의지의 선언보다 '앞으로 3개월 내로 4kg의 체중 감소와 1kg의 근육량 증가를 만들겠다'라는 구체적인 목표를 설정하는 것이 더 효과적입니다. 구체적인 목표는 반드시 명확한 완료 시점과 목표 수치를 포함하게 됩니다.

'콜 투 미팅 전환율을 1개월 내로 10%에서 15%로 개선한다', '콜 시 의사결정권자 연결률을 2주 내로 20%에서 30%로 개선한다' 등의 구체적인 목표를 설정하여 매일/매주/매월/매분기의 콜드콜 목표 대비 성과를 점검해보세요. 구체적인 목표는 추가 개선의 필요성을 숨김없이 보여주는 가장 효과적인 도구입니다.

둘째, 콜 이후 반드시 셀프 피드백을 진행합니다.

많은 세일즈 담당자가 그저 '하루 콜 수'를 채우는 데만 급급합니다.

70통, 80통의 콜을 똑같은 방식으로만 하고 있다면 실제 콜드콜을 잘하기 위한 연습은 1회밖에 하지 않은 것이나 다름없습니다.

우리의 세일즈는 의식적인 연습을 통해 나아질 수 있습니다. 두세 번의 콜 수를 희생하더라도 콜 이후의 의식적인 회고를 기록하는 것이 더 빠른 성장에 기여할 수 있습니다. 다음과 같은 항목들을 콜마다 회고하고, 개선 사항들을 도출하는 것을 '콜드콜의 루틴'으로 삼기를 추천합니다.

- 이번 콜에서 어떤 부분이 좋았는가, 어떤 부분이 별로였는가. 그 이유는 무엇인가.
- 미팅을 잡을 수 있었던 핵심 성공 요인은 무엇이었는가.
- BANT 요소 각각에 대한 정보를 파악했는가, 파악했다면 어떤 방법으로 파악할 수 있었는가.
- 잠재 고객이 '와!'하고 탄성을 지른 포인트는 무엇이었는가.
- 잠재 고객이 저항을 위해 사용한 멘트는 무엇인가. 저항을 극복했는가, 극복하지 못했는가. 극복했다면 어떻게 극복했는가, 극복하지 못했다면 왜 극복하지 못했는가.

셋째, CRM에 기록합니다.

현대 경영학의 구루라 불리는 피터 드러커^{Peter Drucker}는 "측정할 수 없으면 관리할 수 없고, 관리할 수 없으면 개선될 수 없습니다"라고 말했다. 콜드콜의 목표에 도달하고 있는지 점검하고, 피드백 내용을 일회성으로 휘발시키지 않고 축적해나가기 위해서는 반드시 다음과 같은 내용들을 CRM에 기록하는 것이 필요합니다.

- 전체 콜 수
- 콜 도달 수
- 부재중 콜 수
- 미팅으로 이어진 콜 수
- 최초 미팅 이후 추가 미팅으로 이어진 수
- 추가 미팅 이후 계약 제안으로 이어진 수
- 계약 제안에서 최종 계약으로 이어진 수
- 잠재 고객사별 콜 회고 내용 일체

지금까지 콜드콜은 마케팅의 지원을 최소화하여 리드를 만들어낼 수 있는 수단이며, 무엇보다 신규 사업 조직에서는 잠재 고객과 직접 대화하며 ICP에 대한 감을 잡아나가고 PMF(제품-시장 적합성)를 찾아나가는 데 콜드콜이 도움이 된다는 것을 알 수 있었습니다.

단, 콜드콜의 목적을 미팅을 수립하는 것뿐만 아니라 BANT를 검증하는 것까지 확장해야 할 필요성과 올바른 프로세스에 따라 콜드콜을 할 때 비로소 좋은 결과를 가져올 수 있다는 것도 반드시 기억해야 하겠습니다.

이어지는 장에서는 콜드콜의 짝꿍이라고 할 수 있는 콜드메일에 대해 알아보도록 하겠습니다. 콜드메일도 콜드콜과 마찬가지로 콜드메일이 중요한 이유와 어려운 이유, 프로세스에 대해 이해하고 접근한다면 분명 기존보다 더 나은 성과들을 만들어낼 수 있을 것입니다.

2. 콜드메일 프로세스

"Build, Measure, Learn(만들고, 측정하고, 학습하세요)."
— 에릭 리스, 《린 스타트업(Lean startup)》 저자

누구나 할 수 있지만, 제대로 하기는 어려운 콜드메일

콜드메일은 네트워크를 중심으로 한 소개 기반 영업에는 한계가 왔고, 당장 투입할 마케팅 예산은 부족하고, 콜드콜은 낯설고 두려울 때 가장 쉽게 접근할 수 있는 수단입니다. 문제는 '접근성'은 좋지만 리드젠이라는 목표를 이루는 '효과성'이 떨어진다는 것이지요. 어떤 것을 쉽게 할 수 있다는 것이 곧 그것을 제대로 할 수 있다는 것을 의미하지는 않습니다.

수천, 수만 개의 잠재 고객사 DB 정보를 수집하고, 두세 시간 동안 들어갈 내용을 열심히 기획해서 메일을 보내지만, 돌아오는 것은 고객의 묵묵부답뿐입니다. 우리의 콜드메일이 이처럼 매번 실망스러운 결과만을 가져오는 이유는 무엇일까요?

질문을 바꾸어 다음 문장에 답해보도록 하겠습니다.

"여러분이 오늘 아침 읽은 기사 중 가장 기억에 남는 기사는 무엇인가요? 그리고 왜 그 기사를 읽었고 또 기억에 남는다고 생각하셨나요?"

뉴스 기사는 하루에도 수만 건이 발행됩니다. 언론사별로 주요 기사들을 5개 내외로 추려 보여주더라도 바쁜 일상 속에서 우리의 시선을 사

로잡는 뉴스 기사는 고작 한두 개 정도입니다. 기사를 클릭했다고 끝나는 것이 아닙니다. 어떤 기사들은 제목에 '어그로'만 강하고, 내용은 속 빈 강정처럼 싱겁게 구성되어 있어 독자들의 악평을 받곤 하지요.

《린 스타트업》의 저자 에릭 리스는 스타트업이 빠르고 지속적인 성장을 만들어낼 수 있는 방법론으로 Build, Measure, Learn feedback-loop(만들기-측정-학습)이라는 피드백 순환을 제시했습니다. 콜드메일을 잘 보내는 방법 역시 스타트업 성장의 방법론과 다르지 않습니다. '좋은 콜드메일'의 기준에 맞게 제목과 내용을 쓰고, 오픈율/회신율을 측정하여 벤치마크 지표와 비교하고, 여기서 학습한 내용을 바탕으로 더 나은 지표를 만들어가기 위한 새로운 실험을 지속해야만 합니다. 그래야만 우리의 시선을 끌고 더 읽어보고 싶게 만드는 기사들처럼 비로소 잠재 고객들의 '회신'을 받는 콜드메일을 작성할 수 있습니다.

좋은 콜드메일을 쓰는 방법을 학습하기 전에 먼저 우리가 일반적으로 쓰고, 또 받아보는 안 좋은 콜드메일의 예시를 살펴보도록 하겠습니다.

안 좋은 콜드메일 사례

제목

[비즈니스캔버스] 고객사 맞춤형 솔루션을 효율적 비용 구조로 제안드립니다

내용

안녕하세요, 담당자님. L마케팅 영업팀 김영수입니다.^^
이렇게 갑작스럽게 메일로 연락드리게 되어 죄송합니다.

날씨가 추운데, 건강 유의하시고 즐거운 하루 보내시길 바랍니다.

다름이 아니라, 귀사의 성공적인 브랜드 확장을 위해 디지털 마케팅 서비스를 제안하고자 연락드립니다.

L마케팅은 10년 이상의 마케팅 경험을 바탕으로 다양한 분야(소셜 미디어, 검색 광고, 콘텐츠 마케팅 등)에 최적화된 솔루션을 제공하는 전문 회사입니다.

저희는 최고의 마케팅 전문가와 최신 분석 툴을 활용하여 차별화된 디지털 마케팅 전략을 제공합니다.

기간이나 장소에 구애받지 않고, 언제든지 맞춤형 컨설팅과 합리적인 비용으로 마케팅 성과를 극대화하는 데 도움을 드립니다.

※ 메일을 회신해주시면, 서비스 비용의 추가 20% 할인 혜택을 적용해드리겠습니다.

긴 메일을 읽어주셔서 감사드리며, 자세한 내용은 첨부된 회사 소개서를 참고해주시면 감사하겠습니다.

파일 첨부: 회사소개서_L마케팅

긍정적인 검토를 부탁드리며, 귀사의 무궁한 발전을 기원합니다.
다음 주 월/수/금 오후 2시 이후에 직접 방문하여 저희 서비스를 소개해드리는 것도 가능하오니, 편한 시간을 회신해주시면 감사하겠습니다.

감사합니다.
L마케팅 영업팀 김영수 드림

우리가 일반적으로 받아보는 콜드메일의 예시입니다. 지금부터 하나씩 이 콜드메일이 잘못 작성된 이유에 대해 살펴보도록 하겠습니다.

1) 눈길을 끌지 않는 제목

잠재 고객이 받아볼 수십, 수백 통의 콜드메일 중 눈에 띄기 위해서는 매력적인 제목을 쓰는 것이 중요합니다. 눈에 띄는 제목은 잠재 고객으로 하여금 호기심을 불러일으키고, 이 메일은 꼭 읽어봐야겠다, 이 메일을 안 읽어보면 큰일나겠다는 생각이 들게 만듭니다.

그에 비추어봤을 때 "[비즈니스캔버스] 고객사 맞춤형 솔루션을 효율적 비용 구조로 제안합니다"라는 제목은 어디서나 볼 수 있는 평범한 제목이며, '맞춤형 솔루션', '효율적 비용 구조'와 같이 다소 추상적인 단어들로 구성되어 있어 짧은 시간에 훑어보고 이해하기도 어렵습니다. 비즈니스캔버스가 어딘지도 모르는 상태에서 흥미를 갖기 불가능한 제목이죠. 우선 좋은 제목으로 눈길을 끌고, 오픈하게 만들어야 메일함 구석에 박혀 잊히는 불상사를 피할 수 있습니다.

2) 세일즈 펀더멘털의 결여

세일즈 펀더멘털을 갖춘 담당자는 잠재 고객에게 팔려고 하지 않고 도우려 하기 때문에 처음 인사를 나누는 상황이라 할지라도 죄송해하지 않습니다. "이렇게 갑작스럽게 메일로 연락드리게 되어 죄송합니다"라는 말은 바꿔 말하면 "나는 지금 당신의 소중한 시간을 뺏어 내가 세일즈하는 상품을 판매하려고 합니다. 갑자기 메일을 보내게 되어 죄송한

데, 그래도 제가 당신에게 판매할 수 있도록 몇 분의 시간을 양해해주세요"라는 의미와도 같습니다.

자신이 잠재 고객의 문제 해결을 도울 수 있다고 생각하는 영업 담당자는 "죄송합니다"라는 말 대신에 "제가 담당자님이 고민하고 계신 문제를 해결할 좋은 해결책을 공유해드리고 싶은데 함께 이야기해보시겠어요?"라는 의도를 프로페셔널하게 전달합니다.

세일즈 펀더멘털을 갖춘 영업 담당자는 고객을 귀찮게 하지 않습니다. 오히려 그의 전문성으로 고객의 문제 해결을 도울 수 있다는 확신을 갖고 접근하며, 고객이 하루라도 빨리 시간을 투자해 만나고 싶게끔 좋은 제안을 합니다.

3) 쓸데없이 지면만 차지하는 안부 인사

콜드메일을 읽어보는 잠재 고객의 상태를 상상해보겠습니다. 마침 고민하고 있던 문제를 해결할 실마리를 알려줄 것만 같은 메일 제목에 눈이 끌려 '클릭'했습니다. 다만, 잠깐의 시선을 사로잡았다고 해서 잠재 고객이 모든 주의를 메일에 쏟기로 결정했다고 판단하는 것은 이릅니다.

잠재 고객은 여전히 '콜드'한 상태이며, 우연히 클릭하게 된 메일의 내용을 계속해서 읽을지 말지 수 초 내로 빠르게 결정하고자 할 것입니다. 이토록 중요한 '골든타임'에 고객의 주의를 한 번 더 사로잡을 수 있는 기회는 첫인사 이후 이어질 문장뿐입니다.

그런데 그토록 소중한 지면을 '날씨가 많이 추운데 건강에 유의하라'는 안부 인사로 채우고 있다니요. 잠재 고객은 찰나의 순간 '지루함'을 느끼고 '뒤로 가기' 버튼을 누르거나 웹 브라우저 '종료' 버튼을 누르며 이탈하게 될 것입니다.

4) 맞춤형 제안의 결여

사람들은 누구나 '내가 관심 있는 이야기'를 보고 듣기를 원합니다. 그리고 사람들이 관심 있어 하는 이야기는 '나'와 관련성이 높은 이야기입니다. 한국 사람이라면 중동이나 유럽의 소식보다 한국의 소식을 더 관심 있어 합니다.

마찬가지로, 잠재 고객의 상황과 문제에 대해 구체적으로 이해하고 맞춤형 제안을 하게 된다면 콜드메일의 회신율은 올라가게 될 것입니다. 반대로 누구에게나 할 수 있는 이야기를 하고 있다면 '아, 그냥 벌크성으로 콜드메일 보냈네' 하고 생각하게 만들기 마련입니다.

"다름이 아니라, 귀사의 성공적인 브랜드 확장을 위해 디지털 마케팅 서비스를 제안하고자 연락드립니다."

해당 문장은 메일을 받는 회사가 구체적으로 어떤 상황에 있는지에 대한 분석은 없고, 그저 '디지털 마케팅 서비스'를 판매하겠다는 의도로밖에 읽히지 않습니다.

"저희는 최고의 마케팅 전문가와 최신 분석 툴을 활용하여 차별화된 디지털 마케팅 전략을 제공합니다. 기간이나 장소에 구애받지 않고, 언제든지 맞춤형 컨설팅과 합리적인 비용으로 마케팅 성과를 극대화하는 데 도움을 드립니다."

'최고의 마케팅 전문가'인지 증명할 수 있는 근거가 없으며, '최신 분석 툴'을 활용하는 것이 곧 차별화된 디지털 마케팅 전략을 제안할 수 있는 것은 아닙니다. 비용이 얼마인지 기재되어 있지도 않고, 미팅을 통해 비용 제안을 받은 상황도 아닌데 '합리적인 비용'인지 아닌지 판단할 수 있는 근거가 없습니다. 마찬가지로 그저 지면을 채우기 위한 속 빈 강정에 해당하는 내용입니다.

5) 서비스에 대한 검토도 해보지 않았는데 비용 혜택을 준다고 하는 잘못된 제안

콜드메일을 받아본 잠재 고객은 메일을 보낸 회사와 담당자의 이름 정도만 인지하게 된 상태입니다. 제품이나 서비스에 대한 정보를 적극적으로 탐색하고 검토하기 전이며 이해도 매우 떨어지는 상황이지요. 그런데 대뜸 메일에 회신을 주면 20%의 비용 혜택을 주겠다고 합니다. 어떤 회사인지, 구체적으로 어떤 가치를 제공하는지에 대한 이해도 되지 않은 상태에서 과연 얼마나 많은 사람이 '20%의 비용 혜택을 얻고자' 메일에 회신을 줄까요.

비용 혜택은 콜드 메일 컨텍 단계에서 제안하는 것이 아니라 미팅 이후 계약 단계에서 제안할 카드입니다. 제품이 제공할 수 있는 가치에 대해 명확하게 이해하고 있어서, 어떠한 상황에서 제품을 사용할지에 대한 구체적인 검토까지 끝났지만 구매 예산의 한계로 도입이 어려울 때 특별히 제공하는 것이어야 합니다. 그러므로 만나기 전부터 비용 혜택을 제안하는 것은 잘못된 접근 방법입니다.

6) 복잡하게 느껴지는 CTA Call-To-Action

콜드메일을 받아보는 잠재 고객의 상황을, 심지어 표정과 제스처 그리고 목소리까지 구체적으로 상상해보세요.

(매우 심드렁한 표정으로) "전문가 집단이라고? 그걸 어떻게 증명해?"

(큰 하품 소리와 함께 기지개를 켜며) "차별화된 디지털 마케팅 전략을 제공한다고? 그걸 내가 어떻게 알아?"

"서비스 소개서를 첨부했네? (다운로드받은 후) 어휴 이 30페이지 소개서를 누가 읽어."

"월/수/금 오후에 방문하겠다고? 나는 화/목 오전밖에 시간이 안 되는데? 그리고 서비스 소개서를 참고하고 궁금한 점을 회신하라는 거야, 아니면 가능한 일정을 회신해달라는 거야. 이 담당자가 원하는 게 뭐지? 만약에 화/목 시간에 방문하지 못하면 또 시간을 조율해야 하잖아. 거참 귀찮네…."

물론, 메일 내용을 자세히 읽어보면 '소개서'는 서비스에 대한 자세한 내용을 알고 싶을 때 읽는 참고용으로 첨부한 것이며, 담당자가 요구하는 것은 '미팅 가능한 시간'을 조율하는 것임을 알 수 있습니다. 그러나 잠재 고객은 우리의 콜드메일을 '자세히' 읽을 여유가 없습니다. 메일 안에 있는 대략적인 정보 덩어리들을 빠르게 스캔하고 대충 이해할 것이므로 보다 단순하게 고객에게 요청 사항을 이야기할 필요가 있습니다.

그 일환으로 서비스 소개서 첨부만 생략해도 CTA는 훨씬 단순해집니다. 많은 콜드메일에서 '예의상' 서비스 소개서를 첨부하곤 하는데, 이제

막 이름만 알게 된 회사의 30페이지짜리 서비스 소개서를 프린트까지 해서 정독할 잠재 고객은 없습니다. 어차피 읽지도 않을 서비스 소개서를 첨부하며 괜히 CTA를 분산시키는 것보다는 CTA를 단순화하고, 메일 내용에 관심을 보인 잠재 고객이 "서비스 소개서를 공유해줄 수 있나요? 어떤 서비스인지 궁금해서요"라고 회신을 한 이후 소개서를 전달하는 것이 보다 효과적입니다.

7) 연락을 줄 담당자가 누군지도 모르는데 연락달라고 이야기한다

콜드메일은 인바운드로 문의가 들어오는 상황이 아님을 인지하고 작성해야 합니다. 인바운드 문의는 잠재 고객사의 담당자가 본인의 회사명, 담당자명, 직급 및 직책, 핸드폰 번호, 이메일 주소 등 정보를 제출하며 '도입 문의'를 남기게 되지만, 콜드메일은 많은 경우 contact@abc.com, hello@abc.com 등 잠재 고객사의 대표 메일로 보내게 됩니다.

즉, 아무리 좋은 제목과 내용으로 콜드메일을 쓰더라도 메일 내용을 검토하고 회신해줄 수 있는 올바른 담당자에게 메일이 닿지 않는다면 회신을 받을 확률은 희박합니다. 따라서 "(누가 될지는 모르겠지만 아무튼) 회신을 부탁드립니다"라고 기재하는 것이 아니라, **"본 메일에서 제안드리는 건을 검토할 수 있는 담당자분의 연락처(이메일 주소 또는 전화번호)를 소개해 주실 수 있을까요?"** 라고 기재하는 것이 올바른 접근 방법입니다.

콜드메일 프로세스

콜드콜과 마찬가지로 콜드메일도 올바른 프로세스를 이해하고, 순차적으로 접근하며 실행해야 합니다. 이번 장에서 제안하는 콜드메일 프로세스는 다음과 같이 총 5단계로 구성되어 있으며, 마지막에는 주요 콜드메일 템플릿도 함께 살펴보도록 하겠습니다.

원칙 이해하기 → 준비하기 → DB 구축 → 시퀀스 생성 → 콜드메일 템플릿

1) Step 1: 원칙 이해하기

콜드메일을 잘 작성하기 위해서는 먼저 '원칙'을 이해하는 것이 우선입니다. 원칙 없이 수행되는 콜드메일은 언제나 묵묵부답일 수밖에 없고, 영업 기회를 창출할 수 없습니다. 다음 일곱 가지 원칙을 먼저 이해하고, 콜드메일을 작성한 뒤에도 원칙에 근거하여 회고하고 다시 작성하는 과정을 반복합니다.

첫째, 벤치마크 지표와 비교하여 실험을 반복해야 합니다.

오픈율 40%와 회신율 5%를 콜드메일의 벤치마크 지표로 삼고 작성과 수정을 반복합니다. 100개의 콜드메일을 보냈을 때 40개의 콜드메일이 '오픈'되고, 전체 발송 메일 대비 5%인 5개의 메일에서 '회신'을 받을 수 있으면 성과가 좋은 콜드메일이라고 할 수 있습니다.

이때 오픈율은 '좋은 제목'이, 회신율은 '좋은 내용'이 기여합니다. 수백

통의 메일 중에서도 눈에 띄는 제목을 써야 우리의 콜드메일이 오픈될 것이고, 아무리 후킹되는 제목의 콜드메일이었다 하더라도 내용이 빈약하면 회신을 받기 어려울 것입니다.

따라서 오픈율이 벤치마크 지표 40% 대비 크게 떨어지면 어떻게 해야 더 좋은 제목을 쓸 수 있을지를 고민하고, 회신율이 벤치마크 지표 5% 대비 저조하다면 어떤 내용으로 구성해야 잠재 고객이 회신을 줄 수 있을지를 각각 고민하여 작성하는 것을 반복해야 합니다.

둘째, 내용은 당황스러울 정도로 짧을수록 좋습니다.

쓸 데 없이 긴 안부 인사, 회사의 업력, 수상 내역, 과도하게 나열한 제품과 서비스의 특장점 등은 메일을 읽기 전부터 잠재 고객을 지루하게 만듭니다. 반면, 당황스러울 정도로 짧은 내용은 오히려 신선한 느낌을 줍니다. 단순히 짧기만 한 것이 아니라, 와중에 잠재 고객에게 어필하고 설득할 수 있는 포인트가 쏙쏙 들어가 있는 메일은 신선함을 넘어 매력적인 느낌을 줍니다. 어떻게 내용을 더할지가 아니라 어떻게 핵심만 남길지를 생각하며 콜드메일을 작성해보세요.

셋째, 대량 메일이 아니라 개인화된 메일을 작성합니다.

'이건 누가 봐도 다른 회사에도 같이 보낸 내용이군'이라고 생각되는 메일은 성공률이 낮을 수밖에 없습니다. 반면, 제목부터 내용까지 '우리 회사만을 위해 쓴 것처럼 느껴지는' 메일은 더 높은 오픈율과 회신율을 달성할 수 있습니다. 이는 '고객에게 파는 것이 아니라 돕는다'라는 세일즈 펀더멘털과도 이어집니다.

고객을 진심으로 돕고자 하는 세일즈 담당자는 잠재 고객이 어떤 상황과 문제를 겪고 있을지 조사하고, 뾰족하게 도움을 줄 수 있는 부분을 제안할 것이기에 결코 융단폭격식의 대량 메일을 보내지 않습니다.

넷째, 원샷 원킬이 아니라 장기전입니다.

제아무리 매력적인 제목과 내용의 콜드메일을 쓴다고 하더라도 100%의 오픈율과 회신율을 기록할 수는 없습니다. 잠재 고객사의 담당자가 일주일 동안 해외여행에 가서 부재중일 수도 있고, 지금 당장 솔루션이 필요한 상황이 아닐 수도 있습니다. 그리고 한 번의 메일만으로 회신을 주기보다 신중하게 검토해서 회신을 주고 싶은 사람일 수도 있고, 메일 자체를 잘 확인하지 않는 담당자일 수도 있습니다. 때문에 한번 메일을 보냈는데 회신이 없다고 해서 낙담할 필요는 없습니다.

따라서 여러 번의 콜드메일 시퀀스를 만들고, 중장기적으로 꾸준히 터치하는 '정성'을 들이는 것이 성공률을 높이는 데 기여할 수 있음을 이해해야 합니다.

다섯째, CTA는 간단해야 합니다. 많으면 안 됩니다.

"서비스 소개서를 첨부하오니 참고 부탁드리고, 다음 주 월/수/금 오후 2시 이후에 방문이 가능한데, 혹시 미팅할 수 있는 담당자분을 소개해주실 수 있을까요?"

이 간단한 문장에는 크게 세 가지의 CTA가 들어 있습니다.

콜드메일을 읽는 잠재 고객의 상태는 '집중 상태'가 아닌 '대충 상태'이기에 많은 CTA는 고객으로 하여금 피로함을 유발합니다. "본 메일에서 제안하는 내용과 관련하여 보다 구체적으로 대화를 나눌 수 있는 담당자분을 소개해주실 수 있을까요?"와 같이 메일 회신 시 요청하는 사항을 간단하고 명료하게 지정하여 '대충' 읽더라도 쉽게 회신할 수 있는 상태로 잠재 고객을 안내해야 합니다.

여섯째, 모바일 가독성 체크는 필수, 텍스트 발송으로 검수합니다.

한 통계에 따르면 gmail 사용자 중 97%가 모바일 기기로 접속한다고 합니다. 스마트폰 보유율이 100%에 근접할 만큼 세계 1위의 보유율을 기록한 국내의 상황을 대입했을 때 모바일에서 메일이 어떻게 보이는지는 성공적인 콜드메일 캠페인을 운영함에 있어 무척 중요한 요소입니다.

따라서 이메일을 테스트 발송하여 '모바일'로 어떻게 보이는지 먼저 점검하고 보내는 것이 좋습니다. 이때 이메일의 거의 모든 내용이 스마트폰의 한 화면에 들어오는지(그만큼 내용을 짧고 핵심적으로 구성했는지)를 살피고, PC에서 볼 때는 보이지 않았던 오탈자와 어색한 표현, 과하게 긴 문장 등을 검수합니다.

일곱째, 회사나 기능에 대한 소개 말고 문제 해결에 대한 힌트를 줘야 합니다.

냉정하고도 정확한 현실은 다음과 같습니다. "우리의 잠재 고객들은 우리 회사와 우리 제품에 관심이 없다." 현실의 나머지 반쪽은 다음과 같습니다. **"우리의 잠재 고객들이 관심 있어 하는 것은 오직 본인들의 문제가 해결될 것이라는 가능성을 발견하는 것뿐이다."**

콜드메일을 작성할 때도 이와 같은 현실을 무시해서는 안 됩니다. 짧고 핵심적인 내용에는 우리 회사와 제품에 대한 소개 말고, 잠재 고객이 겪고 있을 문제가 무엇이고 또 그것이 어떻게 해결될 것인지에 대한 가능성을 보여주어야 합니다.

안타깝게도 많은 세일즈 담당자가 잠재 고객을 '문제 해결을 도와줘야 할 대상'으로 보지 않고, '세일즈 담당자의 매출 달성이라는 문제 해결을 도와줄 대상'으로만 바라봅니다. 이제, 접근 방법을 거꾸로 뒤집어 고객의 문제에 집중해야 합니다.

2) Step 2: 준비하기

프로필 사진부터 준비하기

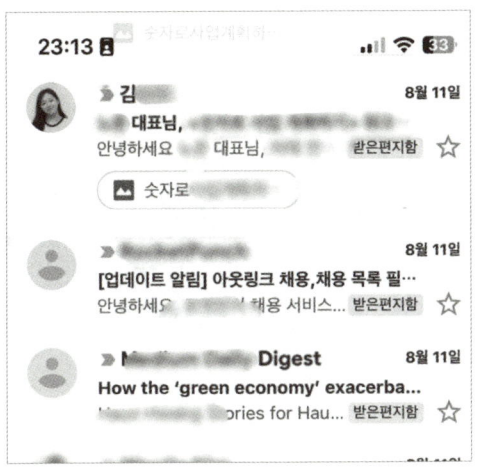

이 3개 이메일 중 가장 먼저 눈에 띄는 메일은 단연 '프로필 이미지'와 '담당자 이름'이 있는 맨 위의 메일입니다. 나머지 두 개 메일은 프로필 사진이 없어 상대적으로 신뢰도가 낮아 보이고, 담당자명이 아닌 회사명이나 서비스명으로 발신자가 보이고 있어 다소 딱딱한 느낌마저 듭니다. 잠재 고객에게 프로페셔널하고 긍정적인 첫인상을 주기 위해 기본 정보와 이미지부터 업데이트합니다.

성공 사례 준비하기

'우리의 잠재 고객들이 관심 있어 하는 것은 오직 본인들의 문제가 해결될 것이라는 가능성을 발견하는 것'이라는 냉정한 현실을 앞서 언급했습니다. **이때 문제 해결의 가능성을 빠르고 직관적으로 인지할 수 있는 좋은 방법이 '성공 사례'입니다.**

잘 준비된 성공 사례는 잠재 고객으로 하여금 '아, 나도 이 회사와 함께 일하면 이 성공 사례처럼 문제를 해결할 수 있겠구나'라는 상상을 자극합니다. 이때 성공 사례를 콘텐츠로 만들고 발행하는 것은 대개 마케팅팀에서 주관하는 경우가 많기에 타깃 고객사에게 어떤 성공 사례를 안내하는 것이 적합할지에 대해 마케팅팀과 미리 소통하고 아이디어를 나누는 것도 더 높은 성공률에 기여할 수 있습니다.

스팸 체커 활용하기

공들여 쓴 메일이 수신자의 스팸함에 꽂히고 있다면 어떨까요? 콜드메일을 자주 보내는 계정이라면 메일이 스팸함에 꽂힐 가능성도 큽니다. 스팸 비율이 높다면 전사적으로도 위험할 수 있습니다. 회사 도메인의 신뢰도가 하락하여 다른 팀원의 메일 주소에도 영향을 미치기 때문입니다.

만약 [GMass]를 메일 발송 툴로 사용하고 있다면 '스팸 체커' 기능을 활용해보세요. 콜드메일을 작성하고 나서 GMass 설정을 열어 좌측 상단에 있는 Spam Solver를 클릭하면 GMass가 유효하지 않은 15~20개의 체크용 메일로 해당 콜드메일을 발송하고 스팸함에 꽂히는 비율을 알려줍니다. 스팸 비율이 20% 이상으로 높은 편이라면 비율을 낮추기 위한 다양한 방법을 시도해보시길 추천합니다.

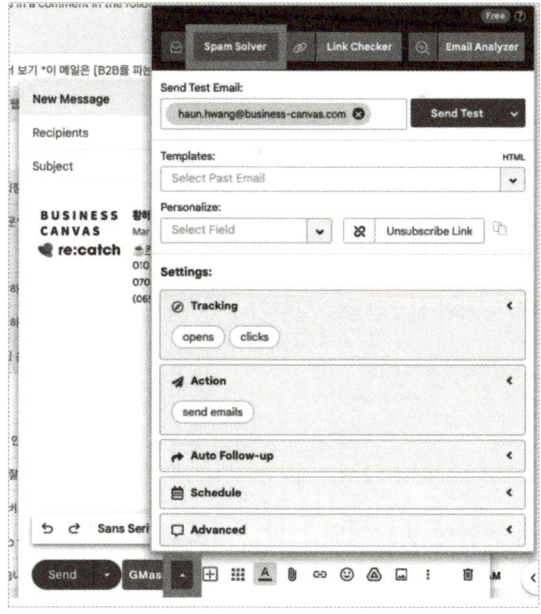

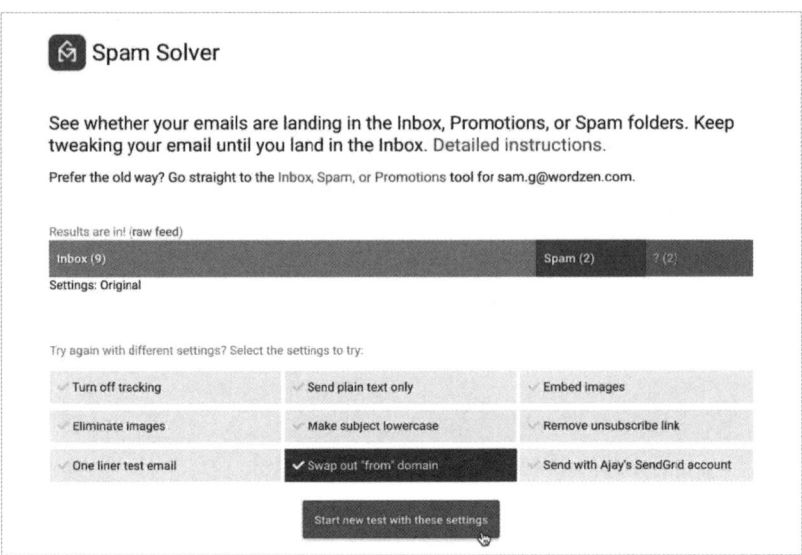

이 사진처럼 GMass에서 스팸 비율을 낮추기 위한 다양한 방법들을 제시해줍니다. 이 방법들을 시도하면 스팸 필터에 걸릴 확률을 조금씩 낮출 수 있습니다.

시도해본 것 중 효과가 있었던 방법들은 다음과 같습니다.

1. 이미지 임베드하기
2. 외부 메일과 양질의 상호작용 주고받기
3. 링크 체커$^{Link\ Checker}$ 확인하기

'2. 외부 메일과 양질의 상호작용 주고받기'는 팀원들의 일반 메일 주소를 수집하여 동일한 콜드메일을 발송해보는 방법입니다. 메일이 스팸함으로 도착한다면 스팸함에서 메일을 꺼내고 긴 텍스트와 사진으로 구

성된 답장을 회신하도록 부탁합니다. 이렇게 외부 메일들과 양질의 상호작용을 주고받으며 발신자의 신뢰도를 높일 수 있습니다.

'3. 링크 체커 확인하기'는 Spam Solver 옆에 Link Checker(링크 체커)라는 버튼이 있는데, 메일 내에 삽입된 링크의 적합도를 확인해주는 기능입니다. 신뢰할 수 없는 링크라고 체크될 경우, 링크를 수정해야 합니다.

다만, 지메일의 스팸 감지 알고리즘은 지속적으로 업데이트되므로, 특정 시점에서 효과적이던 방법이 시간이 지나면 더 이상 통하지 않을 수 있습니다. 따라서 구글 공식 문서나 주요 이메일 마케팅 플랫폼에서 제공하는 최신 가이드를 참고하며, 상황에 맞게 다양한 방법을 시도하는 것이 필요합니다.

3) Step 3: DB 구축하기

가장 오랜 시간이 소요되는 단계입니다. DB를 구축하는 것은 'DB 기획'과 'DB 수집' 파트로 나뉘며, 각 영역에서 많은 시간이 소요됩니다.

DB 기획

- 어떤 유형의 잠재 고객사들을 타깃할 것인가.
- 왜 해당 잠재 고객사 유형을 타깃할 것인가.
- 해당 잠재 고객사들 유형의 DB를 정확하고 빠르게 수집할 수 있는 방법은 무엇인가.
- 해당 잠재 고객사들 유형에게 가장 적합한 성공 사례(레퍼런스)는 무엇인가.

DB 기획은 이와 같이 '어떤 유형의 잠재 고객사를 왜 하필 지금, 어디서 어떻게 찾아내서, 어떤 네러티브로 설득할 것인지' 고민하는 과정 전체를 포괄합니다. 예를 들어, "세일즈 직무를 채용 중인 기업들을 대상으로 콜드메일을 보내보자"라고 결정했다면 다음과 같은 고민이 필요합니다.

- 왜 해당 잠재 고객사 유형을 타깃할 것인가
  - 세일즈 직무를 채용 중이라면 세일즈를 통한 매출 성장에 집중 투자할 것이며 세일즈팀의 효율적인 운영 등을 고민하고 있을 것이기에 리캐치에서 제공하는 제품 및 컨설팅 솔루션이 도움이 될 것이다.

- 해당 잠재 고객사들 유형의 DB를 정확하고 빠르게 수집할 수 있는 방법은 무엇인가
  - 세일즈 직무를 채용 중이라면 대부분 원티드, 잡코리아, 사람인 등 채용 플랫폼에 정보가 공개되기 때문에 리스트를 취합할 수 있다.
  - 페이스북, 링크드인 등 SNS에서 담당자의 컨택 포인트를 따로 확보한다.

- 가장 적합한 성공 사례(레퍼런스)는 무엇인가
  - 세일즈팀 확장 단계에서 우리 서비스를 도입하고 성장 중인 현 고객사의 사례를 준비한다.
  - 최대한 비슷한 산업과 시장, 제품의 성공 사례로 추린다.

DB 수집

DB 수집은 '손'이 바빠지는 단계입니다. 기획 의도에 따라 DB를 수집할 수 있는 풀을 찾았다면 대량으로 리스트를 다운로드받거나 일일이

수집하여 자체적으로 정의한 분류 기준에 따라 리스트를 정리합니다. 이때 수집한 모든 DB 중 기간 만료나 담당자 변경 또는 퇴사 등의 이유로 유효하지 않은 경우도 종종 있으므로 이를 감안하여 제한된 시간 동안 최대한 많은 모수의 DB를 수집하는 것을 목표로 리스트를 채워나가야 합니다.

4) Step 4: 시퀀스 만들기

단 한 번의 이메일만으로 잠재 고객사의 올바른 담당자의 회신을 받을 것을 기대해서는 안 됩니다. 아무리 좋은 제목과 내용의 메일을 쓰더라도, 담당자가 부재할 수도 있고, 메일을 회신 주기에 적절한 타이밍이 아닐 수도 있습니다. 그에 따라 최소 4회의 시퀀스를 만들어 여러 번의 터치를 전략적으로 시도하는 것이 콜드메일 캠페인의 성공률을 높일 수 있습니다.

다음 예시를 참고하여 잠재 고객사와 연락이 닿을 확률을 높이는 시퀀스를 계속해서 만들고, 발전시켜 나가도록 합니다.

1차 시퀀스: 고객 사례 중심 & 담당자 소개 요청

잠재 고객사가 관심 있어 하는 것은 문제가 해결될 수 있다는 가능성을 발견하는 것이므로, 고객 사례를 중심으로 이메일을 기획합니다. 이때 이 고객 사례는 서비스의 자랑이 아닌, 그들의 문제 상황에 대한 이해도와 문제 상황에 대해 도움을 얻을 수 있는 인사이트를 반드시 포함해야 합니다. 정확한 담당자 컨텍 포인트가 없는 경우, 이후 소통을 이어갈 수 있는 적합한 담당자 소개를 요청하도록 합니다.

2차 시퀀스: 지난 메일을 놓치신 것 같아서… 다시 한번 보내드립니다

담당자의 부재나 다른 이메일들 틈에 묻혀 오픈되지 않았을 가능성도 있으므로 다시금 메일을 리마인드하는 목적으로 메일을 살짝 수정하여 보냅니다.

3차 시퀀스: 혹시 지금이 맞지 않은 시간이라면…? "귀찮게 하고 싶지 않습니다. 언제가 좋을까요?"

메일이 오픈되었음에도 회신이 오지 않는 경우 '지금 당장' 회신의 필요성을 못 느꼈을 가능성이 있습니다. 이에 관련 내용을 언제 소통하면 좋을지를 묻고, 혹 회신이 온다면 해당 시점에 다시 연락할 수 있는 기회로 보류해둡니다.

4차 시퀀스: 바쁘신 것 같네요. 다음에 연락드리겠습니다. 일단 소개서를 첨부하겠습니다.

첫인사만큼이나 중요한 것이 적절한 때 예의 있게 물러나는 것입니다. B2B 영업의 리드타임은 길고, 비단 콜드메일에서뿐만 아니라 다양한 마케팅 채널들에서 우리 팀을 접할 기회가 많을 것이기에 다음을 기약하며 물러나는 것은 오히려 향후 신뢰 관계를 구축하는 데 있어 도움이 될 수 있습니다.

더불어 1차 시퀀스 때는 서비스 소개서를 첨부하지 않았지만 계속해서 회신이 없어 자사 서비스를 소개할 기회가 없었으므로 마지막 시퀀스에서는 서비스 소개서를 첨부하며 다음을 기약하도록 합니다.

5) Step 5: 콜드메일 템플릿화하기

콜드메일의 제목과 내용을 작성하는 것은 '창작'의 영역이지만, 실험을 거듭하며 성과가 좋은 사례들을 템플릿화한다면 콜드메일 작성에 드는 시간을 줄이고, 덤으로 다른 팀원들도 콜드메일을 더 잘 보낼 수 있게 도울 수 있습니다. 다음의 예시를 참고하여 우리 팀만의 성공적인 콜드메일 템플릿을 만들어갑니다.

담당자 소개를 요청하기

제목: {고객사명}의 {사업명} 담당자 소개를 부탁드립니다.

내용
안녕하세요, 저는 {자사 한 문장 설명} {자사명}의 {사업명} {담당자 이름} {직함}입니다.
{고객사명}의 {사업명} 담당자 소개를 부탁드립니다.
(성공 사례 짧게)
예시: 올해 다수의 기관은 별도의 인프라 구축 없이 저희 회사 제품과의 연동만으로 A 심사를 통과하였습니다.

(제안 사항 짧게)
예시: 내년에는 {고객사명}에서도 이와 같은 효율적인 방법으로 X 사업에 참여하실 수 있도록 도움을 드리고자 연락드립니다.

(담당자 소개 요청)

예시: 2024년도 Y 사업이 실시되기 전에 협업 방안에 대해 담당자분과 이야기를 나누고 싶습니다.

{고객사명}의 {사업명} 담당자분을 소개해주시면 감사하겠습니다.

제 연락처는 {010-1234-1234}, {이메일 주소}입니다.

감사합니다.

○○○ 드림

제목에 매력적인 숫자를 넣고 노하우 공유하기(이미지 참고)

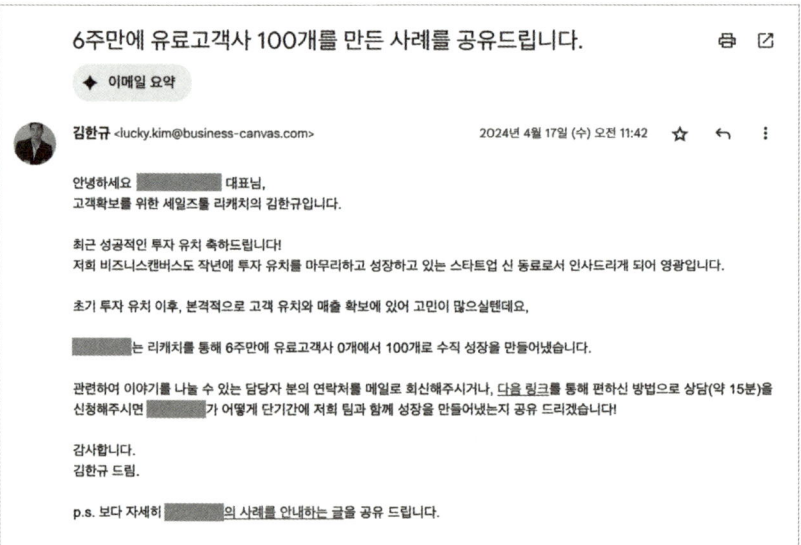

동병상련 레퍼런스를 공유하기(이미지 참고)

> ███가 세일즈 전환율 2.6배를 높인 사례를 공유드립니다.
>
> ✦ 이메일 요약
>
> 김한규 <lucky.kim@business-canvas.com>   2024년 4월 18일 (목) 오전 11:06
>
> 안녕하세요 ███ 대표님,
> 고객확보를 위한 세일즈툴 리캐치의 김한규입니다.
>
> 최근 성공적인 투자 유치 축하드립니다!
> 저희 비즈니스캔버스도 작년에 투자 유치를 마무리하고 성장하고 있는 스타트업 신 동료로서 인사드리게 되어 영광입니다.
>
> 후속 투자 유치 이후, 보다 **확장성** 있게 고객과 매출을 확보하고 **영업팀**을 운영하는 것이 고민이실텐데요,
>
> ███는 1) 홈페이지에 문의만 남기고 미팅이 잡히지 않는 **고객 이탈율을 줄이기 위해** 2) 잠재고객의 유형에 따라 **적합한 영업 담당자**를 빠르게 배정하기 위해 리캐치를 도입하였습니다.
>
> 그 결과, 한달에 수백개가 넘는 잠재고객의 문의 중 중요한 영업 기회들과 자동으로 미팅을 수립하여, 도입 전 대비 **세일즈 전환율을 2.6배 상승**시키고 영업 사원의 리소스를 효율화하였습니다.
>
> 관련하여 이야기를 나눌 수 있는 **담당자** 분을 소개해주실 수 있을까요? 귀사에서 ███의 **성공사례를 즉시 적용**하실 수 있도록 안내 드리겠습니다.
>
> 귀사의 더 많은 고객 및 매출 확보에 도움이 될 수 있기를 희망합니다!

　　콜드메일은 콜드콜보다 진입장벽이 낮고, 시간만 들인다면 많은 모수를 대상으로 컨택하는 것이 가능하기에 많은 영업 담당자가 선호하는 방식입니다. 그러나 '미팅 수립'이라는 본격적인 영업 기회로의 전환을 만들어내기 위해서는 원칙을 먼저 이해하고, 지속적인 실험을 통해 벤치마크 지표에 접근하는 노력을 해나가는 것이 중요합니다.

　　만들고-측정하고-학습하는 피드백 루프를 콜드메일에도 적용하여 어제보다 더 나아지기 위한 고민과 실험을 계속해보세요. 그렇게 하나둘 반응이 좋은 콜드메일이 생겨나고, 템플릿화되면서 우리 팀의 주요한 영업 기회를 창출하는 수단이 될 수 있을 것입니다.

3부

분명 관심 있다던 고객, 왜 계약으로 이어지지 않을까?

클로징까지 이어지는 B2B 세일즈 프로세스

Chapter 6
B2B 영업의 블랙박스: 미팅 to 클로징

1. B2B 영업은 의사결정의 블랙박스를 해독하는 것

인간의 뇌는 수십만 년 동안 진화하면서 **정확한 원인을 파악하기보다는 '대충 추론하고 빨리 결론을 내리는 것'**에 더 유리한 구조를 갖게 되었습니다. 생존의 현장에서는 **분석보다 반응이 중요**했기 때문입니다.

수풀 뒤에서 들려오는 소리를 듣고 사자가 있는지, 토끼가 있는지 분석하다가는 이미 늦습니다. 소리가 들리자마자 다리는 이미 도망칠 곳을 향해 있어야 생존 확률을 높일 수 있지요. 그래서 인간의 뇌는 원인(소리) → 반응(도주)이라는 단순한 회로를 선호하게 되었습니다.

행동경제학자 대니얼 카너먼은 저서 《생각에 관한 생각Thinking, Fast and Slow》에서 인간의 사고 시스템을 두 가지로 나누었습니다. **빠르고 직관적인 '시스템 1'과 느리지만 논리적인 '시스템 2'**입니다. 카너먼에 따르면 인간은 대부분의 일상적인 판단을 시스템 1로 처리하며, 이는 생존을 위해 빠른 반응이 요구되었던 진화의 산물입니다.

문제는 오늘날 B2B 거래를 하는 대다수의 기업이 여전히 시스템 1의 작동 방식에만 기대고 있다는 것입니다. B2B 영업처럼 다양한 이해관계자, 다층적인 정보, 중장기적 성과를 고려해야 하는 비즈니스 상황에서는 시스템 1의 직관적 추론에만 기대기에는 명확한 한계가 존재합니다. '감'에 의존하는 시스템 1은 단순한 상황에서 생존의 확률을 높여주지만, 복잡한 상황에서는 오히려 결정 오류의 확률을 높입니다.

많은 B2B 영업자가 제안에 실패하면 "아, 가격이 비쌌겠지", "카운터파트에 있는 담당자가 별로였나 봐"라는 식으로 감에 기대어 해석합니다. 논리적 분석이 아니라 감각적 추론으로 원인을 재구성합니다. 그리고 비슷한 상황을 마주했을 때 (사실은 무엇이 진짜 문제였는지 모르면서) "이번엔 다른 게 문제였어"라고 이야기하며 똑같은 실패를 반복합니다. "어디서부터 무엇을 잘못했는지 모르겠다"라는 말은 실제로 그 과정을 깊이 들여다보지 않았다는 뜻입니다.

비행기가 추락했을 때 수색팀이 가장 먼저 찾는 건 블랙박스입니다. 왜 추락했는지를 알아야 다음 사고를 막을 수 있기 때문이죠. B2B 영업도 마찬가지입니다. 우리는 제안서를 보내고, 미팅을 하고, 데모를 하고, 가격을 조율합니다. 그리고 계약이 되거나, 미뤄지거나, 무산됩니다. 이 모든 과정은 '입력'과 '출력'만이 보이는 구조입니다. 하지만 중요한 건 그 사이에 무엇이 있었는가입니다.

B2B 영업은 단순히 '제품을 파는 행위'가 아닙니다. **'의사결정의 블랙박스'를 탐험하는 일에 더 가깝습니다.**

- **입력**Input: 우리는 고객에게 제안서, 데모, 견적, 성공사례 등을 전달합니다.
- **출력**Output: 그런데 그 결과는? 미팅 요청이 오거나, 무응답이거나, 경쟁사에게 밀리거나…
- 중간 과정Process은 보이지 않습니다.

즉, 영업 프로세스는 다음과 같은 특성을 지닙니다.

Input → [Black Box: 고객 내부 의사결정 프로세스] → Output

왜 변수가 많고 혼란스러울까요?

B2B 영업에서는 다음과 같은 변수들이 동시다발적으로 불확실하게 작용합니다.

분류	변수	설명
조직 구조	다수의 이해관계자	1명이 결정하지 않음. 실무자, 중간관리자, 의사결정권자, 재무팀 등이 의사결정에 참여
의사결정 기준	공식+비공식 의사결정 기준	합리적인 기준 외에도 정치, 감정, 관계 등 비합리적 요소가 개입
제품과 서비스	복잡한 제안 구성	단일 제품이 아닌, 커스터마이징, 번들링, 연계 사업 등 다양한 구성을 고객에게 제안
고객의 문제 정의	명확하지 않음	고객 스스로 문제를 정의하지 못하는 경우가 많음. 필요보다 '모름'에서 출발하는 경우가 많음
타이밍	예측 불가한 구매 사이클	한 달이 걸릴 줄 알았던 계약이 1년 걸리기도 하고, 반대로 하루 만에 클로징 되기도 함

따라서 이번 장에서는 그간 '감'에만 의존해왔던 B2B 영업의 블랙박스를 샅샅이 해독^{decoding}하려 합니다.

해독은 겉으로 드러나지 않은 고객의 의사결정 메커니즘, 조직 내부의 상호작용, 실패의 맥락 등을 정확하게 해석하고 구조화하는 과정을 뜻합니다. 개발자들이 로그 데이터를 보며 시스템의 오류나 사용자 행동을 유추하듯 영업 담당자들도 고객의 반응 뒤에 숨은 내부 흐름을 읽어내야 합니다. 단순히 결과를 추정하는 것이 아니라, 그 과정을 가시화하고 분석해 반복 가능한 세일즈 모델로 재구성하는 것입니다.

영업에는 수십 개의 '딜이 될 이유'와 '딜이 되지 않을 이유'가 존재합니다. 영업은 그렇게 하나하나 분석할 수 있는 영역이 아니라는 반론도 충분히 있을 수 있습니다. 영업은 탁월한 영업 담당자가 만들어내는 '예술'의 영역이지, 마케팅처럼 숫자로 분석하고 프레임워크화할 수 있는 영역이 아니라는 반론도 있을 것 같습니다.

그러나 〈영업 플레이북〉을 만드는 이유는 한 명의 탁월한 영업 담당자의 퍼포먼스에만 기대지 않고, 어떤 영업 담당자가 오더라도 일정 수준 이상의 반복 가능한 영업을 가능하게 하기 위함입니다. 똑같은 시간과 비용을 들이더라도 더 큰 성장을 만들어낼 수 있는 지렛대를 갖추기 위함입니다. 그와 같은 반복 가능한 성장을 만들기 위해서는 복잡한 세계를 단순하게 이해하고, 무엇을 취하고 무엇을 버려야 하는지를 명확히 알아야 합니다.

그리고 블랙박스의 중심에는 다음의 **'B2B 영업의 네 가지 원칙'**이 있습니다. 이것은 단순한 행동 지침이 아니라, 우리가 세일즈의 구조를 이해하고 재현 가능한 성장을 만들기 위해 따라야 할 설계 원칙입니다.

부디 이 책의 모든 독자가 B2B 영업을 시스템1의 '감'으로 해석하던 것에서 시스템 2의 '논리'로 해석하고 지속 가능하고 반복 가능한 성장을 만들어낼 수 있기를 바랍니다. 다음 B2B 영업의 블랙박스를 해독decoding할 수 있는 네 가지 원칙을 소개합니다.

1. Don't sell, help(파는 것이 아니라 돕는 것이다).
2. No pain, No money(고객들은 고통 없이는 돈을 투자하지 않는다).
3. They don't care about our product(그들은 우리 제품에 관심이 없다).
4. Don't sell to, sell with(고객에게 파는 게 아니라 같은 편이 되어 함께 파는 것이다).

2. B2B 영업의 블랙박스를 해독하는 4가지 원칙

첫째, Don't sell, help: 파는 것이 아니라 돕는 것이다

9개월 동안의 잠수, 하루 만에 세일즈 미팅을 만들다.

영업 담당자들은 소위 말해 '잠수'라고 하는 잠재 고객이 연락을 받지 않는 상황을 하루에도 수없이 마주합니다. 이때 팔고자 하는 담당자는 '고객이 내 연락을 무시한다, 안부 인사를 아무리 정성스럽게 건네도 고객이 잠수를 탄다'라며 고객을 원망하고 저주합니다.

반면, 돕고자 하는 담당자는 '어떻게 하면 고객에게 도움이 될 수 있는 정보를 전달할까'를 깊이 고민하고 메시지를 튜닝합니다. 그 찰나의 순간, 수천에서 수억 원 가치의 영업 기회가 흔적도 없이 증발할 수도 있고 창조될 수도 있습니다.

2023년 11월 1일 전까지 10만 유튜브 구독자를 보유한 A사 대표님에게 총 6회의 안부 인사를 카톡 메시지로 보냈습니다. 추석 연휴에는 '풍성한 한가위 보내시길 바란다'며 예쁘게 제작된 추석 이미지도 함께 첨부했지요.

A사 대표님은 무려 9개월 동안의 꾸준하고 정성스러운 메시지에도 묵묵부답이었습니다. 그러다 문득 '나는 A사에게 솔루션을 팔려고 하는 것인가, 아니면 비즈니스 문제 해결을 도우려고 하는 것인가'라는 질문이 내면에서 불쑥 솟아올랐습니다. 이어서 따라온 솔직한 회고는 '도우려고 하지 않았고, 팔려고 했다' 였습니다.

우리는 종종 '결과'를 만들어내기 위해 '기존의 방법'을 '열심히' 하는 것에 익숙해져 있습니다. 이에 원하는 결과가 나오지 않으면 '내 노력이 부족했기 때문'이라 생각하고 더 많은 시간과 자원을 쏟아부어 결과를 기대합니다.

이러한 접근법을 택한다면 9개월 동안 총 6차례의 연락을 회신받지 못한 상태에서 영업 담당자로서 할 수 있는 것은 10개월째 7차례의 연락을, 11개월째 8차례의 연락을 하는 것밖에 없습니다. 높은 확률로 결과는 언제나 '묵묵부답'일 것입니다.

"Insanity is doing the same thing over and over again and expecting different results(광기란 같은 일을 반복하면서 다른 결과를 기대하는 것이다)"라는 격언을 떠올려봅니다. 다른 결과를 기대한다면 다른 방법을 시도해야 합니다. 묵묵부답이던 고객의 시선을 사로잡고 싶다면 안부 인사를 수십 번 건네는 것에서 벗어나 거절할 수 없는 제안을 해야 합니다.

거절할 수 없는 제안 속에는 반드시 잠재 고객의 비즈니스 문제 해결을 도울 수 있는 힌트를 담아야 합니다.

고민을 하던 시기에 마침 동종 업계 B 고객사의 계약을 수주하며 얻은 인사이트가 있었습니다. 무엇보다 B 고객사 대표님은 50만 구독자를 확보한 유튜버였습니다. 이에 근거해 10만 유튜버인 A 고객사 대표님을 도울 방법을 떠올려보았습니다.

10만 유튜버의 꿈은 무엇일까요? → 20만 유튜버가 되는 것입니다.
20만 유튜버의 꿈은 무엇일까요? → 30만 유튜버가 되는 것입니다.
30만 유튜버의 꿈은? → 40만, 50만, 100만 유튜버가 되는 것입니다.

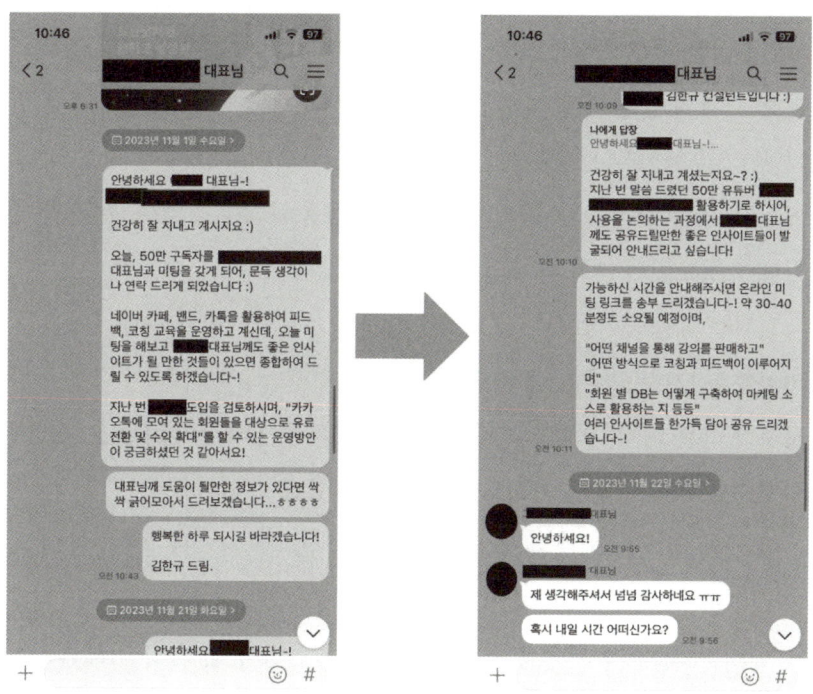

카카오톡 대화 캡처 이미지

Chapter 6 B2B 영업의 블랙박스: 미팅 to 클로징

리캐치 Don't sell, help 포스터

이후, '잠재 고객에게 솔루션을 팔고 싶다'가 아닌, '잠재 고객의 비즈니스 문제 해결을 돕고 싶다'는 진심에 근거하여 '최근 50만 유튜버를 만나 우리 솔루션을 활용하시도록 도움을 드렸으며, 대화를 나누는 과정에서 알게 된 50만 유튜버의 인사이트를 공유해드리고 싶다. 온라인 미팅을 요청드린다'라는 내용의 메시지를 보냈습니다.

결과는 대성공이었습니다. 9개월 넘게 묵묵부답이던 A사 대표님은 메시지를 보낸 지 하루 만에 회신해주셨고, '제 생각을 해주셔서 너무나 감사하다'라는 메시지와 함께 처음 제안했던 온라인 미팅이 아닌 오프라인 미팅으로 이어져 영업 기회로 발전시킬 수 있었습니다.

앞 장에 걸쳐 마케팅과 세일즈를 잘하고 싶다면 '팔려는 생각'부터 버려야 함을 이야기했습니다. B2B 비즈니스는 순간의 필요와 욕구를 채우는 데서 그치지 않고, 본질적으로 고객사와 고객사 내 여러 이해관계자의 문제 해결을 도와야 합니다.

나아가 B2B 비즈니스는 단순히 공급자-수요자의 관계에 그치는 것이 아닌 함께 문제를 해결하고 성장을 추구하는 '동등한 파트너'의 관계를 추구해야 합니다. 그때야 비로소 계약에 참여하는 기업과 담당자 모두 B2B 거래를 건강하게 지속할 수 있습니다.

1) 돕기 위해 필요한 것: 전문성

B2B 영업에서 흔한 오해 중 하나는 '고객의 말을 경청하는 것'이 거래를 성사시키는 데 있어서 가장 중요한 요소라는 것입니다. 물론, 고객의 말을 잘 경청하는 것은 중요합니다. 그의 말과 행동, 무의식적으로 드러나는 표정에는 해결해야 할 문제에 대한 힌트가 숨어 있기 때문이죠. 하지만 **B2B 영업을 하다 보면, 고객 스스로 문제를 잘 정의하지 못하는 경우를 종종 접합니다.** 과연, 고객 스스로 문제 정의가 명확하지 않은 상황에서 쏟아내는 여러 말을 '경청'하는 것만이 거래 성사의 유일한 방법일까요?

이럴 땐 고객이 말하지 않은 것, 고객 스스로도 자각하지 못한 문제를 먼저 진단하는 능력인 '전문성'이 거래 성사의 시작점이 됩니다.

2) 챌린저 세일: 고객의 인식에 도전하는 영업 담당자

《챌린저 세일》의 저자 메슈 딕슨과 브렌트 애덤슨은 세계 90개국의 6,000명이 넘는 B2B 영업 담당자들을 분석해 성과 상위 그룹의 공통점을 찾고자 했습니다. 저자들은 책에서 단순히 영업 방식이 아니라, 영업 사원의 행동 패턴과 사고방식을 다음과 같이 다섯 가지 유형으로 나누어 소개했습니다.

관계형 Relationship Builder:
"고객과 좋은 관계만 있으면 언젠간 계약이 되겠지"

이 유형은 담당자나 고객사와의 신뢰와 친밀한 유대를 최우선으로 여기며 관계가 쌓이면 자연스럽게 계약이 따라올 것이라는 믿음으로 영업 활동을 수행합니다. 문제는 크고 복잡한 문제를 다루는 B2B 영업에서 관계형은 '예의 바른 영업 담당자'로 끝날 가능성이 크다는 점입니다.

관계형 영업 담당자들은 고객의 요구에 수동적으로 대응하고 '좋은 관계'를 망칠 수도 있는 충돌을 피하려 하기 때문에 도전적인 질문을 회피하는 경향이 있습니다.

성실형 Hard Worker:
"더 많이 만나고, 더 많이 전화하고, 더 많이 시도하자"

성실형 영업 담당자들은 성실하고 끈질깁니다. 고객의 거절과 계약 실패 후에도 재도전을 두려워하지 않습니다. 하지만 그들이 고객에게 새로운 통찰을 제시하거나, 전략적인 사고와 행동을 할 것이라고 기대하기는 어렵습니다. 그들은 많이 움직이지만 항상 같은 방식으로 움직이는 데 그치기 때문이죠. 즉, 성실형 영업 담당자들은 '전략'이 부재한 '노력'만이 무기인 사람들입니다.

외로운 늑대형 Lone Wolf:
"내 방식이 최고야. 규칙은 나를 위해 있는 게 아냐"

외로운 늑대형 영업 담당자들은 성과는 좋지만 조직과 잘 협업하지는 않습니다. 그들은 통제 불가능한 성향, 예측 불가능한 행동, 강한 독립성과 자의식이 특징인 사람들입니다. 영업팀 리더가 '최근 진행한 영업 관런 데이터와 미팅 기록을 CRM에 입력해달라'고 주문해도 '그 시간에 큰 계약을 만들 고민을 하겠다'며 지시 사항에 따르지 않는 경우도 종종 발생합니다. 그들은 때로는 큰 계약을 따오지만, 조직 전체의 성장을 이끄는 데는 한계를 보입니다. 즉, 그들은 '나 혼자 잘하는 영업'을 합니다.

수동형 Problem Solver:
"문제를 말씀해주셔서 감사합니다. 그걸 잘 해결해드릴게요"

수동형 영업 담당자는 주어진 문제 해결에 능한 실무형 인력입니다. 그들은 담당자가 겪고 있는 문제에 대해 깊이 공감하며, 그 문제를 빠르고 정확하게 해결하는 데 집중합니다. 또한, 잠재 고객사에게 무리한 약속을 하지 않고, 약속한 일은 반드시 지키는 편입니다.

이들은 팀 내에서도 '고객 관리 정말 잘하는 사람', '말이 잘 통하고, 성실한 동료'라는 좋은 평가를 받습니다. 프로젝트가 잘 굴러가게 만드는 사람이며, 복잡한 과정을 조율하고 디테일을 챙깁니다.

하지만 성과라는 관점에서 보면 이들은 문제를 '처리'는 잘하지만 '창출'하지는 못하는 유형입니다. 문제가 명확히 정의된 이후에는 빛을 발하지만, 담당자가 아직 문제를 자각하지 못한 상태에서는 대화를 리드하거나 질문을 던지는 데 익숙하지 않습니다.

그래서 이들은 챌린저형처럼 담당자의 인식을 전환하는 통찰력 기반의 세일즈에는 약한 편입니다. 기술적, 서비스적 신뢰는 얻지만, 고객과 문제를 재정의하고 "이번 프로젝트의 전략적 파트너로 함께하자"라고 요청하는 담당자는 드문 경우입니다.

챌린저형Challenger: "이게 진짜 문제 아닌가요?"

챌린저형은 담당자의 말을 경청하지만 그대로 받아들이지는 않습니다. 그들은 고객이 말하는 '요구'가 진짜 니즈인지, 아니면 단지 익숙한 요청인지 먼저 의심합니다. '관계형 영업사원'들이 잠재 고객사 담당자의 기분을 나쁘게 할까 봐 '도전적인 질문'을 삼키는 데 반해, 그들의 문제 해결을 도울 수 있다고 생각한다면 스스럼없이 질문을 던지는 담당자입니다.

그들은 겉으로 드러난 요청 사항 뒤에 어떤 구조적 문제가 숨어 있는지를 추적하고, 문제를 재구성한 다음, 새로운 시야를 고객에게 제시합니다. 그들은 단순히 '설명을 잘하는 사람'이 아니라 '생각을 다르게 만들 수 있는 사람', 즉 문제를 재정의할 수 있는 사람입니다. 고객이 보지 못한 시야를 보여주고, 기존 사고방식에 미묘한 균열을 냅니다. 익숙한 문제의 정의에 도전하고, 당연하게 여겼던 전제에 질문을 던집니다.

그들의 핵심 도구는 통찰insight입니다. 통찰이 있으니 질문이 다르고, 질문이 다르니 대화의 깊이가 다릅니다. **대화의 깊이가 달라지면 잠재 고객사 측은 점점 이 사람과의 대화가 '시간 낭비'가 아니라 사고를 확장하는 기회'라고 느끼기 시작합니다. '세일즈를 당하고 있다'라고 생각하는 것이 아니라 '새로운 통찰을 얻는 시간'이라고 생각하죠.**

그래서 챌린저형은 신뢰를 편안함이나 친밀감이 아니라, 날카로운 사고와 구조적 이해를 통해 얻습니다. 고객과의 관계에서 고개를 끄덕이기보다 고개를 갸우뚱하게 만드는 말을 더 자주 꺼냅니다.

그들은 불편한 대화를 두려워하지 않으며, 오히려 그 불편함 안에서 기회를 만듭니다. 상대가 "오늘 미팅 정말 즐거웠습니다"라고 이야기하는 것이 아니라, "한 번도 생각해보지 못한 방법이네요!"라고 반응하는 순간, 챌린저형 영업이 제대로 작동했다고 보면 됩니다.

새로운 통찰을 나누는 대화 속에서 고객은 점점 '이 사람은 그냥 물건을 파는 사람이 아니라, 우리 문제를 진짜로 이해하려는 사람이구나'라고 느끼게 됩니다. 크고 복잡한 문제를 함께 논의할 수 있는 '전문가'라고 인정하게 됩니다.

3) 히딩크와 챌린저 세일의 공통점

"한국 축구의 문제는 기술이 아니라 체력입니다!"

지난 2002년 한일월드컵에서 히딩크 감독의 활약을 기억하시나요? 당시에는 '한국 축구는 끈기와 체력, 투지의 축구'라는 의견이 주류였고, 히딩크 감독을 영입하면서 바란 것은 전략과 전술, 선수들의 기술 훈련이었습니다. 히딩크 감독은 월드컵을 준비하는 과정에서 '한국 축구의 문제는 기술이 아니라 체력'이라고 말했고, 언론과 대중으로부터 비난을 받았습니다.

그러나 그는 주류 의견이나 비난에 물러서지 않고 웨이트 트레이닝, 인터벌 트레이닝, 유산소 운동, 적극적 휴식을 적절히 배합하여 한국 축구의 강인한 체력을 만들어냈고, 한국 축구 역사상 최초로 월드컵 4강 진출의 신화를 이끌었습니다.

히딩크 감독은 한국 축구의 문제를 기술이 아니라 체력으로 재정의했습니다. 만약, 히딩크 감독이 언론과 대중이 원하는 대로 한국 대표팀의 '기술 향상'에만 집중했다면 4강 신화는 결코 없었을 것입니다. 우리의 영업도 그래야만 합니다.

챌린저 세일은 고객과 '건설적인 긴장 상태'를 유지합니다. 고객의 문제를 새롭게 정의하고, 한 번도 생각해보지 못했던 차원으로 이동시키며 잠재 고객의 빠른 행동을 촉진합니다. 그 결과, 잠재 고객은 영업 담당자와 그가 속한 회사에 강한 신뢰를 갖게 됩니다. 이것이 바로 챌린저 세일입니다.

4) SPIN 세일즈: 대형 계약을 만들어내는 '좋은 질문'

"영업을 잘하는 사람들은 좋은 질문을 많이 한다."

영업에서 오래된 조언 중 하나입니다. 일방적으로 말하기보다는 고객의 말을 많이 듣고, 많이 공감하고, 많은 질문을 던지며 니즈를 파악하라는 것이지요. 하지만 《당신의 세일즈에 SPIN을 걸어라》의 저자 닐 라컴은 단순히 '많은 질문을 던지는 것'만으로는 부족하다고 말합니다.

그는 1만 2,000건 이상의 세일즈 인터뷰를 분석한 끝에 고관여·고가치 B2B 거래에서의 성과는 **단순히 많은 질문이 아니라 질 좋은 질문**에서 나온다는 사실을 밝혔습니다. 그 결과, 다음과 같이 SPIN 질문 모델로 정리되었습니다.

- S(Situation): 고객의 현재 상황을 파악하는 질문
- P(Problem): 고객이 인식한 문제를 확인하는 질문
- I(Implication): 그 문제를 방치했을 때 생기는 위험과 손실을 상기시키는 질문
- N(Need-payoff): 문제를 해결함으로써 얻게 될 긍정적인 변화에 대한 질문

이 중 핵심은 시사 질문Implication Question입니다. 시사 질문은 단순한 확

인이나 공감이 아니며, 고객이 언급한 문제의 **파급력과 시급성**을 직면하게 만듭니다. 예를 들어, 잠재 고객사가 리드 너처링 없이 단기 리드 획득에만 집중하고 있다면, 우리는 이렇게 물을 수 있어야 합니다.

"그렇다면 매달 리드를 새로 확보하는 데 드는 마케팅 비용이 계속 높아지고, 계약으로의 전환율은 떨어질 것 같은데요. 장기적으로 봤을 때 ROI 측면에서 부담이 크지 않으실까요?"

"지금 리드를 마케팅 적격 리드의 단계(MQL)를 거치지 않고 바로 세일즈로 넘기고 계신다고 하셨는데, 리드의 이탈률이나 응답률이 낮은 이유 중 하나가 아닐까요?"

시사 질문은 단순히 정보를 얻기 위한 것이 아닙니다. 고객 스스로 '이건 빨리 해결해야겠다'라고 느끼게 만드는 고도로 계산된 장치입니다. 고객의 '고민'을 '행동'으로 바꾸는 전환점입니다.

SPIN 세일즈를 처음 접한 영업 담당자들은 '좋았어, 이제부터 나도 시사 질문을 많이 던져보겠어!'라고 결심하지만, 막상 영업 현장에서는 시사 질문으로 나아가지 못하고 피상적인 상황(S) 및 문제(P) 질문 언저리에서 겉도는 경우가 많습니다. 시사 질문은 결코 어설픈 이해로는 나올 수 없기 때문이죠.

이를 가장 잘 설명해주는 비유는 '의사와 환자의 관계'입니다. 숙련된 의사는 환자의 겉으로 드러나는 증상만 보고 약을 처방하지 않습니다. 겉보기에는 감기처럼 보여도, 기침의 양상, 동반되는 통증, 병력, 생활 습관, 최근 환경 변화 등을 종합해서 진단합니다.

예를 들어, 의사는 단순히 "기침이 나요"라는 환자의 말에 이렇게 되묻습니다.

"기침이 열흘 이상 지속되셨다고요? 그렇다면 감기 수준은 아닐 수도 있겠네요."

"기침할 때 흉통이 느껴진다고 하셨는데, 그게 평소보다 더 깊은 위치에서 느껴지시나요?"

"기존에 천식이나 기관지염을 앓으신 적은 없으셨죠? 그렇다면 폐렴 가능성도 배제할 수는 없겠습니다."

이런 질문은 단순한 현상 파악이 아니라 '이 증상이 생각보다 더 복합적이고 위험할 수 있다'라는 점을 환자 스스로 자각하게 만드는 질문입니다. 이런 질문들이 오가야만 "단순한 기침이 아니라 폐렴 초기일 수 있습니다"라는 판단이 나오는 것이죠.

이처럼 시사 질문은 단순한 대화 기술이 아니라 진단 능력에서 비롯됩니다. 그리고 진단 능력은 어디서 나올까요? 결국, 전문성입니다.

SPIN 세일즈와 챌린저 세일은 서로 다른 접근을 취하지만 핵심은 같습니다. 전문성이 있어야 문제를 재구성할 수 있고, 고객의 관점을 바꿀 수 있는 통찰을 제공할 수 있으며, 그러한 과정을 촉진할 수 있는 질문을 던질 수 있습니다. SPIN 세일즈와 챌린저 세일 모델 모두 고객을 '설득'하는 것이 아니라, '깨닫게 만들 것'을 강조합니다.

B2B 영업 담당자가 상대하는 잠재 고객과 그 담당자는 크고 복잡한 문제 속에서 갈피를 잃고 있습니다. 내가 판매하는 제품과 서비스에 대한 기능만 앵무새처럼 이야기하는 데모맨$^{Demo\ man}$, 고객이 원하는 제품/서비스 사양을 그대로 주문서에 적고 계약을 체결하는 오더 테이커$^{Order\ taker}$에 머물러서는 잠재 고객의 문제를 제대로 정의하고 해결해줄 수 없습니다. 고객의 시장, 경쟁, 조직 구조, 목표, KPI, 구매 사이클에 이르기

까지 그들의 세계를 아는 사람만이 제대로 된 질문을 던질 수 있으며, 새로운 통찰을 제시할 수 있습니다.

새로운 통찰을 제공하고 싶은가요? 고객의 크고 시급한 문제를 깨닫게 하는 시사 질문을 잘하고 싶은가요? **유일한 길은 전문성을 쌓기 위한 '공부'입니다.** 하루하루 쌓아온 전문성은 챌린저 세일과 SPIN 세일즈의 강력한 연료가 되어 더 크고 많은 계약을 영업 담당자와 매출 조직에게 안겨줄 것입니다.

둘째, No pain, No money: 고객들은 고통 없이는 돈을 투자하지 않는다

무엇이 진짜 고통일까요?

"우리는 더 좋은 CRM을 찾고 있어요."

많은 잠재 고객이 세일즈 미팅에서 이렇게 말합니다. 그리고 우리는 그 말을 곧이곧대로 믿고, CRM의 기능, UI, 안정성, 가격 경쟁력 등을 소개하는 데 집중합니다. 하지만 고객이 정말 고통을 느끼는 지점은 CRM 그 자체가 아닙니다.

CRM은 단지 도구일 뿐입니다. 그들이 진짜 고통을 느끼는 지점은 '리드와 매출을 만들어내야 하는 압박', '성과를 증명해야 하는 스트레스', '보고서 하나로 진급이 갈릴 수 있는 현실'입니다. CRM은 그 고통을 해결할 수 있는 수단 중 하나일 뿐이지, 고통의 본질은 아니라는 뜻입니다. 이 지점을 놓치면 우리는 고객의 문제를 푸는 것이 아니라, 우리가 팔고 싶은 솔루션을 억지로 밀어넣게 됩니다. '고객이 겪고 있는 고통이 아닌, 내가 상상한 문제만 해결하려는' 오류에 빠지는 것이죠.

고객의 고통은 분명히 존재합니다. 다만, 겉으로 드러나지 않거나, 고객 자신도 명확히 인식하지 못할 뿐입니다. 담당자가 당장 말하는 '더 나은 기능'은 수면 위에 있는 요구 사항일 뿐이지, 진짜로 해결하고 싶은 '욕구'는 아닙니다. 진짜 문제는 그 너머에 있습니다.

"요즘 상무님이 자꾸 리드 전환율 보고서를 달라고 하세요."
"최근 6개월간 매출 기여도가 줄어들었다는 피드백을 받았어요."
"내년에 승진하려면 하반기에는 실적 한 건은 보여줘야 하거든요."

이런 말들이야말로 진짜 고통입니다. 그리고 이 고통은 곧 돈으로 이어집니다. **고통이 크고, 시급할수록 고객은 더 빠르게, 더 많은 예산을 집행합니다.**

CRM은 안중에도 없던 실무자도 "이 툴을 도입하면 실장님이 매주 요청하는 리포트를 자동으로 뽑을 수 있습니다"라는 한 문장에는 반응합니다. 그것이 담당자의 고통을 덜어주는 말이기 때문입니다.

고통은 반드시 비즈니스 수치와 연결되지 않을 수도 있습니다. 때로는 "상사에게 인정받고 싶다"라는 인간적인 욕망이 고통의 핵심일 수 있습니다.

"요즘 대표님이 제안서 품질에 민감하세요. 내부에서 프레젠테이션만 잘해도 전체 분위기가 달라지더라고요."

"실장님한테 한 번만 칭찬받고 싶어요. 저는 제안서를 혼자 다 쓰거든요."

이런 이야기 속에 고객의 진짜 고통이 숨어 있습니다. 그 고통은 곧 **우리의 솔루션이 실제로 팔리는 진짜 이유**가 됩니다. B2B 영업을 한다고 해서, 조직의 문제를 푼다고 해서, 문제를 겪고 있는 '사람'의 고통을 경시해서는 안 됩니다. 고통을 수치로만 보지 마세요. **사람의 삶, 감정, 욕망 안에도 강력한 세일즈 포인트가 있습니다.**

고객의 고통의 크기가 클수록, 그리고 그것이 고객의 말 속이 아닌 '행동'으로도 관찰될수록 계약 전환율은 높아집니다. 반대로 고통이 흐릿하거나, 고객조차 인지하지 못한 상태에서는 세일즈 사이클은 길어지고, 제안은 잊히고, 계약은 보류됩니다. 고통이 분명할수록 고객의 속도는 빨라지고, 예산도 집행됩니다. **돈은 고통에서 나온다는 말은 B2B 비즈니스에서도 철칙입니다.**

때로는 고통이 없어 보일 수도 있습니다. 그럴 땐 고통을 발견하는 것이 아니라 고통을 설계해야 합니다.

"리드를 어떻게 더 확보할 수 있을까요?"
"리드 전환율을 올리기 위한 액션은 내부적으로 어떻게 하고 계신가요?"
"현재 퍼널 단계별로 전환율을 시각화한 대시보드가 있으신가요?"

이런 질문을 통해 고객이 지금 느끼지 못한 문제를 직접적으로 자각하게 만드는 것도 세일즈의 역할입니다. 잘 설계된 상담과 질문, 맞춤형 시각 자료, 유사 레퍼런스 또는 성공 사례 등을 통해 "이게 문제였네!"라는 인식 전환을 유도할 수 있어야 합니다.

고통은 말 속에도 있고, 말 바깥에도 있습니다. 고객이 스스로 문제를 정의하지 못하는 경우, 우리는 함께 문제를 정의하는 데서부터 가치를 창출해야 합니다. 고통을 먼저 보고, 깊이 볼 수 있는 사람이 결국 가장 큰 계약을 따냅니다. 고통 없는 담당자와 잠재 고객은 결코 움직이지 않습니다. 고통이 있어야 행동하고, 돈을 씁니다.

No pain, No money. 우리가 집중해야 할 것은 솔루션 자체가 아니라, **고통을 이해하고 덜어주는 능력**입니다.

셋째, They don't care about our product: 그들은 우리 제품에 관심이 없다

1) 허위합의 효과: 모두가 나처럼 생각할 것이라는 착각

심리학자 리 로스 Lee Ross는 1970년대 후반, 한 실험을 통해 사람들이 얼마나 쉽게 **자기 생각을 기준으로 타인의 생각을 판단하는지**를 보여줬습니다. 그는 피험자인 대학생들에게 '샌드위치맨 복장을 하고 캠퍼스를 돌아다니며 전단지를 나눠달라'는 다소 민망한 요청을 합니다. 그리고 그 제안을 받아들인 학생들과 거절한 학생들을 두 그룹으로 나눠 각각에게 다시 질문을 던졌습니다.

"당신과 똑같은 제안을 받는다면, 다른 학생들도 수락(혹은 거절)할 거라고 생각하시나요?"

결과는 놀랍게도 **각자의 선택을 기준으로 세상을 해석하는 편향**을 고스란히 보여줬습니다.

- 요청을 수락한 학생들의 60%는 '다른 학생들도 자신처럼 수락할 것'이라고 답했습니다.
- 요청을 거절한 학생들의 70%는 '다른 학생들도 자신처럼 거절할 것'이라고 답했습니다.

사람은 결국 자신의 경험과 감각을 기준으로 타인의 반응을 추측합니다. 문제는 이 추측이 종종 사실^{fact}이 아닌 확신^{belief}으로 굳어진다는 점이지요. 이러한 심리적 경향을 허위합의 효과$^{False\ Consensus\ Effect}$라고 부릅니다. 이 효과는 단순한 인지 오류를 넘어 **세일즈 현장에서 반복적으로 나타나는 착각의 뿌리**이기도 합니다.

우리는 우리가 만든 제품에 고객도 감탄할 것이라고 믿습니다.
우리는 우리가 중요하게 생각하는 기능이나 디테일을 고객도 중요하게 여길 것이라고 기대합니다.
하지만 그 기대는 대부분 틀린 것으로 드러납니다.
고객은 우리의 제품에는 전혀 관심이 없고, 그들 자신의 문제와 자신의 위기, 목표에만 관심이 있습니다.

2) 왜 고객은 제품에 관심이 없을까요?

"제품이 아니라, 문제에 집중하라." 이 말은 너무 자주 들어서 진부하게 느껴질 수 있습니다. 그러나 실제 현장에서 수많은 영업담당자가 여전히 이 원칙을 놓치고 있습니다.

이유는 간단합니다. 우리는 너무 많은 시간과 에너지를 '고객의 문제'가 아닌 '우리 제품'을 설계하고, 공부하고, 완성하는 데만 쏟기 때문입니다. 제품 하나를 만들기 위해 수개월, 수년을 투자했다면 당연히 그것에 애착을 갖게 됩니다. 그리고 바로 그 애착 때문에 고객의 문제를 직시하지 못하게 됩니다.

제품에 대한 애착이 강할수록, 고객의 고통에 대한 공감 능력은 흐릿해집니다. 고객은 우리의 제품이 어떻게 만들어졌는지, 누가 투자했는지, 최신 기술이 얼마나 들어갔는지에 별 관심이 없습니다. 그들이 궁금한 건 단 하나입니다.

"그래서 지금 이 문제를 해결할 수 있나요?"

이 질문에 정확히 답하지 못한다면 아무리 최신 트렌드를 반영한 정교한 제품도 고객에게 가치를 전달하지 못합니다.

3) 제품이 아니라 고객이 주연입니다

영업 현장에서 흔히 보는 실수는 제품을 주인공으로 만든다는 것입니다. 우리는 제품을 중심에 두고, 그 주변에 고객의 문제를 끼워 맞추려 합니다. 하지만 실제로는 그 반대여야 합니다.

고객의 문제가 주연이 되어야 하고, 제품은 그 문제를 해결해주는 조연이

되어야 합니다. 그럴 때 비로소 다음과 같은 사고의 변화를 만들어낼 수 있습니다.

"이 제품은 이런 기능이 있습니다." → ×
"이 기능이 왜 고객에게 의미가 있을까?" → ∨
"이건 저희가 심혈을 기울인 부분인데요." → ×
"이건 고객사의 기존 프로세스에서 어떤 병목을 해소할 수 있을까?" → ∨

4) 고객은 우리 제품이 아니라, 자기 문제에만 관심이 있습니다

우리는 종종 착각합니다. '이 기능은 정말 혁신적이야. 고객도 분명히 좋아할 거야.' 허위합의 효과는 우리에게 끊임없이 속삭입니다. '내가 좋다고 느낀 건, 고객도 좋다고 느낄 거야.'

하지만 실제로 고객은 우리가 무엇을 만들었는지보다 **본인이나 조직의 현재 상황에서 무엇이 더 나아지는지**를 더 궁금해합니다. 그들은 우리가 얼마나 오랜 시간 동안 이 제품을 개발했는지도 모르고, 관심이 없으며 앞으로도 계속 그럴 것입니다.

왜냐하면 그건 고객의 문제가 아니기 때문입니다. 고객은 오직 한 가지에만 관심을 기울입니다.

"이 문제를, 이 불편함을, 이 위기를 정말로 해결해줄 수 있는가?"

우리가 고객의 문제를 중심에 두지 않는 순간, 고객도 우리를 중심에 두지 않습니다. 제품은 그 문제 해결의 수단일 뿐이지 목적이 될 수 없습니다. B2B 영업을 하는 우리는 기능을 파는 사람이 아니라, **문제 해결을 제안하는 사람**이 되어야 합니다.

그때 비로소 고객은 우리 제품이 아니라 우리라는 사람, 우리라는 팀, 우리라는 회사에 신뢰를 보냅니다.

넷째, Don't sell to, sell with: 고객에게 파는 게 아니라 같은 편이 되어 함께 파는 것

1) 스타트업에서 엔터프라이즈로: 또 다른 '영업 대표'의 출현

리캐치 개발 초기에는 신생 스타트업을 대상으로 영업을 시작했습니다. 당시에는 직접 스타트업 대표들과 대화하고, 미팅을 잡고, 계약을 만들었습니다.

구조는 단순했습니다. 내부 챔피언을 확보할 필요도, 복잡한 조직 구조를 이해할 필요도 없었습니다. 고객사의 키맨은 대표님이었고, 대표님을 직접 만나 설득하는 것이 곧 딜 성사로 이어졌습니다.

그러나 대기업 엔터프라이즈 고객을 상대하면서 상황은 완전히 달라졌습니다. 대기업 고객은 조직 구조가 복잡하고, 권한과 예산이 여러 단계로 분산되어 있습니다. S사 같은 기업을 대상으로 세일즈를 할 때는 이전과는 달리 처음부터 임원급 의사결정권자를 만날 수 있는 기회는 극히 드물었습니다.

여기서 중요한 것은 인식의 전환이 필요하다는 것입니다. 이제부터 영업 대표의 역할을 하는 사람은 더 이상 '나'가 아닙니다. 바로 잠재 고객사의 담당자, 그중에서도 딜을 함께 추진할 '챔피언'이 또 다른 영업 대표입니다. 그는 내부 미팅에서 우리 솔루션의 가치를 설명하고, 상사를 설득하며, 경쟁사와 비교 자료를 만들고, 견적의 타당성을 입증합니다. 그는 우리의 제안서를 수정하고, 내부 보고 자료를 함께 만들고, 때로는 더 진지하게 프로젝트를 검토합니다.

결국, 엔터프라이즈 세일즈 성공의 첫 단추는 얼마나 강력한 챔피언을 확보했느냐에 달려 있습니다. **챔피언은 단순한 옹호자가 아닙니다. 그 자체로 '또 다른 영업 대표'이며, 이 딜의 내부 추진자입니다.** 챔피언의 신뢰를 얻는 순간, 엔터프라이즈 영업은 힘을 받게 되며, 혼자가 아닌 'Sell with'의 영업을 할 수 있게 됩니다.

엔터프라이즈 세일즈의 핵심은 Sell with, 즉 '함께 파는 것'입니다. 단순히 고객에게 판매$^{Sell\ to}$하는 것이 아니라, 챔피언과 함께 내부 의사결정 구조를 파악하고, 핵심 이해관계자를 설득하고, 내부 자료를 만들고, 필요할 때 보고자료까지 함께 만들어야 합니다. 이러한 'Sell with' 영업이 제대로 작동하기 위해서는 다음의 두 가지 조건이 충족되어야 합니다.

1. 구매자 그룹$^{Buying\ Group}$을 파악합니다.
2. 멀티스레딩$^{Multi-threading}$을 수행합니다.

이 모든 과정의 출발점은 바로 누구와 함께 팔 것인가를 명확히 아는 것입니다. 즉, 고객사의 내부 구조 속에서 딜에 영향을 미치는 사람들, 구매자 그룹$^{Buying\ Group}$을 정확히 파악해야 합니다. 'Sell with'는 그들을 알아보는 것에서 시작됩니다.

구매자 그룹 Buying Group을 파악하라

1) 최종 의사결정권자의 역린을 건드리다

2024년 하반기, 로보틱스 업계의 중견 기업인 B사와 4개월 이상 긴밀히 협업해왔습니다. 4차례의 온·오프라인 미팅, 2회의 사전 컨설팅, 세 차례의 데모, 그리고 계약서를 포함한 모든 자료가 준비된 상태였습니다. 내부 실무진은 리캐치의 CRM 도입을 강하게 희망했고, B사의 챔피언은 부서장과 임원들을 직접 설득하며 계약 추진을 이끌고 있었습니다. 그런데 계약서 서명만을 앞둔 시점에서 갑작스레 다음과 같은 이메일이 도착했습니다.

수신: 리캐치 담당자 여러분

안녕하세요. 먼저 갑작스럽게 메일을 드리게 되어 송구하다는 말씀을 전합니다.

리캐치와 함께 검토해온 컨설팅 프로젝트가 내부 사정으로 인해 부득이하게 보류되었음을 알려드립니다.

그동안 리캐치팀에서 다양한 분들이 저희 프로젝트에 많은 관심과 노력을 기울여 주셨다는 점, 진심으로 감사드립니다. 특히, 여러 차례의 미팅과 제안 과정을 통해 리캐치가 보여주신 전문성과 정성은 충분히 전달되었으며, 내부에서도 긍정적인 평가를 받고 있었습니다.

하지만 내부 전략 방향성과의 정합성 이슈가 최종 단계에서 제기되었고, 그로 인해 프로젝트를 당분간 중단하게 되었습니다. 이 결정은 리캐치의 제안이나 퍼포먼스와는 무관하며, 전적으로 저희 내부 요인에 의한 결과임을 다시 한번 말씀드립니다.

혹시 전달해드린 자료 중에 보안이나 내부 규정상 별도의 정리가 필요한 문서가 있다면 말씀 부탁드립니다.

또한, **이번 결정에 대한 배경은 서면보다는 전화로 간단히 설명해드리는 것이 나을 것 같아,** 오늘 오후 중 가능하신 시간에 잠시 연락드리려고 합니다.

이번 상황으로 인해 불편을 드린 점 다시 한번 사과드리며, 향후 더 좋은 기회로 다시 인연을 이어갈 수 있기를 진심으로 바랍니다.

감사합니다.
○○○ 드림

이메일 말미에는 전화 통화를 희망한다는 내용도 있었고, 실제로 오후에 연락이 왔습니다. 그는 떨리는 목소리로 말했습니다.

"진짜 죄송합니다. 최종 결재선에서 부결됐어요. 대표님께서… 리캐치팀의 프로젝트 담당자 중 주요 경쟁 기업 출신이 있다는 사실을 아시고는 프로젝트 진행을 극도로 꺼리셨어요."

알고 보니 최종 의사결정권자인 대표님은 예전에 경쟁사 F사와의 트러블로 좋지 않은 경험이 있었고, 해당 회사 출신이 프로젝트에 관여한다는 사실이 강한 거부감을 유발했습니다.

우리는 콘텐츠 제작, 미팅 조율, 맞춤형 제안서, 비용 조율, 유관 부서 설득 등 한 치의 빈틈도 없이 이 딜을 준비했다고 믿었지만, 정작 가장 중요한 한 요소를 놓쳤습니다. **구매자 그룹**^{Buying Group} **전체의 구조와 의사결정 과정을 제대로 파악하지 못했다는 점입니다.** 특히 최종 의사결정권자인 대표님의 역린을 미리 인지하고 있었다면 접근 방식이 전혀 달랐을 것입니다.

이처럼 한 사람의 감정, 이력 한 줄, 대인관계 하나가 딜의 운명을 바꾸는 것이 엔터프라이즈 세일즈입니다. 그래서 '누가' 이 딜에 영향을 미치는지를 입체적으로 파악해야 합니다.

그 출발점이 바로 구매자 그룹에 대한 이해입니다.

2) 구매자 그룹^{Buying Group}이란 무엇이며, 왜 중요할까요?

B2B 영업에서 구매 결정은 한 사람의 판단으로 이루어지지 않습니다. 특히 엔터프라이즈 세일즈에서는 여러 명의 구매 이해관계자가 존재하며, 각기 다른 역할과 관심사를 가지고 의사결정에 참여합니다. **이를 일반적으로 구매자 그룹이라고 부릅니다.**

이해관계자 각각의 역할을 명확하게 구분하고 설득 전략을 세우기 위해 BUILD 프레임워크를 만들어 활용하고 있습니다.

3) 구매자 그룹 역할별 세부 전략

B(Blocker): 딜을 막는 사람은 반드시 존재합니다

엔터프라이즈 세일즈에서 가장 무서운 변수는 언제나 '사람'입니다. 특히, 계약의 발목을 잡는 사람인 Blocker(블록커)의 존재는 많은 영업 담당자가 간과하거나, 너무 늦게 인지해서 뼈아픈 대가를 치르고 나서야

알파벳	역할 구분	세부 역할명	설명
B	Blocker	게이트키퍼	정보 흐름을 차단하거나 접근 자체를 막는 사람
		스나이퍼	내부적으로 잠복했다가 막판에 딜을 저지하는 사람
U	User	실사용자	제품을 실제로 사용할 사람
I	Influencer	내부 전문가	조직 내부에서 권위, 신뢰, 과거 경험 기반의 영향력 행사
		외부 업계 권위자	외부 전문가, 업계 오피니언 리더
L	Leader	최종 결정권자	구매 결정의 최종 승인자(대표, 임원급)
		관리적 결정권자	실질적 구매 결정자(팀장, 부서장급)
D	Driver	내부 챔피언	내부에서 딜 추진을 옹호해주는 사람

구매자 그룹의 BUILD 프레임워크에 따른 구분

그 중요성을 깨닫게 됩니다.

Blocker는 조직 내부에서 구매를 반대하거나, 정보 흐름을 차단하거나, 결정권자로의 접근을 방해하는 역할을 수행합니다. 표면적으로는 드러나지 않기에 더욱 위협적인 존재입니다.

Blocker는 크게 두 가지 유형으로 나눌 수 있습니다.

(1) 게이트키퍼^{Gatekeeper}

게이트키퍼는 말 그대로 '입구'를 막고 있는 사람입니다. 이들은 솔루션 공급사가 고객사 내부로 진입하는 경로를 통제합니다.

"그건 저희 권한 밖입니다", "지금은 내부 일정상 어려우실 거예요."

이런 말들이 반복될 때 우리는 설득의 논리를 잘못 짠 것이 아니라 '진입 경로'부터 잘못 짚고 있는 것일 수 있습니다.

게이트키퍼는 명백한 반대 의견을 내지는 않지만 침묵 속에서 프로젝트를 지연시키고 의사결정 구조로의 진입을 막습니다. 이들을 단순히 '정보 차단자'로만 보지 말고 어떻게 해야 보다 우호적인 관계로 발전시킬 것인지에 대한 고민을 하거나, 이마저도 어렵다면 게이트키퍼를 우회해서 새로운 컨택 포인트를 만들 수 있는 방법을 고민해야 합니다.

(2) 스나이퍼 Sniper

게이트키퍼가 '진입'을 막는 사람이라면 스나이퍼는 딜의 '막판'을 저격하는 사람입니다. 겉으로는 반대 의견을 드러내지 않으며 회의에도 참석하지 않지만, 계약 직전 결정권자에게 한마디 부정적인 신호를 주어 딜을 무너뜨립니다. 이들은 주로 경영진의 측근이거나, 다른 내부 부서의 책임자, 혹은 과거 특정 공급사와의 갈등으로 인해 강한 선입견을 가진 인물일 수 있습니다.

스나이퍼는 조용하고 은밀하게 움직이기에 대부분의 세일즈 담당자가 "왜 이 딜이 안 됐지?" 하고 회고하고 나서야 한참 뒤에 존재를 깨닫습니다.

엔터프라이즈 영업에서 장애물은 반드시 존재합니다. 문제는 그것이 '누군지'보다 **'사전에 파악했는가'**, **'우회할 경로를 마련했는가'**입니다. 게이트키퍼는 상위 의사결정권자나 내부 챔피언을 통해 우회할 수 있습니다. 단, 그들을 무시해서는 안 됩니다. 이들의 한마디가 내부 의사결정을 지연 또는 무산시키는 '첫 번째 방어선'이 되기 때문입니다.

스나이퍼는 영업 담당자의 사전 탐지와 민감한 촉이 필요합니다. 스나이퍼는 침묵 속에서 움직입니다. 따라서 말이 없고, 회의에도 참석하지 않고, 제안서 피드백도 없던 누군가가 있는지 딜이 클로징될 때까지 계속해서 촉각을 곤두세우고 관찰해야 합니다. 때로는 그 침묵이 가장 강한 거부의 언어일 수 있기 때문입니다.

U(User): '현장에서 진짜로 쓰는 사람'은 딜을 '되게' 할 수는 없어도 '안 되게' 할 수는 있습니다

CRM을 도입하면 가장 먼저 영향을 받는 사람은 누구일까요? 바로 현장에서 직접 사용하는 실사용자User(유저)입니다. 이들은 전환율이 낮은 리드를 필터링하고, 캠페인 성과를 분석하고, 고객 이력을 기록하며 매일 시스템과 씨름하는 사람들입니다.

유저는 흔히 두 얼굴을 가집니다. 하나는 소극적인 방관자로서의 얼굴입니다. 소극적 방관자에 해당하는 유저들은 회의에 참석해도 말을 아끼고, 제품에 대한 특별한 반응을 보이지 않습니다. 겉보기에는 '딜에 큰 관심이 없다'라고 보이지만, 실제로는 가장 많은 시간을 그 제품과 보낼 사람이기에 매우 신중하게 판단합니다.

그리고 또 하나는 조용한 반대자로서의 얼굴입니다.

"우리는 지금 스프레드시트로도 잘하고 있어요."
"기능이 너무 많아서 복잡할 것 같아요."

이런 말은 단순한 의견이 아닙니다. 이들은 자신들의 일하는 방식에 큰 변화가 오는 것에 심리적 저항감을 드러내고 있는 것입니다. 실사용자들의 '입에 발린 긍정'은 종종 프로젝트의 진짜 실패를 예고합니다.

이처럼 **실무자는 공식적인 구매 결정권을 갖고 있지는 않지만 사용성과**

편의성에 대해 누구보다 민감하게 반응합니다. 이들의 피드백은 '이게 정말 우리 팀에서 쓸 수 있는가'라는 현실적 판단에 결정적인 역할을 합니다. **즉, 실무자는 딜이 되게 할 권한은 없어도, 안 되게 할 수는 있습니다.** 반대로 실무자가 내부적으로 '이 솔루션 진짜 괜찮다'라고 느끼면 챔피언이나 의사결정권자에게 자연스럽게 추천하거나 긍정적인 신호를 보내게 됩니다.

따라서 실무자는 실질적으로 프로젝트가 성공하느냐 마느냐를 좌우하는 핵심 이해관계자입니다. B2B 거래가 B2C 거래와 비교하여 가져갈 수 있는 상대적 장점은 '큰 단위의 예산'이 단발성이 아닌 '반복적'인 계약으로 이어지는 것입니다.

운 좋게 최종 결정권자와 관리적 결정권자의 승인을 받고 최초 계약을 만들어냈다 하더라도, 실제 솔루션 공급 단계에서 실무자에게 만족감을 주지 못한다면 재계약 확률이 현저히 떨어질 수 있다는 것을 반드시 기억해야 합니다. 일반적으로 기존 고객과의 재계약 확률은 60~70%에 달하지만, 신규 고객 계약 확률은 경우 5~20%입니다. 또한 신규 고객 확보에는 기존 고객 유지보다 최대 25배의 비용이 소요되므로, User를 핵심 이해관계자로 인지하고 재계약 확률을 높이기 위해 노력하는 것이 중요합니다.

I(Influencer): "말 한마디에 딜이 움직인다"

Influencer(인플루언서)는 조직 내부 또는 외부에서 영향력을 행사하는 사람입니다. 내부에서는 신뢰받는 베테랑 팀장, 전사 프로젝트를 여러 번 리딩해본 기획실 실장 등이 해당합니다. 외부에서는 업계 권위자, 오피니언 리더, 자문 교수 등이 포함됩니다. 공식 조직도에는 존재하지 않지만 CEO나 핵심 임원에게 조언을 주고, 때론 전략 방향을 바꾸게 할 만큼의 영향력을 갖고 있습니다.

내·외부 Influencer들의 '좋다' 한마디가 의사결정을 가속화하고, '별로다' 한마디가 계약을 보류시키기도 합니다. 이들의 공통점은 한 가지입니다. 결정을 '직접' 하지는 않지만, '결정에 매우 결정적인 영향'을 미친다는 것입니다.

2024년 상반기, 리캐치팀이 중견기업 상장사 E사와의 거래에 성공할 수 있었던 핵심 요인은 E사의 경영 전략 자문을 맡고 있는 L 대표님의 추천 덕분이었습니다.

L 대표님은 스타트업 엑시트 이후, 중견기업 E사의 글로벌 SaaS 제품의 사업, 영업, 마케팅 전략을 컨설팅 중이었습니다. 해당 SaaS 제품은 글로벌 기준에서도 매우 훌륭한 퀄리티를 자랑했으나, B2B 제품으로 마케팅-영업 활동을 수행해나감에 있어 GTM(시장 진출 최적화) 전략을 수립하고 실행하는 것에 어려움을 겪고 있었습니다.

마침 정부 주최의 한 컨퍼런스에서 리캐치팀을 알게 된 L대표님은 '국내에서 GTM 전략 수립을 제대로 도울 곳은 리캐치팀뿐'이라고 강력하게 추천해주셔서 즉각 E사 임원급 미팅이 수립되었습니다. L 대표님은 미팅이 종료된 이후에도 지속적으로 리캐치팀에 대한 긍정적인 평가를 E사 내에 전파해주었습니다.

이후, E사 내부에서의 논의는 놀라울 정도로 빠르게 진행되었고, 일반적으로 수개월이 걸리는 계약 프로세스를 단기간에 마무리할 수 있었습니다.

"사람과 친해지는 것에 관심 없는 영업 담당자는 Big Deal(빅딜)의 기회를 얻어내지 못한다."

이 문장은 엔터프라이즈 세일즈, 그중에서도 규모가 큰 계약을 만들어내는 영업의 본질이 담겼습니다. 제품을 잘 설명하는 것만으로는 큰 딜이 성사되지 않습니다. 딜의 규모가 커질수록 고객의 문제를 잘 정의하는 것 이상의 요소가 필요하며, 그 중심에는 언제나 '사람'이 존재합니다.

특히 외부 Influencer(업계 전문가, 전략 자문가, 전직 임원, 네트워크 중심에 있는 사람들)이야말로 시장에서 기회를 만들어줄 수 있는 실질적 연결자입니다. 물론, 그들과의 네트워크는 우연히 만들어지지 않습니다. 영업 담당자의 전문성이 충분히 쌓인 후에야 관계는 맺어지고, 비로소 추천이 시작될 수 있음을 잊지 말아야 합니다.

대형 계약을 만들어내고 싶은 영업 담당자라면 반드시, 큰 규모의 계약을 만들 다른 이를 도울 수 있는 전문성을 갖춰나가는 동시에, 다른 전문가들과의 네트워크를 형성해나가는 데 있어 시간과 노력, 비용을 적극적으로 투자해나가길 바랍니다.

L(Leader): OK! 도입을 승인합니다

엔터프라이즈 세일즈에서 최종 결정을 내리는 사람은 누구일까요?

견적서에 서명하는 사람, 마지막 순간에 '하자' 또는 '보류하자'라고 말할 수 있는 사람, 그리고 대부분의 경우 우리는 그를 리더, 즉 결정권자라고 부릅니다.

최종 결정권자는 '구매를 승인하는 사람' 그 이상입니다. 그는 **회사의 전략, 조직의 리스크, 투자 대비 수익률, 기존 파트너와의 관계, 경영진 간의 암묵적인 정서적 합의까지 고려하여 판단을 내립니다**. 그렇기에 이 사람의 'OK' 없이는 아무리 내부적으로 긍정적인 신호가 쌓였더라도 딜은 성사되지 않습니다.

리더는 두 가지 하위 역할로 나뉩니다.

(1) 최종 결정권자 Decision Maker

최종 결정권자는 말 그대로 딜의 마지막 사인자입니다. 일반적으로 C 레벨 임원, 사업부 본부장, 혹은 CEO입니다. 예산 집행 권한이 있는 사람이며, 조직 전체의 리스크와 ROI(투자수익률)를 종합적으로 고려해 '승인' 또는 '거절'이라는 단 한마디를 내리는 사람입니다.

이들이 보는 포인트는 다음과 같습니다.

- 이 솔루션을 지금 도입해야 하는 이유는 무엇인가?
- 투자 대비 수익률 ROI은 납득 가능한가?
- 이 솔루션을 도입함으로써 어떤 리스크가 줄어드는가?
- 우리 조직 전체의 전략과 맞물리는가?

이들의 특징은 데이터보다 전략적 방향성을, 그리고 리스크보다 리스크가 존재하는 맥락을 더 중시한다는 점입니다. 따라서 단순히 수치나 기능 설명만으로는 충분하지 않으며, '전략적 설득'이 필요합니다.

왜 최종 결정권자는 '데이터'보다 '방향성'을, '리스크'보다 '맥락'을 중시하는가

실무자는 "이 기능이 얼마나 유용한가?", "이 솔루션이 얼마나 편리한가?"를 중시합니다.

그러나 최종 결정권자는 실무자나 중간 관리자와 전혀 다른 기준으로 판단합니다. 그들은 한 부서의 효율을 높이는 담당자가 아니라, 조직 전체의 전략과 방향을 책임지는 사람입니다.

최종 결정권자는 의사결정을 앞두고 이렇게 묻습니다.

- 지금 이 선택이 우리 조직의 방향성에 기여하는가?
- 조직 전체 관점에서 봤을 때 지금 이 시점에 꼭 필요한 변화인가?
- 이건 전사적으로 어떤 의미를 가지는가?

그렇기 때문에 단순히 기능이나 성과 데이터만으로는 설득이 어렵습니다. 예를 들어, "리캐치를 도입하면 미팅 수립 전환율이 2배 이상 상승합니다"라는 말은 얼핏 보기에 강력한 데이터처럼 보입니다. 하지만 최종 결정권자는 이렇게 판단할 수 있습니다.

"미팅 수가 늘어나는 건 좋은데… 지금 우리 영업팀이 고민하는 건 '미팅 수'가 아니라 '평균 계약 객단가$^{ACV\text{-}Average\ Contract\ Value}$의 상승이야.' 그냥 미팅만 많이 잡히면 오히려 영업팀의 리소스 낭비가 더 커질 수도 있어. 이 솔루션이 지금 우리의 목표를 달성하는 데 기여할 수 있는 게 맞아?"

다른 예로, 실무 담당자는 다음과 같이 말할 수 있습니다.
"S사처럼 다양한 기능은 없는 것 같습니다."
이에 대해 최종 결정권자는 이렇게 이야기할 수 있습니다.
"우리가 진짜 필요한 건 '다 되는' 시스템이 아니라, 지금 우리 팀에게 딱 맞는 구조야. 오히려 쓰지도 않는 기능만 많으면, 교육과 세팅만 6개월은 걸릴 텐데… 지금은 가볍게 시작해서 빠르게 돌리는 게 더 효율적이지 않아?"
"S사처럼 다양한 기능은 없는 것 같습니다"라는 말에서 알 수 있듯, 실무자는 기능의 유무에 초점을 맞추고 리스크를 정의합니다. 반면, **리더는 조직의 전략적 목표, 타이밍, 조직의 실행 역량이라는 맥락 속에서 리스크를 재정의**합니다. 기능이 적다는 '기술적 리스크'보다 CRM이 늦게 도입되고, 빠르게 안착하지 않는 상황을 더 큰 리스크로 인식한 것이지요. 즉, 그는 "지금 우리가 어떤 상황인지"라는 총체적인 맥락을 기준으로 리스크를 판단하는 겁니다.

직급이 올라갈수록 인식하는 세계는 넓어지고, 경영적 관점의 시간축이 길어집니다.

- 사원은 '이번 주에 뭘 해야 할까'를 고민합니다.
- 팀장은 '이번 분기에 팀 목표를 어떻게 달성할까'를 고민합니다.
- 임원은 '이번 연도에 이 조직은 어디로 향해야 하나' 고민합니다.
- 대표는 '3년 뒤 우리 회사가 어디에 있어야 하나'를 고민하죠.

스케일이 커지면 데이터뿐만 아니라 전략적 방향의 중요도가 올라갑니다. 그들은 오늘의 작은 숫자보다 내일의 기회를 선점하는지가 기업을 경영함에 있어 더 큰 결과를 만들어낸다는 것을 본능적으로 알고 있습니다.

실무자는 결과에 대한 책임이 제한적입니다. 하지만 임원은 조직 전체에 영향을 미치는 결정을 하며, 대표는 그 결정이 실패했을 때 최종적으로 그 책임을 지는 자리에 있습니다.

그래서 실무자는 '지금 되는가'를 보고, 임원은 '이게 맞는 방향인가', 대표는 '이 선택이 잘못되었을 때 감당 가능한가'를 봅니다. 이때 중요한 건 완벽한 데이터보다 **리스크를 감수할 수 있는 맥락**입니다. 그래서 **'안정성'보다는 '정당성 있는 리스크'를 선택**하게 되는 것이죠.

최종 결정권자는 직접 만나기 어렵고, 때로는 영업 과정 전반에서 전면에 나오지 않기도 합니다. 그렇기에 다음에 소개할 관리적 의사결정권자 또는 챔피언을 통해 미리 전략적 포지셔닝을 설계해두는 것이 무엇보다 중요합니다.

(2) 관리적 결정권자 Managerial Leader: 구매 검토의 공식 권한자

최종 결정권자가 딜의 '사인자'라면 관리적 결정권자는 딜의 '설계자'입니다. 이들은 조직 내에서 **구매 검토의 실질적 책임을 지고 있는 공식 권한자**로 보통 팀장, 그룹장, 실장, 본부장급 실무 리더가 해당합니다.

관리적 결정권자는 단순한 실무 검토자가 아닙니다. 그들은 내부 챔피언처럼 '우호적인 태도'만으로 프로젝트를 밀어붙이지 않으며, 최종 결정권자처럼 '조직 전체의 전략'을 보는 것은 아니지만, **"이 프로젝트가 내부에서 얼마나 현실적으로 실행 가능한가"를 중심으로 판단**합니다. 그들은 아래와 같은 질문을 던지며 내부 정당성을 만들어 갑니다.

- 이 솔루션은 우리 팀에 어떤 영향을 줄까?
- 기존에 쓰던 시스템과 비교했을 때 실제 개선 포인트가 뭘까?
- 이게 우리 팀원들에게 받아들여질까?
- 운영 프로세스에 이걸 어떻게 녹여낼 수 있을까?

D(Driver): 새로운 영업대표, 챔피언

엔터프라이즈 세일즈에서 가장 고마운 사람은 누구일까요? 우리 솔루션을 내부에서 우리보다 더 열심히 '전파'하고 '설득'하는 사람, 바로 챔피언Champion입니다. 챔피언은 공식적인 의사결정 권한이 없을 수도 있지만, 실제로 딜의 속도를 만드는 사람입니다. "이 솔루션 진짜 괜찮더라", "우리 팀에 꼭 필요할 것 같아"라고 말하며, 자신의 조직 안에서 자발적으로 우리의 '세일즈 파트너' 역할을 해줍니다.

챔피언의 역할은 다음과 같습니다.

역할	구체적인 행동 예시
내부 전파자	다른 부서에 자료 전달, 사내 메신저 공유, 팀장에게 추천
내부 연결자	팀장, 본부장, 실사용자, 임원과의 미팅 연결
조언자	조직 내 흐름, 의사결정 타이밍, 리스크 요소를 공유
방어자	경쟁 솔루션과의 비교에서 우리를 옹호해줌
서포터	제안서 내용, 비용 조건, 기술 자료 등에 피드백 제공

관리적 의사결정권자와 챔피언의 차이 : 권한, 책임, 역할

챔피언은 딜의 내부 추진자일 수 있지만, 구매 검토에 대한 공식적인 책임이나 권한은 없는 경우가 있습니다.

반면, 관리적 결정권자는 검토의 책임자이며, 구매 여부에 대한 실질 판단을 내리는 사람입니다. 이들은 내부 실사용자들의 목소리를 듣고, 예산 담당자와 협의하며, 최종 결정권자에게 보고를 위한 '논리와 정당성'을 구성하는 역할까지 수행합니다.

즉, **챔피언이 '내부에서 우리 편이 되어주는 사람'이라면, 관리적 결정권자는 '이 딜이 실제로 가능한지를 판단하고 조율하는 리더'**입니다.

챔피언을 확보하면 딜 추진에 있어 다음과 같은 변화가 일어나기 시작합니다.

- 첫째, 영업 담당자가 직접 나서지 않아도 내부에서 논의가 진행되기 시작합니다.
- 둘째, "이 솔루션 왜 도입하려는 거야?"라는 질문에 대한 명확한 내부 논리가 알아서 형성됩니다.
- 셋째, 최종 결정권자에게도 단순한 추천이 아닌, 요청의 형태로 메시지가 전달됩니다.
- 넷째, 회사 내부에서는 '검토 대상'이 아닌 '도입 유력 솔루션'으로 포지셔닝됩니다.

이처럼 챔피언은 단순한 '동의자'가 아닌, '행동하는 사람'입니다. 미팅에 참석만 하고 아무런 액션을 취하지 않는다면, "좋은 제품이네요"라고 말하면서도 내부적으로 어떤 연결도 만들지 않는다면 그는 챔피언이 아닌 단순 관찰자일 확률이 높습니다. 챔피언은 내부 문서를 공유하고, 상급자에게 피드백을 요청하고, 타 부서 의견을 물어오고, 추가 자료를 요청하며 '작은 행동'을 일으키는 사람이기 때문이죠.

챔피언은 공식적인 권한이 없을 수 있습니다. 그러나 딜을 가능하게 만드는 사람이므로 그가 내부 전파자이자, 조언자이자, 연결자이자, 방어자이자, 서포터의 역할을 하는 사람인지를 잘 살피고, 행여 챔피언이 아닌 사람을 잘못 판단하여 '기대'라는 이름으로 시간을 낭비하는 일이 없도록 유의해야 합니다.

수많은 B2B 세일즈 현장에서 이 질문을 반복하며, 다음과 같은 결론에 도달했습니다.

"엔터프라이즈 영업은 한 사람의 결정이 아니라, 다수의 입장이 얽힌 공동 합의로 마침표가 찍힌다."

누군가는 딜을 추진하고^{Driver}, 누군가는 정보를 차단하고^{Blocker}, 또 다른 누군가는 이 솔루션이 실제로 팀에 적용 가능한지를 평가합니다^{User}. 그리고 영향력을 행사하는 사람^{Influencer}, 구매의 방향을 설계하는 사람^{Managerial Leader}, 최종 결정을 내리는 사람^{Leader}까지.

이처럼 엔터프라이즈 세일즈에서 딜의 성패는 단 한 명이 아니라, **여러 명의 '의사결정 퍼즐 조각'이 어떻게 조립되느냐에 따라 결정됩니다.**

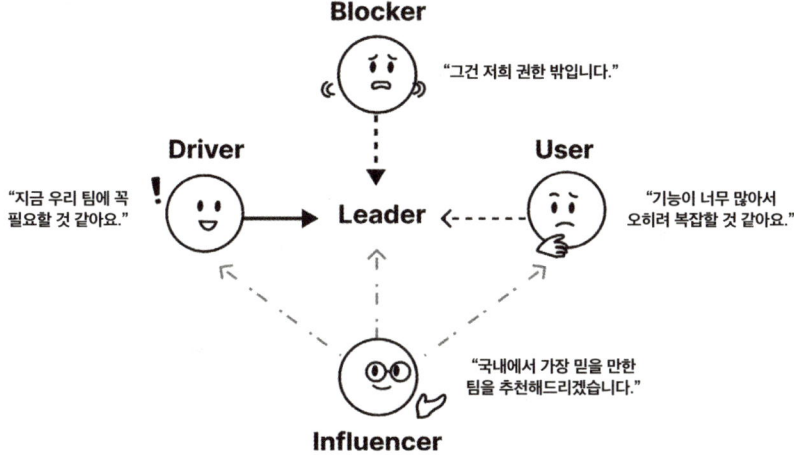

따라서 우리는 한 사람만 설득해서는 안 됩니다. Blocker를 피해가고, User의 우려를 해소하고, Influencer의 신뢰를 얻고, Leader의 전략적 방향에 부합하는 정당성을 확보해야 합니다.

여기서 필요한 것이 바로 '멀티스레딩^{Multithreading}' 전략입니다. 딜에 영향을 미치는 최대한 많은 사람과 '수직적/수평적으로' 신뢰 관계를 만들어야 합니다. 한 명에게 올인하는 세일즈는 그 사람의 이직, 휴가, 또는 부정적 판단 하나만으로 딜에 쌓아올린 모든 공이 무너질 수 있는 위험에 노출하는 일이기 때문입니다.

멀티스레딩Multi Threading을 수행하라

1) 멀티스레딩: 엔터프라이즈 세일즈의 기본 전제

멀티스레딩이란, 하나의 딜을 위해 고객사의 여러 이해관계자와 동시에 관계를 형성하고 유지하는 전략을 말합니다. '스레드thread'라는 단어처럼 하나의 줄이 아니라 여러 줄의 대화와 관계의 흐름을 만들어가는 것이죠.

작은 규모의 조직을 대상으로 하는 영업에서는 이 전략이 크게 중요하지 않을 수 있습니다. 보통 한 명의 의사결정자(대표님)를 설득하면 바로 계약을 진행할 수도 있으니까요. 하지만 엔터프라이즈는 전혀 다릅니다. 고객사 내에는 다수의 구매자 그룹Buyer group이 존재합니다. 그리고 이들은 각자 다른 부서에 있고, 서로 다른 기준으로 판단합니다. 이 중 단 한 명이라도 "글쎄요…"라는 말을 꺼내는 순간, 딜은 정체되거나 무산될 수 있습니다.

2) 멀티스레딩이 필요한 이유

"한 사람에게 의존하는 영업은 리스크가 너무 큽니다."

우리가 소통하던 담당자가 갑작스럽게 퇴사하거나, 부서를 이동하거나, 개인적으로 그 솔루션을 좋아하지 않게 되면 어떻게 될까요? 딜 전체가 함께 무너질 수 있습니다. 실제로 많은 엔터프라이즈 딜이 이런 이유로 성사 직전 무산되곤 합니다.

"멀티스레딩이 필요한 또 하나의 이유는 '긴 영업 주기'입니다."

엔터프라이즈 세일즈는 일반적으로 수개월에서 길게는 1년 이상이 걸립니다. 이 긴 여정 속에서 단일 접점만으로는 리스크를 감당하기 어렵습니다. 연락이 끊긴다거나, 상황이 바뀌는 순간 모든 흐름이 끊어질 수 있습니다. 여러 명과 연결되어 있어야만 한 명의 부재가 치명적 변수로 작용하지 않게 됩니다. 멀티스레딩을 수행하지 않는 경우, 영업 담당자는 다음과 같은 결과를 마주하게 됩니다.

- 한 명만 믿고 영업을 진행하다가 그 인물이 부재한 순간 딜이 공중 분해됨
- 누구와 이야기해야 할지 몰라 계속 같은 사람에게만 피칭함
- 전부 동일한 제안서, 동일한 데모로 제안하여 각 부서의 니즈가 반영되지 않음
- 내부 챔피언이 있어도 다른 부서 실무자 또는 스나이퍼의 반대에 의해 발목이 잡힘

엔터프라이즈 세일즈에서 멀티스레딩은 선택이 아니라 필수입니다. 누구에게 제안하고, 누구와 함께 가느냐에 따라 같은 제안도 전혀 다른

결과를 가져올 수 있습니다.

3) 멀티스레딩을 위한 전술 5가지

멀티스레딩이란 단순히 여러 사람을 아는 것이 아니라, 잠재 고객사 내부의 수평적/수직적 관계를 주도적으로 설계하는 일입니다.

"제안서가 전달되었고, 내부적으로 검토 중이라고 하니 기다려보자"라는 수동적 자세가 아니라, **"딜이 무너지지 않도록 구매자 그룹의 핵심 이해관계자들을 다수 확보해놓았고, 유사시 정보를 빠르게 획득하고 다음 수를 놓을 수 있다"**라는 자신감을 가지기 위해, 우리는 다음과 같은 전술을 펼칠 수 있습니다.

파워레벨을 맞추어 멀티스레딩하라

엔터프라이즈 세일즈에서 자주 발생하는 실수 중 하나는 너무 '실무 중심'으로만 관계를 설계하는 것입니다. 물론 실무자는 중요합니다. 하지만 진짜 중요한 순간은 언제나 "이건 위에서 결정해야 해요"라는 한 마디와 함께 찾아옵니다. 그리고 바로 이때 우리 쪽에서도 **'무게감 있는 인물'을 투입해 파워 레벨을 맞추는 전략이 결정적 전환점**이 될 수 있습니다.

2025년 초, W사의 영업팀장 H 님과 미팅을 통해 리캐치 도입을 구두 확정지었습니다. H 님은 구매자 그룹 중 '관리적 결정권자'이자 동시에 '챔피언' 역할을 수행하고 있었기에 사실상 계약은 거의 확정된 상태처럼 보였습니다.

그러나 알고 있었습니다. **최종 결정권자인 대표이사의 컨택 포인트 없이 구두 확정된 딜은 언제든 변수가 될 수 있다는 것을요.** 실제로 이전에도

'확실하다'던 딜이 대표이사 또는 임원의 한마디로 무산된 경험이 있었기 때문입니다. 그래서 W사 대표이사와의 미팅을 별도로 조율했고, 이 미팅에는 리캐치팀의 C레벨이 직접 참석해 파워 레벨을 맞추었습니다.

결과는 매우 인상적이었습니다. 미팅 수립 다음 날, 대표이사의 직접 지시에 따라 계약서 서명이 진행되었고, 이후에는 단순 도입을 넘어 중장기 파트너십 논의로까지 확장될 수 있었습니다.

단 한 번의 미팅 조율이 딜의 추진 속도를 높인 것입니다.

여기서 핵심은 '당신 조직이 우리에게 얼마나 중요한지를 사람의 무게로 표현한 것'입니다. 이는 말로 하는 존중보다 더 강력한 신뢰의 표현이며, 딜의 진척 속도를 단번에 끌어올리는 촉매가 됩니다.

고객사의 리더급 인사를 등장시키고 싶다면 우리 조직에서도 그 무게에 상응하는 인물을 등장시켜야 합니다. 딜은 사람 간의 거래이기도 하니까요. 그리고 어떤 사람이 해당 미팅에서 출현하는가는 우리가 이 딜을 얼마나 진지하게 보고 있는지를 보여주는 가장 직관적인 방식입니다.

이벤트로 관계를 이어 나가라

엔터프라이즈 세일즈는 단기전이 아니라 장기전입니다. 그리고 장기전에서 중요한 건 타이밍이 올 때까지 '접점을 유지해나가는 것'입니다.

모든 고객이 지금 당장 솔루션을 도입할 준비가 되어 있는 것은 아닙니다. "좋은 것 같긴 한데, 아직은 시기상조"라며 뒤로 미루는 경우가 훨씬 많습니다. 하지만 이들을 단순한 '보류 상태의 리드'로만 바라보는 순간, 관계의 끈은 머지않아 끊어지고 맙니다.

관계의 끈을 이어 나갈 수 있는 가장 효과적인 방법 중 하나가 바로 '이벤트'입니다. 커피챗이나 식사 자리를 통해 관계를 이어 나가는 것도 좋지만, **좋은 비즈니스 파트너가 될 수 있다는 것을 강렬한 인상으로 남길 수 있는 웨비나/세미나 등의 이벤트에 잠재 고객사를 초대**하는 것도 좋은 방법입니다.

2025년 초 Y사 영업팀과 도입 논의를 진행할 때 내부 우선순위 문제로 딜은 잠정 중단되었습니다. 당시 영업팀 팀장님은 "좋은 솔루션인 건 맞는데, 마케팅팀에서 반대를 하고 있다"라고 이야기했습니다.

보통 이 시점에서 많은 영업 담당자가 팔로업을 포기하지만, 영업팀은 '지금 당장은 아니지만, 나중에 기회가 올 고객'으로 Y사를 분류하고, B2B 마케팅 트렌드와 관련된 월간 세미나에 초대했습니다. 마침 갖고 계시던 고민에 부합하는 콘텐츠였기에 참석자들의 몰입도는 매우 높았고, 세미나 이후 마케팅팀과의 추가적인 미팅 기회를 확보할 수 있었습니다.

엔터프라이즈 딜은 장기전입니다. 딜이 지연되거나 반려되는 건 예삿일입니다. 그 와중에도 영업은 포기하지 말고 고객과의 관계를 설계해 나가야 합니다.

챔피언을 통해 의사결정권자에게 접근하라

엔터프라이즈 세일즈에서 "의사결정권자에게 어떻게 접근할 것인가"는 가장 큰 고민 중 하나입니다. 실무 담당자와 챔피언과의 관계는 잘 이어가고 있지만, 계약서에 사인할 최종 의사결정권자와의 연결이 없으면 딜은 언제든 막판에 흔들릴 수 있기 때문입니다. 특히 위계가 뚜렷한 기업 문화라면 이 문제는 더욱 민감하게 작용합니다.

그렇다면 직접 뛰어들어 의사결정권자에게 단도직입적으로 연락하면 되는 것일까요? 핵심은 단순합니다. '직접 접근'이 아니라, '챔피언을 통해 자연스럽게 연결을 만드는 것'입니다.

(1) "누가 의사결정에 참여했나요?"라는 질문에서 시작하기

의사결정권자가 누구인지 처음으로 파악하기 위한 대화는 실무자 또는 챔피언과의 미팅 도중 자연스럽게 이뤄질 수 있습니다.

"기존 시스템 도입하실 때는 어떤 분들이 의사결정에 참여하셨나요?"

이 질문은 상대방에게 위협적이지 않으면서도 과거의 의사결정 구조를 자연스럽게 꺼내볼 수 있는 좋은 출발점이 됩니다.

상대가 "그땐 팀장님이랑 본부장님이 같이 검토하셨어요"라고 답한다면 이어서 이렇게 말할 수 있겠죠.

"그렇군요. 그러면 이번에도 비슷한 구조로 검토되겠네요?"

이렇게 물으면 상대도 자연스럽게 "최종 결정은 대표님이 하세요"라든지, "우리 실장님이 사인을 하십니다" 같은 정보를 공유합니다.

(2) 무례하지 않게, 다음 미팅에 초대하기

의사결정권자가 누구인지 파악했다면 다음 스텝은 '초대'입니다. 이때 중요한 건 질문으로 여지를 열어두는 방식입니다.

"다음 미팅에서 논의될 내용이 대표님(혹은 이사님)께도 중요한 이슈일 것 같아서요. 참석해주실 수 있을까요?"

이 방식은 단순한 '초대' 이상의 의미가 있습니다. 상대방이 느끼기에, 우리가 상위 의사결정자의 시간을 가볍게 요청하는 것이 아니라, **그들의 관심사를 고려하여 설계된 회의라는 인상**을 주기 때문입니다.

이러한 접근은 챔피언과의 신뢰를 훼손하지 않으면서도 자연스럽게 파워 레벨을 끌어올릴 수 있는 좋은 전략이 됩니다.

(3) 챔피언을 경유한 정중한 요청이 진짜 연결을 만듭니다

많은 영업 담당자가 의사결정권자와 직접 연결되어야 한다는 조급함에 **챔피언의 존재를 뛰어넘으려 하다가 오히려 내부 신뢰를 잃는 실수를 범합니다.** 하지만 노련한 영업 담당자들은 알고 있습니다. 가장 좋은 연결은 내부에서 챔피언을 통해 만들어진 연결이라는 것을요. 따라서 우리는 다음 미팅에 앞서 챔피언에게 이렇게 질문해야 합니다.

"혹시 이번 내용 중에 이사님(또는 대표님)께서 가장 관심을 가지실 만한 포인트가 있을까요?"

"그럼 그 내용을 다음 미팅에서 다루게 될 텐데, 이사님(또는 대표님)도 함께 참석하실 수 있을까요?"

이런 흐름이 자연스러워졌을 때, 비로소 진짜 의사결정권자와의 접점이 열립니다.

멀티스레딩은 구매자 그룹 내 핵심 이해관계자들의 역할과 파워를 이해하고 연결하고 설계하는 일입니다. 그리고 그 설계에는 언제나 '좋은 질문'이 있으며, 의사결정권자에게 가는 가장 빠르고 안전한 길은 딜의 옹호자인 챔피언에게 건네는 질문으로부터 시작됩니다.

(4) "혹시 함께 검토해보실 분이 계실까요?"라고 질문하기

엔터프라이즈 세일즈에서 '멀티스레딩을 시작할 타이밍'을 포착하는 건 생각보다 어렵습니다. 관계가 어느 정도 쌓였지만, 아직 의사결정 구조나 이해관계자의 범위가 명확하지 않을 때 다음 누구와 연결해야 할지 막막해지곤 하죠.

이럴 때 가장 유용한 방법은 다음과 같이 부드러운 질문을 던지는 것입니다.

"이 내용, 다른 분과도 함께 검토해보시는 게 좋을까요?"
"보통 이런 의사결정은 어떤 부서와 함께 논의하시나요?"
"이번 안건은 팀 전체에도 영향을 줄 것 같은데, 공유드려야 할 분이 계실까요?"

이런 질문은 '정보를 캐내겠다는 느낌 없이', **상대방을 배려하는 '협업 제안'처럼 다가갑니다.** 그리고 대부분의 경우, 실무 담당자는 이 질문을 받으면 누군가의 이름을 언급하게 됩니다. 예를 들어 "아무래도 ○○○ 실장님이랑 한 번 더 보셔야 할 것 같아요"처럼요.

이렇게 연결된 사람은 새로운 사용자일 수도 있고, 예산 담당자나 인플루언서, 때로는 챔피언이 될 잠재력이 있는 인물일 수도 있습니다. 그리고 이 연결 하나가 멀티스레딩의 또 다른 스레드를 만들어줍니다.

(5) 의사결정권자와의 끈을 '회신 불필요 이메일'로 이어가기

멀티스레딩에서 흔히 저지르는 실수 중 하나는 실무 논의가 본격화되면서 초기에 연결된 의사결정권자와의 접점이 서서히 끊긴다는 것입니다. 특히 챔피언이나 실무 담당자와 소통이 활발해질수록 '대표님(의사결정권자)은 아마 알고 계시겠지' 하는 막연한 기대 속에 관계가 단절되는 일이 빈번히 발생합니다. 이 상태에서 계약서만 남겨놓은 줄 알았던 딜이 막판에 부결되곤 하죠.

이러한 리스크를 줄이는 가장 좋은 방법 중 하나는 전략적으로 요약 이메일을 보내는 것입니다. 이 이메일의 목적은 단순한 '진행 상황 보고'

가 아닙니다. 우리의 존재를 다시 한번 전략적 파트너로 포지셔닝하는 것, 그리고 의사결정권자의 머릿속에 "이 사람은 우리 사업을 진지하게 보고 있다"라는 인상을 각인시키는 것입니다.

예시 이메일은 다음과 같은 구조를 가질 수 있습니다.

제목: [회사명] 진행 상황을 공유 드립니다 - 회신 불필요

본문
"안녕하세요 [의사결정권자님], [담당자명]님을 통해 논의가 활발히 진행되고 있어 간단히 요약해드리겠습니다.
현재 저희는 A 부서와 함께 [구체적인 논의 주제]를 중심으로 검토를 진행 중이며, 이 방향이 귀사의 [전략적 목표 또는 핵심 키워드]와 잘 정렬될 수 있을 것으로 기대하고 있습니다.
차주에 관련 내용으로 A 부서와 2차 미팅이 예정되어 있으며, 주요 진전 사항은 별도 회의 없이 요약해드리겠습니다."

이런 이메일이 주는 효과는 명확합니다.

첫째, '회신 불필요'라는 문구는 배려와 존중의 신호입니다. 단순한 정보 전달이 아니라 바쁜 상대의 심리적 부담을 낮춰줍니다.

둘째, '진행 상황 공유'는 '요청'하는 것이 아니라 '제공'하는 것입니다. 대부분의 영업 이메일은 뭔가를 요구하지만, 이 방식은 반대로 '가치를

전달하는 사람'으로 각인됩니다.

셋째, '전략적 정렬'을 언급하는 문장은 영업 담당자를 단순한 공급자가 아닌 '사업적 방향성과 맥락을 공유하는 파트너'로 위치시킵니다.

영업 담당자들은 종종 딜을 '실무 중심'으로 너무 오래 끌고 가며, 중요한 순간에 C레벨과의 접점이 끊겼다는 사실을 뒤늦게 인지합니다. 멀티스레딩의 핵심은 단순히 구매자 그룹의 핵심 이해관계자의 수를 늘려가는 것에만 있는 것이 아니라, 한번 구축한 관계의 끈을 전략적으로 유지하는 것에도 있습니다. 그리고 이와 같은 회신 불필요 이메일은 그 끈을 계속해서 이어가게 만들어주는 정중하면서도 강력한 방법입니다.

결론 및 요약

구매자 그룹의 핵심 이해관계자들을 확보하고 통합적 설득 전략을 구축하라

성공적인 B2B 영업은 제품의 우수성만으로 달성되지 않습니다. 구매 의사결정에 영향을 미치는 다양한 이해관계자들을 파악하고, 그들 각각의 니즈와 우려 사항을 해소하는 통합적 전략이 필요합니다.

어떤 영업 담당자는 제품의 기능과 성능을 강조하는 데 많은 시간을 쓰지만, 정작 계약의 마지막 단계에서 결정적인 영향을 미치는 '사람'의 요소를 간과합니다. B사와의 실패 사례에서 보듯, 최종 의사결정권자의 역린을 건드리는 한 줄의 이력, 한 포인트의 관계가 수개월간 쌓아온 딜을 무너뜨릴 수 있습니다.

BUILD 프레임워크를 활용해 엔터프라이즈 세일즈를 전략적으로 분석하고 접근해보세요. 블록커를 파악하고 우회하는 전략, 유저의 심리적 저항을 낮추는 방법, 인플루언서의 영향력을 활용하는 방식, 리더의 전략적 사고방식에 맞춘 접근법, 그리고 드라이버(챔피언)를 발굴하고 지원하는 체계적인 프로세스는 엔터프라이즈 세일즈의 성공 확률을 높이는 핵심 요소입니다.

특히 멀티스레딩은 단순히 여러 사람과 관계를 맺는 것이 아닌, 조직 내 수직적/수평적 관계망을 전략적으로 설계하고 유지하는 것입니다. 파워 레벨을 맞추고, 이벤트를 통해 관계를 지속하며, 챔피언을 통해 의사결정권자에게 접근하고, 적절한 질문으로 새로운 접점을 만들어가는 과정은 영업 담당자의 섬세한 인간 관계 설계 능력이 필요합니다.

엔터프라이즈 세일즈에서는 '사람'과 '관계'가 만드는 변수를 자사에 유리하게 활용할 수 있어야 합니다. 제품과 서비스의 가치는 이를 이해하고 평가하는 사람들의 인식과 관계 속에서 형성됩니다. 구매자 그룹의 복잡한 역학 관계를 이해하고, 각 구성원의 니즈와 우려에 맞춘 차별화된 가치를 제안할 때 비로소 진정한 엔터프라이즈 영업의 전문가로 거듭날 수 있을 것입니다.

Chapter 7
Be a producer, not an actor
(배우가 아닌 프로듀서가 돼라)

그동안 많은 영업 담당자는 '미팅'이라는 영화의 배우로 참여해왔습니다. 그들은 매번 미팅에 '배우'처럼 등장해서 준비해온 피칭을 끝낸 후 '잘 부탁드린다'라는 예의 바른 인사와 함께 미팅을 마무리합니다. 그러나 좋은 배우만 있다고 해서 영화가 흥행하지 않는 것처럼 좋은 발표만으로는 좋은 세일즈 결과를 만들 수 없습니다.

진짜 성과를 내는 미팅은 배우가 아니라 영화 프로듀서의 시각으로 준비한 미팅입니다. B2B 영업에서 **미팅은 단순한 이벤트가 아닌 기획하고, 설계하고, 이끌고, 끝까지 완성해나가는 프로젝트**입니다.

영화에서 '프로듀싱'이란 아무것도 없는 상태에서 기획하고, 설계하고, 자원(사람·돈·시간)을 모아 결과물을 만들어내고, 최종 성공까지 책임지는 전체 과정을 주도하는 것을 의미하죠. 배우는 주어진 역할을 수행하지만, 프로듀서는 처음부터 끝까지 결과를 책임집니다.

좋은 영화가 훌륭한 시나리오를 고르고, 최고의 감독/배우/스태프를

섭외하고, 치밀하게 촬영 일정을 관리하고, 예산을 관리하고, 배급/흥행 전략을 짜서 마침내 상영관에 개봉하듯, 좋은 미팅 또한 시작 전부터 전략적으로 설계되고, 진행되는 도중에는 설계된 시나리오 안에서 치밀하게 진행되며, 종료 후에는 '클로징'이라는 목표를 향해 막힘없이 나아가야 합니다.

1. Pre-production:
미팅 전 준비 '선승구전先勝求戰, 선전구승先戰求勝'

훌륭한 영화는 촬영 당일에 만들어지지 않습니다. 촬영이 시작되기도 훨씬 전부터, 시나리오를 고르고, 캐스팅을 완료하고, 로케이션을 결정하고, 세세한 촬영 계획을 세우는 '프리 프로덕션Pre-production'의 과정을 거쳐야 합니다. 이 준비 과정의 완성도가 대부분 영화의 성공을 결정합니다.

세일즈 미팅도 마찬가지입니다. 미팅은 들어가는 순간부터 승부가 시작되는 것이 아니라, 들어가기 전부터 승부가 결정됩니다. 이 원리는 수천 년 전《손자병법》에서도 강조되었습니다. 손자는 이렇게 말했습니다.

선승구전(先勝求戰), 선전구승(先戰求勝).

먼저 승리할 조건을 갖춘 뒤 싸움을 구하라. 준비 없이 싸움에 나서 승리를 구하지 마라.

훌륭한 전략가는 전쟁이 시작된 뒤에 어떻게든 이기려고 애쓰지 않습니다. 전쟁이 시작되기 전에 이길 준비를 마친 상태로 전장에 나섭니다.

B2B 영업 미팅도 마찬가지입니다. 미팅에 들어가서 즉흥적으로 대응하려고 해서는 안 됩니다. 미팅에 들어가기 전, 목표를 명확히 설정하고, 고객을 깊이 이해하고, 미팅의 흐름을 사전에 설계합니다. 그리고 미팅 이후 후속 단계까지 그려놓은 상태로 '이미 이길 준비를 갖춘 뒤' 미팅을 시작해야 합니다.

싸워서 이기는 것이 아니라, 이미 이겨놓고 싸우는 것. 이것이 배우가 아닌 프로듀서로서 영업 미팅을 준비하는 첫 번째 자세입니다.

이제, 구체적으로 미팅 전에 어떤 준비를 해야 하는지 하나씩 살펴보도록 하겠습니다.

데이터 보강에서 파악할 5가지 핵심 정보

미팅 전에 가장 먼저 해야 할 일은 고객에 대한 데이터를 풍성하게 채우는 일, 즉 데이터 보강Data Enrichment입니다. 데이터 보강이란 단순히 고객사의 이름과 직함을 아는 것에서 멈추지 않고, 고객사와 담당자에 대한 최신 상황, 세부 정보, 흐름까지 사전에 깊이 있게 확보하여 미팅을 주도하는 데 도움이 될 수 있는 인사이트를 도출하는 작업입니다. **좋은 프로듀서가 촬영 전에 로케이션을 답사하고, 촬영 조건을 세세히 확인하듯**, 훌륭한 세일즈 담당자는 미팅 전에 고객사를 다각도로 조사하고, 필요한 데이터를 빈틈 없이 보강합니다. 실제 연구결과에 따르면 실적이 좋은 영업사원의 82%는 이 데이터 보강 단계를 매우 충실하게 수행합니다.

단, 데이터 보강 작업의 목적은 단순히 고객에 대한 '사전 정보를 수집하는 데' 그쳐서는 안 됩니다. 데이터 보강의 진짜 목적은 사전에 확보한

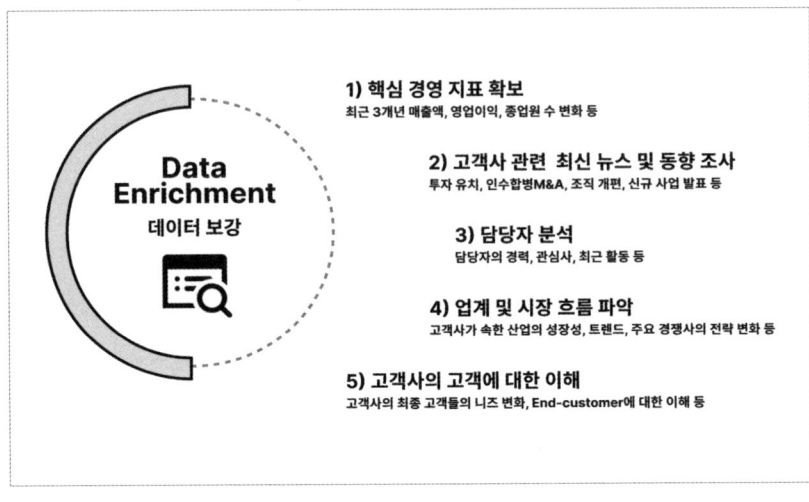

데이터 보강에서 파악할 5가지 핵심 정보

정보를 바탕으로 잠재 고객사의 니즈를 최대한 예측하고, **추측한 니즈를 바탕으로 미팅 시나리오와 스크립트를 설계하여 '전환'에 기여**하는 데 있습니다.

예를 들어, 잠재 고객사 P사가 최근 대규모 투자 유치를 받았다는 사실을 데이터 보강 과정에서 파악했다고 가정해봅시다. 그냥 이 사실을 "아, 투자받았구나" 하고 넘어가는 것만으로는 의미가 없습니다.

이 투자 유치 소식 뒤에는 다음과 같은 니즈가 숨어 있을 수 있습니다.

- 급격한 성장에 대비한 내부 관리 체계 강화 니즈
- 신규 고객 확보를 위한 마케팅 강화 계획
- 글로벌 시장 진출 준비로 인한 인프라 확장 니즈

이렇게 투자 유치라는 겉으로 드러난 사실을 기반으로 숨은 니즈를 예측할 수 있어야 합니다. 그다음 미팅 스크립트는 이렇게 설계할 수 있습니다.

"최근 투자 유치를 받으신 것으로 알고 있습니다. 투자 이후 가장 집중하고 계신 우선 과제는 무엇인가요?"

"급격한 성장을 준비하시면서 내부 프로세스나 고객 관리 측면에서 새롭게 고민하고 있는 부분이 있을 것 같은데요."

이런 질문을 통해 단순한 제품 설명에 머무르지 않고 고객의 핵심 고민으로 자연스럽게 대화를 연결할 수 있습니다. 《당신의 세일즈에 SPIN을 걸어라》에서도 강조되었듯, B2B 영업에서 대형 계약을 만들어내려면 미팅에서 표면적인 상황Situation이나 문제Problem를 묻는 데 많은 시간을 쓰지 말아야 합니다. 이런 정보는 미팅 전에 충분히 조사하고 준비해 두어야 하죠.

진짜 중요한 것은 고객이 인식하지 못한 리스크를 끌어내는 '시사 질문Implication Question'을 던지고, 문제의 심각성을 스스로 느끼게 만드는 것입니다.

이처럼 데이터 보강은 고객의 전략적 변곡점을 사전에 포착하고, 그에 맞춘 질문과 제안을 준비하여 전환 가능성을 극대화하는 데 쓰일 수 있습니다. 그렇다면 미팅 전에 구체적으로 어떤 정보를 확보해야 할까요? 데이터 보강 과정에서는 단순한 기업 정보를 넘어서 다섯 가지 핵심 영역을 체계적으로 파악해두어야 합니다.

1) 핵심 경영 지표 확보

미팅 전에 고객사의 기본적인 기업 데이터를 확보하는 것이 첫걸음입니다. 특히, 핵심 경영 지표인 **최근 3개년 매출액, 영업이익, 종업원 수 변화를 살펴보면 고객사의 성장성, 수익성, 조직 안정성을 단번에 가늠**할 수 있습니다. 이는 단순한 숫자 확인을 넘어 고객사가 현재 어떤 상황에 놓여 있는지, 그리고 **어떤 전략적 고민을 하고 있을 가능성이 높은지를 읽어내는 중요한 단서**가 됩니다.

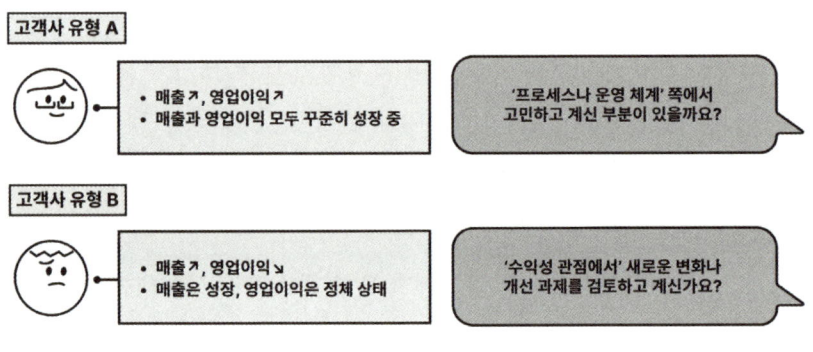

고객사 유형에 따른 질문 전략

예를 들어, 고객사의 매출은 꾸준히 성장하고 있지만 영업이익이 정체되거나 감소하고 있다면, 비용 구조 개선이나 운영 효율성 향상이 내부적으로 중요한 과제로 떠올라 있을 가능성이 높습니다.

또한, 종업원 수가 급격히 늘었는데 매출 성장세가 그만큼 따라오지 않는다면 조직 체계 정비나 내부 프로세스 혁신, 피봇Pivot(시장의 피드백이나 내부적인 고려 사항에 따라 비즈니스 전략이나 방향을 크게 바꾸는 것)이 필요해졌을 가능성도 고려해야 합니다.

이런 흐름을 미리 읽어낸다면 미팅에서는 단순히 제품 기능을 설명하는 대신, 다음과 같은 질문을 던질 수 있습니다.

"최근 몇 년간 조직이 빠르게 성장한 것으로 보이는데, 내부적으로 프로세스나 운영 체계 쪽에서 고민하고 계신 부분이 있을까요?"
(매출 성장성은 좋으나 영업손실이 계속해서 커지고 있다면) "수익성 관점에서도 새로운 변화나 개선 과제를 검토하고 계신지 궁금합니다."

이처럼 **숫자 너머에 숨은 사업 흐름과 내부 고민을 짚어내는 질문**을 던지면 잠재 고객은 '이 사람이 우리 상황을 정말 이해하고 있구나'라는 신뢰를 느끼게 됩니다. 이런 준비를 하기 위해서는 무엇보다 고객사의 핵심 데이터를 빠르고 정확하게 확보하는 것이 중요합니다.

다음 그림처럼 (주)우리투자증권의 사전 조사 내용을 보면 기업의 기본 프로필뿐만 아니라, 매출과 이익 추이, 최근 인원 변동을 빠르게 확인할 수 있죠. 단순히 '회사 이름'을 아는 것에서 그치는 것이 아니라, 성장성과 수익성의 흐름, 조직의 안정성, 향후 사업 방향성까지 미리 예측하고 질문을 설계할 수 있는 기반을 마련하는 것입니다.

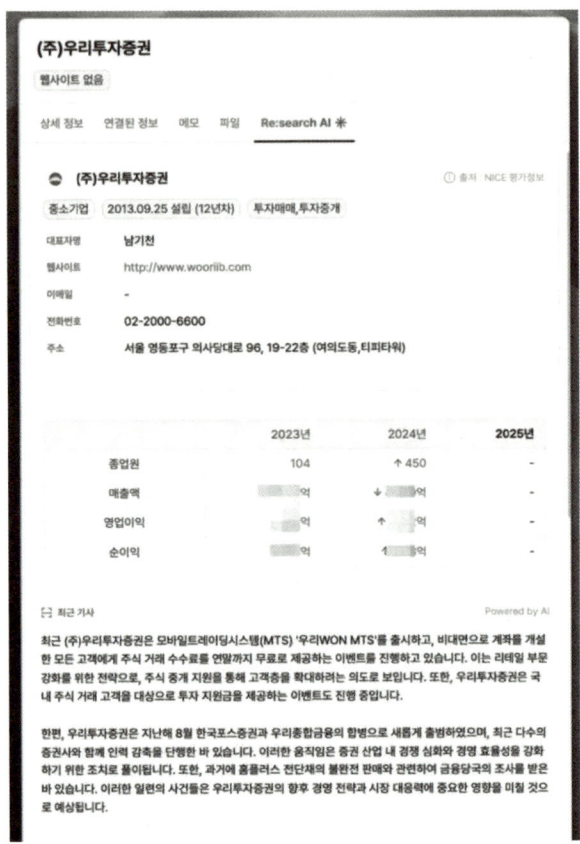

3개년 매출액/직원수 추이/ 최근 기사 요약을 보여주는 리캐치 내 Re:search AI 활용 모습

2) 고객사 관련 최신 뉴스 및 동향 조사

미팅 전에 고객사와 관련된 최신 뉴스나 동향을 조사하는 것은 단순히 표면적인 사실을 아는 데 그치는 것이 아닙니다. **특히 투자 유치, 인수 합병M&A, 조직 개편, 신규 사업 발표와 같은 주요 이벤트는 겉으로 드러난 사실 이상의 의미를 내포합니다.** 이런 이벤트들은 대부분 고객사의 성장

전략, 사업 방향성 변화, 내부 과제와 직결되어 있습니다.

예를 들어, 잠재 고객사가 최근 대규모 투자 유치를 발표했다면 그것은 단순히 '자금을 확보했다'라는 의미에 그치지 않습니다. 대부분의 경우, 투자 유치는 새로운 시장 진출, 신제품 라인업 확장, 조직 인력 대폭 확장 같은 공격적 성장 계획과 연결되어 있습니다.

이런 흐름을 읽는다면 미팅에서는 단순히 "최근 투자 유치 소식을 기사를 통해 확인했습니다. 축하드립니다"로 끝나는 것이 아니라, 다음과 같은 질문을 통해 보다 전략적인 대화를 시작할 수 있습니다.

"이번 투자를 계기로 새로운 시장 확장을 준비하고 계신 것으로 알고 있는데, 내부적으로 가장 집중하고 계신 과제가 어떤 부분인지 여쭤봐도 될까요?"
"조직이 빠르게 확장되면 내부 운영이나 고객 관리 체계에도 많은 변화가 필요할 텐데, 이런 부분에 대한 준비도 병행하고 계신가요?"

이처럼 잠재 고객사의 최근 상황을 기반으로 대화를 이끌어가면, 단순히 제품을 팔러 온 영업 담당자가 아니라 자신들의 변화 맥락을 함께 고민하는 파트너이자 전문가로 포지셔닝할 수 있습니다.

3) 담당자 분석

데이터 보강 과정에서 딜에 참여할 모든 핵심 이해관계자를 사전에 파악하는 것은 현실적으로 어려울 수 있습니다. 하지만 리드 마그넷(문의, 자료 다운로드, 세미나 신청 등)을 통해 접점을 만든 담당자에 대해서는 반드시 깊이 있는 사전 조사를 해야 합니다.

특히, 링크드인 같은 SNS를 통해 담당자의 경력, 관심사, 최근 활동을 살펴보는 작업은 매우 유용합니다. 최근 이직이나 승진을 했는지, 관심을 갖고 있는 산업 트렌드나 주제가 무엇인지, 직장 외 개인적 관심사(스타트업, ESG, AI, 디지털 전환 등)가 무엇인지 등 정보를 통해 대화 중 자연스럽게 끌어낼 수 있는 연결 고리를 만들 수 있기 때문입니다.

예를 들어, 미팅이 수립된 M사 담당자에 대해 링크드인을 통해 조사해본 결과, 타 회사에 근무하다 2개월 전 M사 마케팅 팀장으로 이직했다는 사실을 확인할 수 있었습니다. 이직 직후라는 사실은 영업팀에게 다음과 같이 몇 가지 중요한 시사점을 제공했습니다.

- 아직 내부에 본인만의 강력한 지지 세력을 구축하지 못했을 가능성이 있다.
- 따라서 직급은 팀장급이지만 조직 내에서 추진하는 프로젝트의 의사결정이 느려질 수 있다.
- 본인이 원하는 방향이 있어도 상위 조직이나 다른 부서의 견제를 받을 수 있다.

이런 흐름을 예상할 수 있었기 때문에 영업팀은 현재 팀장급 담당자가 새로 와서 내부 지지가 약할 것이므로, '이 담당자가 내부에서 고립되었을 때'를 대비해 **미리 다른 부서(예: 영업팀, 전략기획팀) 내 실무 책임자들과 추가 접점을 만들어둔다는 전략을 담당자를 만나기 전부터 설계했습니다.**

또한, 미팅 중에도 "최근 새롭게 팀을 리딩하게 되셨다고 들었습니다. 현재 팀 차원에서 가장 중점적으로 보고 계신 과제가 어떤 부분인지 궁금합니다"라며 담당자의 커리어 변화를 존중하고, 개인적 맥락을 이해한 상태에서 접근해 담당자 역시 더 편안하게 현재 고민과 상황을 공유할 수 있게 도왔습니다.

이처럼 담당자 한 명 한 명 깊이 있는 사전 조사를 하고, 그 사람의 커리어 변화와 내부 상황을 미리 읽어내는 것만으로도 미팅의 준비 수준과 이후 딜 전개의 속도가 크게 달라집니다.

4) 업계 및 시장 흐름 파악

고객사가 속한 산업의 성장성, 트렌드, 주요 경쟁사의 전략 변화를 살펴봅니다. 단순히 '회사 내부'만 보고 접근하는 것이 아니라, 고객이 당면한 외부 환경을 이해해야 합니다.

예를 들어, 기존에는 오프라인 기반 산업이었는데 최근 디지털 전환 Digital Transformation이 본격화되고 있다면 고객사는 내부적으로 IT 인프라 재정비, 인력 재교육, 신규 시스템 도입 같은 과제를 동시에 풀어야 하는 상황일 수 있습니다. 이런 산업 흐름을 읽어낸 뒤, 미팅에서는 단순히 제품 소개를 넘어 다음과 같은 질문을 던질 수 있습니다.

> "최근 업계에서도 디지털 전환이 빠르게 진행되고 있는데, 내부적으로 가장 먼저 대응하려는 부분은 어떤 쪽인가요?"

이처럼 업계 흐름을 바탕으로 준비된 질문을 던지면 고객사는 '이 사람이 우리 산업을 정말 이해하고 있구나'라는 신뢰를 느끼게 됩니다.

5) 고객사의 고객 End-customer에 대한 이해

고객사가 누구를 대상으로 제품이나 서비스를 제공하고 있는지, 그리고 그 최종 고객들의 니즈가 어떻게 변화하고 있는지를 함께 파악하는 것도 매우 중요합니다. End-customer를 이해하는 것은 고객사의 사업 전략이 어떻게 바뀌고 있는지를 가늠할 수 있는 강력한 힌트가 되기 때문입니다.

예를 들어, 고객사의 최종 고객층이 과거에는 가격을 가장 중시했지만 최근에는 친환경, 지속가능성ESG, 윤리적 소비 같은 가치를 더 중요하게 생각하기 시작했다면 고객사 역시 제품 소재 변경, 브랜드 리포지셔닝, 인증 취득과 같은 사업 구조 자체를 바꾸어야 할 필요성을 느끼고 있을 가능성이 높습니다.

이런 최종 고객의 변화 흐름을 읽어낸 뒤 미팅에서는 단순히 "요즘 사업은 어떠세요?" 같은 질문 대신, 다음과 같은 질문을 던질 수 있습니다.

> "최근 귀사 고객분들 사이에서도 친환경 제품에 대한 수요가 많이 늘고 있다고 들었습니다. 이런 흐름이 귀사의 제품 개발이나 전략에 어떤 영향을 주고 있나요?"
> "귀사 고객들의 구매 패턴이나 가치관 변화가 내부적으로 어떤 고민을 불러일으키고 있는지 궁금합니다."

이처럼 고객사의 고객을 이해하고 준비된 질문을 던지면 단순한 공급자-구매자 관계를 넘어 고객사의 비즈니스 성장을 함께 고민해주는 파트너로 포지셔닝할 수 있습니다.

디스커버리 콜을 통해 BANT에 대한 해상도 높이기

웹상에서 조회할 수 있는 정보만으로는 잠재 고객사의 진짜 상황과 문제를 완전히 파악하기 어렵습니다. 기업 기본 데이터, 최신 뉴스, 담당자 정보, 업계 흐름을 아무리 꼼꼼히 조사했더라도 당사자에게 직접 듣지 않고서는 알 수 없는 맥락이 반드시 존재합니다.

따라서 **SDR(영업 개발 담당자)이 직접 전화를 걸어 고객사의 현재 상황에 대한 해상도를 한 단계 더 높이는 과정이 필요**합니다.

특히 인바운드 리드를 대응할 때는 단순히 데이터 보강만 하고 넘어가는 것이 아니라, 디스커버리 콜Discovery Call을 통해 고객이 느끼는 문제, 조직 내 상황, 기대하는 해결 방향 등을 구체적으로 파악해야 합니다. 이 작은 차이가 미팅에서의 대화 깊이와 최종 전환율에 결정적인 차이를 만들어냅니다.

1) 디스커버리 콜 진행 순서

디스커버리 콜에서 해상도를 높일 핵심 정보는 다음과 같습니다.

B	**A**	**N**	**T**
BUDGET (예산)	**AUTHORITY** (권한)	**NEED** (필요)	**TIMING** (도입 시기)
구매를 위해 고려 중인 예산 수준은 어느 정도인가?	이 담당자가 최종 의사결정에 어느 정도 관여하는가?	어떤 문제를 해결하고 싶어 하는가?	언제쯤 도입하고 싶어 하며, 시급성은 어느 정도인가?

BANT 프레임워크

단, 디스커버리 콜은 N-A-B-T 순서로 풀어가는 것이 좋습니다. 다짜고짜 "예산이 얼마 있으신가요?"라고 묻기 시작한다면, 잠재 고객은 처음부터 방어적 태세를 취하게 됩니다. 따라서 BANT 중 필요Need를 먼저 묻고, 자연스럽게 대화를 풀어가야 합니다. 다음 스크립트를 참고하여, 여러분 조직만의 효과적인 디스커버리 콜 스크립트를 발전시키길 바랍니다.

Need(필요) 파악

"혹시 현재(회사명)에서는 어떤 상황이나 과제를 겪고 계신지 여쭤봐도 될까요? 문의해주신 배경이 어떤지 듣고, 미팅을 더 알차게 준비하고 싶습니다."

Authority(권한) 파악

"실례가 안 된다면, 직함을 여쭤봐도 괜찮을까요?"

"혹시 이 사안은 팀 단위로 검토하고 계신가요, 아니면 별도로 보고 계신가요?"

Budget(예산) 파악

"혹시 저희 서비스 가격대는 사전에 확인해보셨을까요?"

"비슷한 솔루션을 사용해보신 경험이나 예상하고 계신 투자 범위가 있을까요?"

Timing(도입 시기) 파악

"만약 검토가 잘된다면, 언제쯤 본격 도입을 기대하고 계신가요?"

"긴급하게 해결해야 하는 과제인가요, 아니면 중장기적인 검토인가요?"

이처럼 디스커버리 콜을 통해 NABT를 미리 확보하면 미팅 전에 고객의 '진짜 관심사'에 초점을 맞춘 시나리오를 설계할 수 있으며, 미팅 시간 동안 표면적인 질문을 반복하는 낭비를 줄일 수 있습니다. 결과적으로, 미팅 전부터 '전환 가능성'을 높이는 기반을 한번 더 만들 수 있습니다.

위닝 시나리오: 미팅의 성공률을 높이는 질문 설계법

데이터 보강과 디스커버리 콜을 통해 확보한 정보들은 그 자체로 계약 성사를 보장하지는 않습니다. 진짜 중요한 것은 이 정보들을 활용해 **'이길 수밖에 없는 미팅'**을 전략적으로 설계하는 것입니다. 이 과정을 "위닝 시나리오Winning Scenario를 만든다"라고 합니다.

위닝 시나리오는 단순히 서비스 설명을 위한 스크립트가 아닙니다. 고객의 문제 상황을 정확히 정의하고, 그 문제 상황을 해결할 수 있는 방향으로 대화를 유도하며, 최종적으로 전환을 이끌도록 설계한 전략적 질문 흐름입니다.

즉, 미팅 중 즉흥적으로 대응하려는 것이 아니라, 미팅에 들어가기 전에 이미 '고객의 상황, 고민, 위험 요소, 니즈'를 충분히 예측하고, 거기에 맞는 질문과 흐름을 사전에 준비하는 것입니다.

이를 위해 먼저 데이터 보강을 통해 기초 정보를 확보합니다. 최근 3개년 매출액, 영업이익, 종업원수 변화, 최근 투자 유치, M&A, 신규 사업 발표 등 주요 이벤트를 살펴보고, 담당자의 이직 및 승진 이력, 관심사, 최근 활동까지 조사하며, 업계 성장 트렌드와 주요 경쟁사의 움직임, 그 기업이 타깃하는 고객의 니즈 변화까지 입체적으로 파악합니다.

다음으로 디스커버리 콜을 통해 해상도를 높입니다. 고객이 직접 느끼는 현재의 문제 상황^{Need}, 의사결정 구조와 담당자의 영향력^{Authority}, 구매를 고려할 수 있는 예산 수준^{Budget}, 도입 및 해결을 기대하는 시기^{Timing}까지, 고객사의 내부 상황을 보다 구체적으로 이해합니다. 웹상의 정보만으로는 알 수 없는 실제 현장에서 발생할 수 있는 정보의 격차를 줄이는 과정이었죠.

이렇게 수집한 정보를 바탕으로 하나의 큰 그림을 그려야 합니다. 단순히 제품을 소개하는 구성이 아니라, 고객의 문제 상황을 드러내고, 해결책의 필요성에 대해 공감대를 형성하고, 고객 스스로 변화의 필요성을 느끼게 하는 질문 흐름을 설계하는 것입니다.

여기서 다시 한번, SPIN Selling을 유용하게 참고할 수 있습니다. 상황^{Situation}을 파악하고, 문제^{Problem}를 인식시키고, 그 문제를 방치할 경우 발생할 수 있는 부정적 결과^{Implication}를 상상하게 하며, 해결했을 때 얻을 수 있는 이득$^{Need-payoff}$을 함께 그리는 것입니다. 특히 시사 질문을 통해 고객이 스스로 위기의식을 느끼도록 이끄는 것이 핵심입니다.

예를 들어, 단순히 "만약 이 과제를 지금 해결하지 않는다면, 어떤 결과가 예상되시나요?"라고 묻는 데 그치는 것이 아니라, 사전 조사를 통해 파악한 고객사의 실제 상황을 염두에 두고 아래와 같이 구체적인 질문들을 준비할 수 있습니다. 채용·HR 분야 서비스를 운영하는 기업의 사례를 확인해보겠습니다.

1) 채용 공고 노출과 지원자 확보의 한계를 느끼는 잠재 고객에게

"현재 채용공고 게시와 기존 네트워크를 기반으로 하는 채용에만 의존하면 특정 시점 이후 우수한 지원자 풀이 고갈되거나 필요한 인재 확보 가능 여부를 예상하기 어려워질 수 있는데요. 이런 위험 상황을 대비하기 위한 채용 전략은 따로 준비하고 계신가요?"

"주로 잡코리아, 사람인 등 기존 채용 플랫폼과 기존 네트워크 기반 추천으로 신규 지원자를 확보하고 계신 것으로 알고 있습니다. 혹시 이런 방식만으로 우수 인재 확보를 계속 안정적으로 유지할 수 있을지 내부적으로 고민해본 적 있으신가요?"

2) 지원자 관리 및 육성 프로세스가 부재한 잠재 고객에게

"현재 확보하신 지원자 중에서 바로 채용으로 이어지지 않는 우수 후보자들도 꽤 있으실 텐데요. 혹시 이 후보자들과 지속적으로 관계를 이어가기 위한 별도의 탤런트 풀 관리 활동은 따로 하고 계신가요?"

"지원자를 많이 확보하는 것도 중요하지만, 확보한 지원자가 실제로 입사까지 이어지지 않는다면 채용 비용$^{Cost\ per\ Hire}$이 비효율적으로 올라갈 가능성이 있습니다. 이 부분에 대해서는 내부적으로 어떤 고민이나 준비를 하고 계신가요?"

3) HR팀의 채용 성과가 저조한 잠재 고객에게

"사전에 말씀해주신 정보에 따르면 HR팀에서 양질의 지원자를 확보하고 있다고 하셨는데, 최종 입사 전환율이 낮다면, 지원자 후속 관리 Follow Up나 채용 프로세스에 병목이 발생하고 있는 건 아닐까요? 이 경우, 전체 채용 파이프라인에 비효율이 발생하고 있을 것으로 예상합니다."

"지원자가 충분히 유입되고 있음에도 불구하고 채용 단계에서 실제 입사까지 이어지는 비율이 기대에 못 미친다면, 현재의 채용 프로세스가 장기적으로 조직 성장을 저해할 수 있다는 점도 함께 고려해보셨나요?"

4) 지원자 관리 체계가 없는 잠재 고객에게

"사전에 (디스커버리콜을 통해) 말씀해주신 덕분에 최근 유입되는 지원자들이 급증하고 있는 것으로 알고 있는데요, 별도의 ATS(지원자 추적 시스템) 없이 수작업으로 관리하고 계신다면, 지원자 정보가 유실되어 기회를 놓치거나 채용 단계별 전환율, 채널별 효율 등 데이터 인사이트를 뽑기에 한계가 있지 않으신가요?"

"최근 조직 확장 이후, 경영진 보고용으로 채용 데이터나 HR 지표를 정리하는 일이 많아지신 것으로 알고 있습니다. 혹시 이런 데이터 준비 작업이 매번 수작업으로 이루어지고 있다면, 내부 HR팀 리소스를 상당히 소모하고 있지는 않으신가요?"

위닝 시나리오는 거들뿐

단, 반드시 기억해야 할 점이 있습니다. **위닝 시나리오를 준비하는 것은 필수지만, 미팅 중에 시나리오에 너무 집착해서는 안 된다는 것입니다.** 미팅은 살아 움직이는 유기체와 같습니다. 고객의 표정, 리액션, 망설임, 질문 하나하나가 우리에게 계속해서 새로운 신호를 보냅니다.

영업 담당자인 우리가 해야 할 일은 준비해 간 질문 순서를 무조건 지키는 것이 아니라, 미리 준비한 질문을 바탕으로 미팅의 흐름과 고객의 상황을 읽고 그때그때 조율해나가는 것입니다.

때로는 고객이 전혀 예상치 못한 문제를 꺼내놓을 수도 있고, 때로는 우리가 예상한 문제 상황보다 더 심각하거나 더 본질적인 고민이 드러날 수도 있습니다. 그럴 때 '**아니야, 나는 이 질문을 꼭 해야 해**'라며 흐름을 끊는 순간, 미팅은 대화가 아닌 일방적인 '**피칭**'으로 변질되고 맙니다.

위닝 시나리오는 리허설용이지, 무대 위 대본이 아님을 반드시 기억하세요. 준비는 치밀하게 하되, 실제 미팅에서는 흐름에 맞게 질문을 유연하게 수정하고, 필요하면 준비한 순서를 바꾸고, 심지어는 **애초에 준비한 시나리오를 과감히 버릴 수도 있어야 합니다**.

진짜 목표는 단 하나, 고객의 숨은 니즈와 해결 가능성을 '발견'하는 것입니다.

요약

위닝 시나리오를 완성하는 과정은 다음과 같이 요약할 수 있습니다.

첫째, 데이터 보강을 통해 고객사의 사업 흐름과 전략적 이슈를 입체적으로 이해합니다.

단순히 회사 이름과 담당자 직함을 아는 데서 멈추지 않고 최근 매출 성장 추이, 투자 유치 소식, 조직 변화, 업계 트렌드까지 다각도로 조사해 '고객사가 지금 어디로 가고 있는지'를 읽어냅니다.

둘째, 디스커버리 콜을 통해 고객사의 현재 상황에 대한 해상도를 높입니다.

웹상에서 수집한 데이터만으로는 절대 알 수 없는, 고객이 실제로 느끼는 문제, 니즈, 내부 상황과 위험 요소를 직접 듣고 파악합니다.

셋째, 이렇게 확보한 정보를 바탕으로 전략적인 사전 질문 목록을 만들어 미팅을 설계합니다.

고객의 문제 상황을 구체적으로 인지하고, 시사 질문을 통해 스스로 문제 해결의 필요성을 느끼게 만들며, 자연스럽게 해결 방향에 공감하도록 흐름을 설계합니다.

넷째, 미팅 중에는 시나리오에 집착하지 않고 흐름을 따라갑니다.

준비한 질문은 참고 자료일 뿐입니다. 진짜 무대에서는 고객의 반응, 표정, 질문에 귀를 기울이며 그 흐름을 따라 유연하게 대화를 이어가야 합니다.

"준비는 치밀하게, 진행은 유연하게." 이것이 프로듀서처럼 미팅을 설계하고 이끄는 방법입니다.

2. Production: 미팅 진행 'Action!'

많은 영업 담당가 이렇게 말합니다.

"미팅 분위기 정말 좋았습니다. 담당자분의 온도가 높았고, 비즈니스에 대해서도 좋은 이야기 많이 나눴습니다! 금방 계약할 수 있을 것 같아요."

하지만 영업팀장의 "다음 미팅은 언제로 예상하나요?"라는 질문에 "글쎄요… 담당자분과 전화 해보겠습니다"라는 공허한 답변만 돌아옵니다.

'계약'은 좋은 분위기의 미팅만으로 성사되지 않습니다. 대형 고객을 상대로 하는 B2B 비즈니스라면 더욱 그렇죠. 미팅의 목적은 '좋은 분위기'를 만드는 것이 아닙니다. 미팅의 진짜 목적은 세일즈 파이프라인 상에서 딜을 후속 단계로 진전시키는 것입니다. 즉, 잠재 고객을 SAL 단계에서 SQL 단계로, SQL 커밋 레벨 1단계에서 2단계로, 2단계에서 3단계와 4단계로, Negotiation과 Closing 단계로 점점 진전시키는 것이지요.

그러나 현실은 어떨까요? 많은 세일즈 미팅이 좋은 분위기 속에서 끝나지만, 실제 딜의 진전으로 이어지지 않습니다. 다음은 미팅이 후속 단계로 이어지지 않는 대표적인 다섯 가지 이유를 살펴보겠습니다.

미팅이 후속 단계로 이어지지 않는 5가지 이유

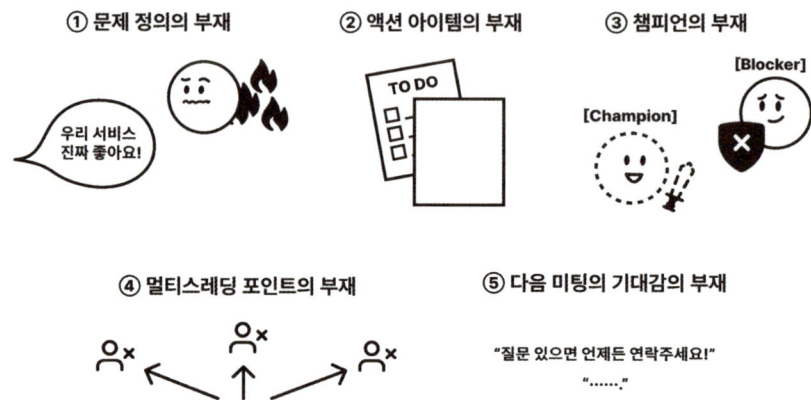

1) 문제 정의가 약하다

많은 영업 담당자가 미팅에서 제품이나 서비스를 단순히 '소개'하는 데 집중합니다. 하지만 좋은 미팅은 '고객과 함께 문제를 정의하는 일'에서 시작됩니다.

그렇기에 우수한 영업 담당자는 스스로를 상품을 판매하는 사람이 아니라, 문제를 기획하는 사람으로 포지셔닝하고, 미팅 중 고객조차 정확히 인식하지 못한 문제를 함께 찾아내고, 구체화하고, 합의하는 데 온 신경을 집중합니다. 그들은 '뾰족한 해결책은 문제를 뾰족하게 정의하는 것부터 시작한다'라는 것을 알고 있습니다.

2) 액션 아이템이 없다

좋은 미팅은 좋은 인상을 남기는 것이 아니라, 명확한 '다음 행동'을 남깁니다. 하지만 많은 미팅이 '좋은 대화였다'라는 막연한 여운만 남긴 채 끝나버립니다. 후속 미팅 일정, 내부 검토 계획, 추가 자료 요청 등 구체적인 다음 스텝을 도출하지 않는다면 수주 가능성은 희미해질 수밖에 없습니다.

우수한 영업 담당자는 미팅을 '좋은 이야기'로 끝내지 않습니다. 그들은 반드시 '그래서 우리가 다음에 함께 할 일은 무엇인가?'를 정리하고, 타임라인까지 설정합니다. 1차 미팅이라면 현실적으로 다음과 같은 액션 아이템이 만들어집니다.

- 미팅 후 3일 내로 팀(담당자 소속팀) 내부 공유를 위한 요약자료 제공 및 추가 질의 대응
- 2주 내로 내부 실무자 또는 추가 이해관계자 대상으로 '비공식' 소규모 미팅 제안

3) 챔피언을 만들지 못한다

좋은 딜은 절대 혼자서는 만들어낼 수 없습니다. B2B 영업에서는 내부에서 우리를 대변하고 딜을 함께 밀어줄 '챔피언Champion'을 반드시 만들어야 합니다. 그런데 챔피언은 좋은 관계나 친분만으로 만들어지지 않습니다.

챔피언을 만드는 핵심은 그에게 도전Challenge하는 것입니다. 이것이 바

로《챌린저 세일》이 강조하는 접근법이지요. 좋은 영업 담당자는 고객에게 아첨하거나 무조건 맞추는 대신, 고객조차 인식하지 못한 문제를 드러내고 Teach for Differentiation, 고객 조직 내 다양한 이해관계자들에게 각자의 언어로 공감과 긴장감을 조율하고 Tailor for Resonance, 그리고 대화에 수동적으로 끌려가는 것이 아니라 주도적으로 이끌어 Take Control **결국 고객을 '변화 Transformation'로 이끄는 역할을 합니다.**

챔피언은 단순히 솔루션에 관심이 있는 사람이 아닙니다. 그는 조직 내에서 영향력을 행사할 수 있는 위치에 있으며, 우리 솔루션의 필요성과 가치를 '자신의 문제'처럼 여기고, 내부를 설득하려는 의지가 있는 사람입니다. 그리고 그런 챔피언은 세일즈 담당자가 진짜 전문가로서 도전할 때 만들어집니다.

보다 구체적으로, 담당자에게 제대로 도전하기 위해서는 아래 세 가지를 갖추어야 합니다.

첫째, 전문성 Expertise

고객사의 문제를 누구보다 빠르게 진단하고, 복잡한 문제를 단순화해 구조화하는 능력입니다. 이때 기술 스펙을 늘어놓는 것이 아니라, 고객의 비즈니스 목표와 장애물을 명확히 연결 지어 설명할 수 있는 전문성이 필요합니다.

둘째, 통찰Insight

고객이 인식하고 있는 문제를 넘어서 고객조차 명확히 인지하지 못한 리스크를 드러내야 합니다. "오늘 미팅에서 제 이야기를 경청해주셔서 감사합니다" 수준이 아니라 "오, 이런 결과로 이어질 수도 있군요. 와… 한 번도 생각해보지 못한 방법입니다!" 하고 그를 깜짝 놀라게 해야 합니다. 이것이 고객의 생각을 새롭게 재구성하게 만드는 '도전'의 순간입니다.

셋째, 리더십Leadership

고객이 가야 할 '미래 상태Future State'를 함께 구체화하고, 그 여정을 함께 걸을 수 있다는 신뢰를 심어줘야 합니다. 리더십은 강요나 독선이 아닙니다. 함께 일하는 상대방이 "이 사람과 함께라면 나도 성장할 수 있겠다"고 느끼게 하는 힘입니다.

술을 마시고 친해지거나, 좋은 인상을 남기는 것만으로는 절대 챔피언을 만들 수 없습니다. 진짜 챔피언은 전문성과 통찰과 리더십을 겸비한 영업 담당자에게만 붙는 법입니다.

따라서 미팅 장소에 들어갈 때마다 이 질문을 스스로에게 반드시 던져보세요.

"오늘 나는 고객에게 도전할 준비가 되어 있는가?"

4) 멀티스레딩 포인트를 확보하지 못한다

B2B 영업은 단일한 개인을 설득하는 게임이 아닙니다. 한 사람을 설득하는 것으로 딜이 성사되는 일은 거의 없습니다. 특히 엔터프라이즈 세일즈에서는 '구매자 그룹' 전체를 설득해야 합니다.

하버드비즈니스리뷰HBR에 따르면, 평균적으로 하나의 B2B 구매 의사 결정에 6.8명의 이해관계자가 관여한다고 합니다. 그리고 이 숫자는 점점 더 늘어나고 있습니다.

문제는 우리는 미팅 내내 오직 한 사람만 바라본다는 것입니다. 그 사람이 '혼자 결정할 수 없는' 포지션임을 애써 외면한 채 그 사람과 '좋은 대화'를 나누었다는 이유로 딜이 진전될 것이라고 착각하는 것입니다. 담당자가 이직하거나, 내부 정치 관계에서 밀리거나, 내부 우선순위가 바뀌거나, 다른 라인에서 반대가 들어오는 등 이 중 하나만 발생해도 그 딜은 높은 확률로 부러질 수 있습니다. 즉, '담당자 한 사람'만 믿고 추진한 딜은 한 줄기 바람에도 쓰러지는 모래성 같은 것입니다.

멀티스레딩은 단순히 리스크를 최소화하는 것 그 이상의 의미를 갖습니다. 하나의 라인(담당자)만 가지고 딜을 추진하는 것이 아니라, 같은 조직 내 다른 라인(다른 부서, 다른 직급)에서도 지속적으로 연결 고리를 만들어 결국 조직 전체에 우리 솔루션의 필요성과 가치를 퍼뜨리기 위한 전략적 접근 방법이 멀티스레딩입니다. 멀티 스레딩을 단순한 '명함 정보 수집' 차원으로 이해하지 않길 바랍니다.

그렇다면 미팅 중에는 이 전략을 구체적으로 어떻게 실행해야 할까요?

1. 미팅에 참석한 사람들의 이름, 직책, 역할을 반드시 기록합니다(팔로업 메일에 명시하고 답장을 받으면서 공식화할 수 있으면 더 좋습니다).
2. "오늘 참석 못한 다른 부서나 다른 역할의 이해관계자"가 누구인지 질문합니다(예: "이 프로젝트와 관련해 다른 부서에서도 검토하고 계신 분들이 있을까요?").
3. 다음 미팅을 세팅할 때는 멀티 스레딩을 염두에 둔 액션 아이템을 제안합니다 (예: "다음 미팅 때는 기술팀이나 전략팀 쪽에서도 함께 참여하시어 검토해보시는 건 어떠세요?").

미팅이 끝났을 때, 모든 영업 담당자는 반드시 이 질문을 던져보아야 합니다.

"만약 내일 당장, 내가 소통하고 있는 이 담당자가 사라진다면, 나는 누구와 대화할 수 있는가?"

만약 떠오르는 이름이 없다면 지금 당장, 멀티스레딩에 추가적인 노력을 기울이길 바랍니다.

5) 다음 미팅의 기대감을 심지 못한다

좋은 미팅은 미팅 장소에서 끝나지 않습니다. 좋은 미팅은 미팅이 끝난 바로 그 순간, 다음 미팅을 향한 기대감을 남깁니다.

그러나 많은 영업 담당자가 첫 번째 미팅에서 모든 걸 보여주고 나서 이렇게 말합니다. "질문 있으면 언제든 연락주세요!" 그리고⋯ 영영 연락은 오지 않습니다. 고객 입장에서는 이제 '다시 만나야 할 이유'가 사라졌기 때문이죠.

B2B 영업은 '한 방에' 결론이 나는 게임이 아닙니다. 특히 대형 고객을 상대하는 엔터프라이즈 세일즈라면, 여러 차례 미팅을 통해 신뢰를 쌓고, 고민을 구체화하며, 해결책을 함께 만들어가는 과정이 필요합니다.

그런데 첫 미팅에서 모든 자료를 다 공유하고, 모든 얘기를 다 소진하고, '다음 미팅'에 대한 아무런 기대도 남기지 못한다면? 잠재 고객사 담당자는 우리를 다시 만날 이유를 찾지 못합니다. 다음은 잠재 고객이 우리를 또 만나고 싶게 만드는 방법 세 가지입니다.

첫째, 콘텐츠를 일부러 '아껴야' 합니다.

모든 자료를 한 번에 풀지 마세요. '다음 미팅'을 위해 일부 콘텐츠, 일부 제안, 일부 아이디어를 남겨주세요.

"오늘 공유해드린 것 외에도 귀사 상황에 맞춘 세부 개선안이 하나 더 있습니다. 이건 내부 검토 후 별도로 리뷰 세션을 잡고 공유한다면 더 효과적입니다." 이런 식으로 자연스럽게 다음 만남의 이유를 만들 수 있습니다.

여기에 "오늘 준비한 이야기 중 절반밖에 못 풀었네요. 다음 미팅에서는 오늘 못 다룬 이 부분을 꼭 함께 보면 좋겠습니다"라는 말까지 덧붙인다면, 담당자는 아쉬움을 느끼며 "이 담당자를 다시 만나야겠다", "이 담당자와 고민을 더 나누고 싶다"라는 동기를 갖습니다.

둘째, '다음 미팅 주제'를 미리 제안합니다.

"시간 괜찮으시면 다음에 또 뵙죠"와 같은 모호한 약속이 아니라, 다음과 같이 구체적으로 미팅 주제를 제안해야 합니다.

"오늘 논의한 A안 외에 귀사 B 프로젝트에 맞춤형으로 소개해드릴 수 있는 사례도 있는데요. 다음 미팅에서는 그 부분을 중심으로 함께 살펴보면 어떨까요?"

셋째, 함께 참여하면 좋을 사람들을 초대합니다.

멀티스레딩을 염두에 두고, 다음 미팅에서는 다른 핵심 이해관계자들도 자연스럽게 초대하는 시나리오를 설계합니다.

"B프로젝트는 전략기획팀이나 영업팀 쪽에서도 관심이 있으실 텐데요. 다음 미팅 때 관련 부서 분들을 함께 모시고 논의해보면 어떨까요?"

이렇게 하면 단순한 후속 미팅이 아니라 '조직 전체로 대화가 확장되는' 발판을 마련할 수 있습니다.

'진전'을 만들어내는 미팅의 9단계 구성

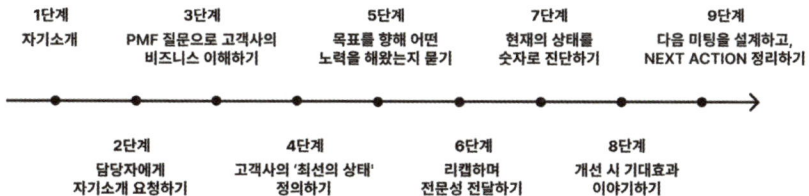

이제 미팅에 들어갑니다.

미팅은 영업 담당자가 고객과 가장 활발하게 상호 작용하는 순간입니다. 영업 담당자가 수행하는 미팅은 단순히 '대화'로 끝나는 미팅이 있는가 하면, 명확한 '진전'을 만들어내는 미팅도 있습니다.

진전을 만들어내는 미팅은 우연히 만들어지지 않습니다. 의도적으로 설계하고, 전략적으로 이끌고, 마지막까지 긴장의 끈을 놓지 않아야 합니다. 다음 미팅의 흐름을 참고하여 기존 미팅과의 차이를 분석하고, 실제 현장에 맞게 적용해보세요.

1) 1단계: 자기소개

규모가 큰 B2B 거래에서의 미팅은 제품이나 서비스를 팔기 전에 영업 담당자인 '나'를 파는 자리입니다. 상대방이 영업 담당자를 신뢰하지 않는다면, 아무리 훌륭한 솔루션이라도 판매할 수 없습니다.

아리스토텔레스는 《수사학》에서 설득의 3요소로 로고스, 파토스, 에토스를 들었습니다. 로고스는 논리, 파토스는 감정, 에토스는 화자의 인격과 신뢰도를 뜻합니다. 세 가지 요소 중 아리스토텔레스가 가장 강력한 설득의 수단이라고 이야기한 것이 에토스입니다. **똑같은 이야기도 누가 하느냐에 따라 다르게 들리는 것이지요. 즉, 사람들은 메시지보다 메신저에 설득됩니다.**

따라서 미팅의 첫 번째 스텝은 제품이나 서비스 소개가 아닌 자기를 소개하는 것입니다. 자기소개를 할 때는 단순히 직급이 무엇인지 알릴 뿐만 아니라, '나'를 신뢰할 수 있는 정보들을 스토리텔링으로 엮어서 설명하는 것이 좋습니다. 예시는 다음과 같습니다.

"안녕하세요. 리캐치에서 영업팀을 맡고 있는 김한규입니다. 제 커리어는 B2C 분야에서 패션 브랜드를 창업한 것에서 시작했습니다. 당시, 제가 경험한 세일즈는 거리에서 열리는 플리마켓에서 테이블 하나를 깔

아놓고 지나가는 사람들을 붙잡고 액세서리를 판매하는 것이었지요. 7년간의 사업 경험 이후, B2B IT 스타트업으로 옮겨와 B2B 영업을 천직으로 여기며 정말 즐겁게 하고 있네요. 현재 주요하게 협업하고 있는 고객사로는 S사, L사, H사, D사 등이 있으며, 매출 조직의 프로세스 혁신을 돕고 있습니다. 마지막으로, B2B 마케팅과 영업을 고민하는 담당자들의 갈증을 해소하는 데 조금이나마 도움이 되고자 브런치, 링크드인에서 관련 주제로 매주 글을 발행하고 있습니다. 2024년에 특히 열심히 링크드인에서 활동한 덕에 잠시 국내 링크드인 세일즈 분야에서 1위를 기록하기도 했습니다. 오늘 미팅에서 귀사의 목표와 고민에 대해 이야기를 나눌 수 있어 정말 영광입니다. 잘 부탁드립니다."

이렇게 자기소개를 하면 잠재 고객사의 담당자는 다음과 같은 반응을 보입니다.

첫째, '수많은 영업 사원 중 하나'가 아닌 '독특한 스토리가 있는 사람'으로 기억합니다.

대부분의 영업 담당자는 미팅 초반에 건조한 자기소개를 합니다. "○○팀의 누구입니다." 이 한 줄로 끝나지요. 그러나 이처럼 '독특한 스토리'를 전달하면 상대는 영업 담당자를 그저 '수많은 영업사원 중 하나'로 인식하지 않습니다. '아, 이 사람은 자기만의 이야기가 있는 사람이네' '단순히 팔기만 하는 게 아니라, 본인의 길을 걸어온 사람이네'라는 인상을 받게 되죠.

둘째, '사회적 증거Social Proof'를 인지합니다.

자기소개에 자연스럽게 협업하고 있는 주요 고객사를 언급하는 것은 매우 강력한 전략입니다. 심리학자 로버트 치알디니는 《설득의 심리학》에서 "사람들은 다른 사람들이 이미 선택한 대상을 더 신뢰하고 선호하는 경향이 있다"고 설명하며, 이를 '사회적 증거Social Proof'라고 말합니다.

특히, 리스크를 중요하게 고려하는 엔터프라이즈 구매자들은 '이미 우리보다 큰 회사도 저 사람과 일하고 있다면, 우리도 어느 정도는 믿어도 되겠지' 하는 심리를 자연스럽게 갖습니다. B2B 거래는 구매 의사결정의 리스크가 큰 만큼, 레퍼런스 고객사는 곧 강력한 설득력을 갖습니다.

S사, L사, H사, D사와 같은 굵직한 고객사를 자기소개 안에 자연스럽게 언급하는 것은 직접적으로 "우리 제품 좋습니다"라고 말하지 않고도 강력한 신뢰를 확보할 수 있게 만들어줍니다.

셋째, '전문가 포지셔닝Expert Positioning'과 '희소성Scarcity'을 동시에 심을 수 있습니다.

브런치와 링크드인 같은 플랫폼에서 B2B 마케팅과 영업 관련 콘텐츠를 꾸준히 발행해왔다는 사실은 잠재 고객사 담당자로 하여금 '이 사람은 단순히 영업을 하는 사람이 아니라, 이 분야를 깊이 연구하고 고민하는 전문가다'라는 인식을 심어줍니다.

특히 "국내 링크드인 세일즈 분야 1위를 기록한 적이 있다"라는 사실은 강력한《설득의 심리학》에서 언급하는 희소성Scarcity의 원칙과 맞닿아 있습니다. 사람들은 흔히 접할 수 없는 특별한 성과를 이룬 사람에게 더 높은 신뢰와 기대를 갖습니다. 사람들은 '많은 것'보다 '드문 것', '구하기 어려운 것'에 더 큰 가치를 느끼죠.

특히 엔터프라이즈 구매자들은 시장에 흔히 존재하는 공급업체가 아니라 조금이라도 더 검증된, 조금이라도 더 신뢰할 수 있는, 조금이라도 더 '희소한' 파트너를 찾고 있기에 더욱 큰 신뢰의 요소로 작용합니다.

이것이 바로 좋은 자기소개가 만들어내는 힘입니다. **제품과 서비스 소개를 하기 전부터 신뢰를 확보하고 미팅에 들어가는 것의 중요성**은 여러 번 강조해도 지나치지 않습니다. 다시 한번 강조하겠습니다. 메시지보다 메신저입니다.

2) 2단계: 담당자에게 자기소개 요청하기

첫인사를 마쳤다면, 자연스럽게 고객사 담당자에게도 자기소개를 요청해야 합니다.

B2B 영업은 단순한 공급자와 수요자의 관계를 넘어, 서로 가치를 주고받는 '파트너십'을 맺는 과정입니다. 파트너십은 서로를 알아가는 데서 시작됩니다. 그런데 많은 영업 담당자가 이 중요한 기회를 그냥 흘려보냅니다. 명함을 받고, 가벼운 인사만 나눈 뒤 곧장 제품이나 서비스 이야기로 넘어가 버립니다. 매우 아쉬운 일입니다.

잠재 고객사 담당자의 자기소개를 요청하는 방법은 다음과 같이 부드럽고 자연스러운 것이 좋습니다.

"괜찮으시다면 담당자님 소개도 한번 부탁드려도 될까요? 담당자님께 보다 도움이 될 수 있는 정보들로 구성하여 오늘 미팅을 진행하고자 여쭙습니다."

이 질문은 부담을 주지 않으면서도 담당자가 스스로 자신의 역할과 미팅에서 기대하는 바를 드러내게 만들어줍니다. 담당자의 자기소개를 통해 얻을 수 있는 이점은 크게 세 가지입니다.

첫째, 조직 내 위치와 영향력을 파악할 수 있습니다.

담당자가 실무자인지, 중간 관리자급인지, 의사결정권자인지 자기소개의 언어적 내용과 비언어적 내용 모두를 포함해 유추할 수 있습니다. 이는 이후 딜을 설계하고, 멀티스레딩 전략을 짜는 데 중요한 정보가 됩니다.

둘째, 개인적 동기와 고민을 엿볼 수 있습니다.

좋은 담당자는 직급과 역할뿐 아니라, 스스로 이 프로젝트를 어떤 관점에서 보고 있는지, 어떤 기대를 갖고 있는지를 살짝 드러냅니다. 예를 들어, "이직한 지 얼마 안 돼서 성과를 빨리 내고 싶다"거나 "새로운 프로젝트를 리드하고 싶다"라는 식의 뉘앙스가 나올 수 있습니다. 이런 개인적 동기는 딜을 설계할 때 매우 강력한 무기가 됩니다. 딜은 결국 사람을 통해 움직이니까요.

셋째, 대화의 '톤 앤드 매너'를 맞출 수 있습니다.

담당자의 자기소개 스타일을 보면 이 미팅을 어떤 무드로 끌고 가야 할지 감을 잡을 수 있습니다. 공식적이고 딱딱하게 가야 하는지, 아니면 친밀하고 가벼운 톤으로 풀어가도 되는지 판단할 수 있죠. 이는 미팅 내내 흐름을 부드럽게 이어가는 데 큰 도움이 됩니다.

만약 담당자가 적극적으로 자신의 커리어나 관심사까지 오픈한다면 매우 좋은 신호입니다. 단순히 의례적인 대화가 아니라, 진심 어린 대화로 미팅을 이어갈 수 있는 발판이 마련됐다는 뜻이니까요.

3) 3단계: PMF^(Product-Market-Fit) 질문으로 고객사의 비즈니스 이해하기

서로를 소개하는 시간을 마쳤다면, 이제 자연스럽게 대화를 고객사의 비즈니스에 대한 이해로 확장해야 합니다. B2B 영업은 제품을 판매하고 끝나는 게임이 아니라, 고객사의 성장을 돕고, 장기적 파트너십을 구축하는 게임입니다. 이때 고객사의 비즈니스를 제대로 이해하지 못하면 고객에게 진짜로 필요한 것을 제안할 수 없습니다.

그래서 미팅 초반에는 제품이나 솔루션 이야기를 꺼내기에 앞서 고객사의 비즈니스와 PMF(제품-시장 적합성)에 대한 이해를 다지는 시간을 반드시 가져야 합니다. 여기서 PMF란 "이 회사는 어떤 제품(또는 서비스)을 누구(어떤 시장)에 팔고 있으며, 그 시장이 진짜로 원하는 가치를 제공하고 있는가?"를 뜻합니다.

질문은 이렇게 시작할 수 있습니다.

"혹시 귀사에서 주력하고 계신 제품이나 서비스, 그리고 타깃하고 계신 시장에 대해 간단히 소개해주실 수 있을까요? 물론 사전조사(데이터 보강과 디스커버리 콜 등)를 통해 어느 정도 인지하고 있지만, 오늘 귀사의 사업에 대해 정확히 이해하고 논의하고 싶어 여쭤봅니다."

이 질문은 단순한 '회사 소개 요청'이 아닙니다. 담당자가 직접 자기 언어로 설명하도록 유도하면서, 우리가 사전에 조사했던 내용과 실제 현장에 존재하는 사실의 간극을 메우는 과정입니다.

단, 이 질문을 하기 전에 반드시 사전 조사를 철저히 해야 합니다. 아무 준비 없이 물어보면 '아무런 준비도 없이 미팅을 떼우려고 하는구나'라는 인상을 줄 수 있으므로 주의해야 합니다.

이 단계에서 우리가 얻어야 할 핵심 정보는 다음과 같습니다.

첫째, 제품과 시장의 매칭 상태를 구조적으로 이해합니다(제품-시장 매트릭스 관점).

많은 고객사는 단일 제품, 단일 시장만을 상대하지 않습니다. 보통 복수의 제품(Product A, Product B)을 보유하고 있으며, 이 각각이 복수의 시장(Segment X, Segment Y, Segment Z)을 겨냥하고 있는 경우가 많습니다. 이를 통해 우리는 제품-시장 매트릭스Product-Market Matrix로 구조화할 수 있습니다.

	시장 X(중소기업)	시장 Y(대기업)	시장 Z(공공기관)
제품 A(SaaS)	O	O	
제품 B(온프레미스)		O	O

제품-시장 매트릭스

이처럼 제품-시장 매트릭스를 파악하면 다음과 같은 중요한 통찰을 얻을 수 있습니다.

- **현재 강세를 보이는 조합**: 예를 들어 제품 A가 중소기업 시장에서는 확고한 PMF를 갖췄지만 대기업 시장에서는 아직 검증 중일 수 있습니다.
- **위험 요소가 있는 조합**: 제품 B가 대기업 시장에서는 어느 정도 포지셔닝이 되어 있지만 공공기관 시장에서는 신뢰성 이슈로 어려움을 겪고 있을 수 있습니다.
- **성장 기회가 있는 조합**: 새로운 시장(Segment Z)에 새롭게 제품 A를 진입시키려는 계획이 있을 수 있습니다.

이러한 구조적 이해를 통해 영업 담당자는 고객사의 비즈니스 상황을 보다 심층적으로 파악하고, 비즈니스의 성장을 제대로 도울 수 있게 됩니다.

둘째, 제품과 시장의 매칭^{PMF} 상태를 실질적으로 확인합니다(유료 본보기 고객 관점).

PMF는 오직 시장만이 증명할 수 있습니다. 그리고 시장이 보내는 가장 강력한 증거는 '지갑을 여는 것'입니다. 《생존을 넘어 번창으로》에서도 강조하듯, PMF를 검증할 수 있는 가장 현실적이고 명확한 방법은 다음 두 가지입니다.

1. 유료 본보기 고객^{Paying Reference Customer}이 존재하는가?
2. 그 수가 최소한 두 자릿수(10곳 이상)에 도달했는가?

즉, "과연 누가 돈을 지불했는가?", "몇 명이나 돈을 지불했는가?" 이 두 질문이 B2B에 있어 PMF 여부를 가르는 실질적인 기준입니다. 그래서 미팅 초반에 고객사에게 다음과 같은 질문을 던질 수 있습니다.

"현재 주력 제품(또는 서비스)의 유료 고객사는 몇 곳 정도 확보하셨나요?"
"현재 유료 고객 중에서 가장 반응이 좋은(또는 반복 구매/추천이 발생한) 사례가 있다면 어떤 케이스인가요? 귀사의 제품이 해당 고객사의 어떤 크고 시급한 문제를 해결해주었나요?"

이 질문들을 통해 우리는 단순한 제품 소개가 아니라 시장 반응, 수익화 수준, 반복 가능성이라는 실질적 지표를 포착할 수 있게 됩니다. PMF를 확인한다는 것은 단순히 "좋은 제품을 만들었는가"를 묻는 것이 아니라 "누가 지갑을 열었는가", "얼마나 많이 지갑을 열었는가", "그들은 반복해서 지갑을 여는가"를 확인하는 일입니다.

우리의 제품을 팔기 전에 고객사의 사업, 고객사의 제품과 타깃 시장(고객)을 이해하는 것부터 시작해보세요. 그 이해가 깊어질수록 문제 정의는 더 뾰족해지고, 제안은 더 명확해집니다.

4) 4단계: 고객사의 '최선의 상태 Desired Future State' 정의하기

《기획의 정석》(박신영 저)에서도 이야기하듯, 문제란 현재 상태와 최선의 상태 사이의 '격차Gap'에서 발생합니다. 그리고 가치란, 이 격차를 메워가는 문제 해결의 과정에서 만들어집니다. 따라서 고객사의 비즈니스를 이해했다면, 다음으로 던져야 할 질문은 이것입니다. **"궁극적으로 도달하고자 하는 목표는 무엇인가요?"**

많은 영업 담당자가 이 질문을 가볍게 넘깁니다. 단순히 "매출 목표가 얼마인가요?" 정도로 질문을 던지고 넘어가죠. 하지만 목표를 묻는 좋은 질문은 여기서 한 걸음 더 깊게 들어가야 합니다. 고객사가 원하는 약속의 땅(이상적인 목표)을 구체적으로 정의하는 방법을 아래 소개합니다.

비즈니스 프레임 중심으로 쪼개기

고객사의 '약속의 땅'을 단순한 매출 수치가 아니라, 비즈니스 프로세스의 각 단계로 쪼개어 이해할 수 있습니다. 예를 들면,

- 잠재 고객 수^{Leads}를 더 많이 확보하고 싶은가?
- 미팅 수^{Appointments}를 더 늘리고 싶은가?
- 계약 전환율$^{Conversion\ Rate}$을 높이고 싶은가?
- 기존 고객의 반복 구매율^{Retention}을 높이고 싶은가?
- 특정 시장 세그먼트(예: 공공기관, 대기업)에서 점유율$^{Market\ share}$을 높이고 싶은가?

이렇게 구체적 프로세스별 목표로 쪼개어 질문하면 담당자 스스로도 목표를 더 명확히 인식하고, 영업 담당자 역시 어떤 문제를 우선적으로 해결해야 하는지를 판단할 수 있습니다.

구매자 그룹의 이해관계자별로 목표 쪼개기

B2B 영업은 개인이 아닌 조직 내 구매자 그룹 전체를 설득하는 일입니다. 따라서 각 구매자 그룹$^{Blocker,\ User,\ Influencer,\ Leader,\ Driver}$의 핵심 이해관계자별로 모두 다른 목표를 가질 수 있음을 이해하고 접근해야 합니다. 예를 들어, 다음과 같이 질문할 수 있습니다.

"현재 신규 리드 수를 늘리는 것도 목표라고 말씀해주셨는데요. 혹시 이 목표는 전사적인 차원에서 설정된 목표인가요, 아니면 특정 팀(예: 마케팅팀, 세일즈팀) 내부에서의 실행 목표인가요?"

"추가로, 이 과제를 성공적으로 추진했을 때, 귀사 내부에서는 어떤 평가 기준(KPI)으로 성공을 판단하실 예정인가요?"

그러면 최종 의사결정권자^{Leader}의 목표는 '3년 안에 글로벌 매출 3배 성장', 현업 담당자Champion의 목표는 '올해 안에 신규 리드 30% 증대'와 같이 이해관계자별 목표를 구분하여 파악할 수 있습니다.

5) 5단계: 목표를 향해 어떤 노력을 해왔는지 묻기

고객사가 '최선의 상태'를 정의했다면 이제는 그 목표를 향해 지금까지 어떤 노력을 해왔는지 구체적으로 파악해야 합니다. 이 질문을 던지는 이유는 단순히 고객사의 과거를 듣기 위함이 아닙니다. 목표 달성을 위한 현재까지의 여정Journey을 이해해야만 우리가 제안할 수 있는 가치의 간극Gap of Value을 제대로 찾아낼 수 있기 때문입니다.

질문은 이렇게 부드럽게 시작할 수 있습니다.

"말씀해주신 목표를 달성하기 위해 지금까지 어떤 시도를 해오셨나요? 혹시 내부적으로 진행하신 캠페인이나 프로젝트, 도입하신 솔루션 등이 있을까요?"

이 질문을 던질 때 주의할 점은 '심문'처럼 들리지 않게 하는 것입니다. '검토'가 아니라 '이해'를 목적으로 한다는 인상을 줘야 담당자도 편하게 이야기를 풀어낼 수 있습니다. 이 단계에서 고객사의 시도와 경험을 묻는 목적은 크게 네 가지입니다.

미팅시간을 쓸데없이 늘리지 않기 위해

이미 고객사가 해본 시도를 굳이 다시 길게 소개하고 있을 시간은 없습니다. 어떤 방법이 이미 시도됐는지를 선제적으로 파악하면 불필요한 내용 중복 없이 대화를 효율적으로 이끌 수 있습니다.

개선 가능한 영역을 빠르게 포착하기 위해

과거의 시도 중 '아쉽게 실패했지만 보완하면 가능성 있는' 영역이 있을 수 있습니다. 이 경우, 우리는 '완전히 새로운 방법'을 제안하는 것이 아니라, 고객사가 이미 일부 시도했던 방향성을 강화하고 보완하는 제안을 할 수 있습니다. 이는 고객에게도 부담을 줄이고, 실행 가능성을 높이는 접근입니다.

아직 시도하지 않은 기회를 제시하기 위해

고객사가 아직 시도하지 않은, 그러나 효과적일 수 있는 방법을 제안할 기회를 포착할 수 있습니다. 예를 들어, "퍼포먼스 마케팅은 많이 해봤는데, 콘텐츠 마케팅은 아직 시도해보지 않았다"라고 하면, 콘텐츠 마케팅을 통해 새로운 전략을 제시할 수 있는 여지가 생깁니다.

현재 전략의 한계점을 고객 스스로 인식하도록 돕기 위해

"지금까지 최선을 다해 여러 방법을 시도해왔지만, 여전히 목표와는 간극이 있다"라는 사실을 자연스럽게 드러나게 하는 것이 중요합니다. 이 인식이 있어야 고객사는 파트너(우리)에게 진짜 솔루션을 기대하게 됩니다. 이 과정은 SPIN 세일즈의 핵심 내용과도 통합니다. 영업 담당자가 "이것이 문제예요"라고 알려주기보다 고객 스스로 문제를 자각하게 만들어야 변화에 대한 의무감이 생깁니다.

6) 6단계: 리캡Recap하며 전문성 전달하기

고객사의 목표와 기존 실행 전략까지 파악했다면, 이제는 지금까지

나눈 대화의 흐름을 한번 정리해주는 단계가 필요합니다. 리캡은 단순 요약이 아닙니다. 핵심은, 고객이 흘려 말한 단서들을 **구조화된 언어로 정리**해줌으로써 영업 담당자의 '**이해력**'과 '**전문성**'을 동시에 보여주는 것입니다.

이렇게 시작할 수 있습니다.

"말씀해주신 내용을 제가 잘 이해하고 있는지 확인하고자 여쭙습니다."

이 한 문장만으로도 고객은 '아, 이 사람은 내가 한 말을 진지하게 듣고 있었구나'라는 인상을 받습니다. 그리고 리캡 내용에서 고객 스스로도 정리가 되지 않았던 생각들이 체계적으로 정리되어 나오는 순간, 영업 담당자에 대한 신뢰는 한층 더 강화됩니다.

특히, 리캡 과정에서 단순한 언어 반복이 아니라, **프레임워크를 활용해 고객의 상황을 재구성하면 더욱 강력한 인사이트를 전달**할 수 있습니다. 예를 들어, 다음과 같은 흐름입니다.

잠재 고객이 다음과 같이 이야기할 수 있습니다.

"우리는 지금까지 매출 1,000억 원 미만 기업을 대상으로 SaaS 상품을 많이 판매해왔습니다. 그런데 최근 우연히 공공기관이나 매출 1조 원 이상 대기업과 프로젝트를 진행해보니, 계약 규모가 최소 10배 이상이더라고요. 우리 회사의 다음 단계 성장을 위해 그런 대형 프로젝트에 더 적극적으로 들어가고 싶습니다."

이 말을 그냥 받아들이기보다 다음과 같이 정리해줄 수 있습니다.

"아, 그러니까 지금까지는 매출 1,000억 원 미만 기업을 대상으로 Q^Quantity 중심의 판매 모델을 운영해오셨다면, 이제는 공공기관이나 대기업과 같은 P^Price **중심의 시장으로 전략적 전환을 시도하고 계시군요**. 수익 구조 자체를 재설계하는 방향이라고 이해하면 될까요? 현재는 높은 가격 단가를 가진 시장으로 확장하고자 하시고, 그 과정에서 레퍼런스 확보나 제안 프로세스가 주요 고민이실 것 같습니다. **제가 맞게 이해한 걸까요?"**

이런 식의 리캡은 고객이 처음 이야기할 때 느슨하게 흩어져 있던 생각들을 구조적으로 '정리'하는 역할을 합니다. 이 과정에서 중요한 것은 다음 두 가지입니다.

첫째, 고객의 말을 구조화된 언어로 바꿔주는 힘

고객을 만났을 때 문제 상황이 제대로 정의되어 있지 않은 경우를 마주합니다. **리캡은 단순 요약이 아니라, '의미 있는 정리'를 의미합니다.** 이때 **프레임워크**가 빛을 발합니다. 예를 들어, Revenue = Price × Quantity, 세일즈 파이프라인 단계(Leads → MQL → SAL → SQL → Negotiation → Closing) 등 관련 프레임워크를 적절히 활용하는 것이 매우 효과적입니다.

둘째, '다시 확인'이라는 명목하에 신뢰를 쌓고, 대화의 주도권을 확보하는 힘

리캡은 단순히 "제가 잘 이해했는지 확인차 여쭙습니다"라는 예의 차원을 넘어섭니다. 고객이 던진 정보를 어떻게 해석했는지를 공유함으로써 **대화의 중심을 가져오는 계기**가 됩니다.

그리고 이 순간, 고객이 "맞아요, 딱 그거예요"라고 말한다면 이는 단순한 동의가 아니라, 신뢰와 공감이 형성되었음을 보여주는 강력한 신호입니다. 이때부터 **단순한 공급업체가 아니라 문제를 함께 정리하고, 함께 해결책을 찾는 파트너로 자리매김할 수 있습니다.**

무엇보다 이 단계에서의 리캡은 이후 제안할 솔루션의 정당성과의 연결 고리가 됩니다. "앞서 고객이 말씀하신 상황이 정확히 이렇기 때문에 이런 접근이 필요하다"라는 논리 흐름이 자연스럽게 형성되기 때문입니다.

7) 7단계: 현재의 상태를 숫자로 진단하기

경영학의 아버지라 불리는 피터 드러커^{Peter F. Drucker}는 이렇게 말했습니다.

"측정할 수 없는 것은 관리할 수 없고, 관리할 수 없는 것은 개선할 수 없다(If you can't measure it, you can't manage it, you can't improve it)."

B2B 영업도 마찬가지입니다. 막연한 느낌이나 인상만으로는 전략적 제안은커녕, 고객의 문제를 진단할 수 없습니다. 숫자는 우리가 고객의 상태를 '객관적으로' 이해하고, '실질적으로' 돕기 위한 출발점입니다. 영업 담당자는 고객의 '현재 상태'를 수치로 명확히 진단할 수 있어야 합니다.

지금까지 고객이 이야기한 내용들이 방향성과 의지를 드러내는 언어였다면, 이 단계에서는 그것이 실제로 얼마나 실현되고 있는지, 무엇이 부족한지를 확인할 수 있는 'X-ray 촬영'이 필요한 셈이지요.

예를 들어 이런 식입니다.

"현재 웹사이트에서 발생하는 월간 트래픽이 약 40만이지만, 평균 체류시간은 30초 미만입니다. 일반적인 B2B 웹사이트 기준(평균 90초 이상)과 비교했을 때, 체류시간이 짧은 편입니다. 체류시간이 짧다는 건, 웹사이트가 서비스를 깊이 검토하고 싶게 만드는 긍정적인 여정을 제공하고 있지 못하다고 볼 수도 있겠군요.

"데이터를 조회해보니 유입을 끌어오는 유효 키워드Organic Keywords가 10개 미만이더라고요. 최소 100개 이상 확보되어야 일정 수준의 리드 유입을 기대할 수 있을텐데요. 만약 검색 기반의 리드 유입이 어렵다면 유료 광고 채널에 의존도가 점점 높아지고 있지는 않으신가요?"

"현재 MQL → SAL 전환율이 5%로 계산되는데, 이 수치는 업계 평균(약 13~15%)보다 낮은 편으로 보입니다. 이 전환율이 유지된다면 아무리 많은 MQL을 확보해도 실제 세일즈로 이어지는 양은 계속 한정적일 수밖에 없겠네요. 이 병목이 다른 지표에도 영향을 주고 있을까요?"

숫자는 단순한 수치 나열이 아닙니다. 영업 담당자는 숫자를 통해 문제의 크기를 구체화하고, 그 크기만큼 앞으로의 제안이 어떤 효과를 줄 수 있을지 설명할 수 있습니다.

단, 이 단계에서 중요한 건 영업 담당자의 태도입니다. '비판'이 아니라 '해결'을 위한 관점으로 접근해야 합니다. "이 숫자는 안 좋은데요"가 아니라 "이 지표를 개선한다면, 전체 전환 구조가 어떻게 바뀔 수 있을지 같이 살펴보면 좋겠습니다"라는 식으로 이어져야 합니다.

숫자는 날카롭고, 때로는 불편한 진실을 드러냅니다. 그렇기 때문에 더더욱, '비판'이 아니라 '해결'을 위한 관점으로 접근하는 태도가 필요합니다.

"이 숫자는 안 좋은데요"라는 말은 고객을 방어적으로 만들 뿐입니다. 반면 "이 지표를 개선한다면 전체 전환 구조가 어떻게 바뀔 수 있을지 같이 살펴보면 좋겠습니다"라는 말은 고객을 '함께 문제를 해결할 파트너'로 이끕니다.

우리는 평가자가 아니라 협력자여야 하며, 고객에게 '책임을 추궁하는 사람'이 아니라, '함께 해법을 찾는 사람'이 되어야 합니다. 숫자를 근거로 이야기하되, 태도는 언제나 '공동의 목표'를 향한 동행자여야 합니다. 바로 그 순간, 고객은 우리를 단순한 공급업체가 아닌, 믿고 기댈 수 있는 파트너로 받아들이게 될 것입니다.

8) 8단계: 개선 시 기대 효과 이야기하기

1858년, 프랑스 루르드^{Lourdes} 마을의 14살 소녀 베르나데트 수비루는 동굴에서 성모 마리아의 발현을 경험했다고 주장했습니다. 그녀는 총 18차례의 발현을 기록했고, 어느 날 그 자리에서 샘물이 솟아났습니다. 며칠 뒤, 피부병을 앓던 한 여성이 그 샘물에 몸을 씻고 회복되자, 이 이야기는 유럽 전역으로 퍼졌습니다. 그리고 루르드는 지금까지도 매년 수백만 명이 순례하는 세계 3대 성지 중 하나로 남아 있습니다.

신앙의 '확신'을 만드는 것은 교리나 원칙이 아닙니다. 사람들의 '간증', 즉 기적을 직접 경험한 사람들의 이야기입니다. 변화를 먼저 경험한 사람의 실명과 이야기는 그 자체로 신념의 기폭제가 됩니다.

B2B 영업도 다르지 않습니다. 고객은 제품 소개를 듣기보다 이미 약속의 땅에 먼저 도달한 사람들의 이야기를 들을 때 믿음을 갖습니다. 즉, 고객의 성공 사례가 그들의 '확신'을 만듭니다. 스마트 팩토리 솔루션을 예로 들면,

"설비 가동률이 15% 올라갔어요."
"생산 현장의 비가동 원인을 데이터로 분석하니, 3개월 만에 불량률이 절반으로

줄었습니다."

"라인별 실시간 모니터링 대시보드를 도입하자 문제 대응 속도가 빨라지고, 이후 납기 준수율도 자연스럽게 개선되더군요."

이러한 간증들은 단순한 '가능성'이 아니라 실제로 변화가 가능하다는 구체적 증거가 되며, 고객으로 하여금 변화를 경험하고 싶게 합니다.

이 단계는 SPIN 세일즈에서의 마지막 질문, '문제 해결 질문$^{Need\text{-}Payoff\ Question}$'에 해당합니다. 지금까지 고객과 함께 찾아낸 문제들을 어떻게 해결할 수 있으며, 그 해결이 어떤 변화를 가져올 수 있는지를 구체적인 수치와 시나리오로 설득력 있게 제시해야 합니다.

예를 들어, 잠재 고객사가 생산 설비의 평균 가동률이 70%에 머물러 있다면 이렇게 말할 수 있습니다.

"설비별 데이터 수집 체계를 개선하고, 알람 기준을 최적화하면 평균 가동률이 업계 평균인 85% 이상으로 개선될 수 있습니다. 그렇게 되면 생산량이 늘어나고, 납기 지연 건수가 줄어 고객사 만족도도 높아질 것으로 보입니다."

고객의 머릿속에는 언제나 'ROI'라는 질문이 있습니다.

"과연 이 제안이 우리에게 얼마나 실질적인 가치를 줄 수 있을까?"

그러니 우리의 답변도 추상적이어서는 안 됩니다.

"효율이 올라갑니다"가 아니라 "현재 설비 가동률이 70%인데 이를 85%까지 끌어올릴 수 있다면 월 300대 생산 목표를 안정적으로 달성할 수 있습니다"라는 식으로 구체적으로 말해야 합니다.

그리고 이때 영업 담당자의 리더십이 빛납니다. 리더십은 고객을 '끌고 가는 것'이 아니라, 고객이 스스로 변화의 가능성을 발견하고, 그 여정을 함께 걷게 돕는 힘입니다.

《거인의 리더십》(신수정 저)에서는 리더십을 이렇게 정의합니다.

리더십이란, 1) 조직의 목표를 명확히 하고, 2) 함께 일하는 방식을 구조화하며, 3) 구성원 각자의 성장을 돕는 것이다.

영업 담당자도 마찬가지입니다. 우리는 제품을 파는 사람이 아니라, 고객의 성공을 돕는 사람입니다. 단, 이때 변화를 위한 제안은 '한입 크기'로 나뉘어야 합니다. 천국으로 가는 여정이 아무리 아름다워도 그 여정이 너무 멀고, 너무 거창해 보이면 고객은 오히려 겁을 먹습니다. 그러니 아래와 같이 이야기해보세요.

"우선 설비 데이터를 한곳에서 볼 수 있도록 표준화하고, 알람 시스템을 조정하는 것부터 시작해보면 어떨까요? 다음 단계로는 라인별 효율 지표를 함께 모니터링하고, 개선 포인트를 발견하고요. 이렇게 단계별로 함께 풀어나가 보시죠."

고객은 이 말을 들으며 생각합니다. "아, 이 사람은 나의 현실을 정확히 보고 있고, 무리하지 않으면서도 진짜 결과를 만들어낼 수 있는 방향을 제시해주고 있구나."

기대 효과를 말할 때 가장 중요한 건 '진심'입니다. '우리와 함께하면 반드시 성공합니다!'는 말보다 "험난한 길이 예상되지만, 그 여정을 함께하겠습니다. 당신의 팀처럼 고민하고, 당신의 목표처럼 달려보겠습니다"라는 말이 더 깊은 신뢰를 주는 법입니다.

9) 9단계: 다음 미팅을 설계하고, NEXT ACTION을 정리하라

좋은 미팅은 '오늘'을 마무리하는 것이 아니라, '다음'을 기대하게 만듭니다. 단지 "오늘 미팅 좋았습니다. 또 연락드릴게요"라는 말로 끝나버리는 순간, 고객의 기억 속에서 미팅은 곧 흐릿해지기 시작합니다. 우리가 해야 할 일은 작별 인사가 아니라 "다음엔 어떤 이야기를 하게 될까?"라는 기대감을 심는 일입니다.

이때 가장 중요한 두 가지는 1) 다음 미팅의 '콘텐츠', 그리고 2) 미팅 이후 진행할 'Next Action'입니다. 첫 번째는 미팅을 다시 열게 만드는 '흥미', 두 번째는 딜을 앞으로 밀어붙이는 '추진력'입니다.

다음 미팅의 콘텐츠를 설계하라

고객이 "또 만나고 싶다"고 느끼는 미팅은 항상 '다음 이야깃거리'가 남아 있는 미팅입니다.

'영화를 봤다면 다음에는 뮤지컬을', '식사를 했다면 다음에는 전시회를', '보는 데이트만 했다면 체험하는 데이트'를 제안하는 연애처럼 B2B 영업에서도 썸을 탈 수 있는 콘텐츠 설계가 필요합니다. 예를 들어, 인바운드 유입을 늘리고 싶은 리캐치 잠재 고객사와의 미팅에서 제품 소개와 웹사이트 전환율 이야기를 했다면, 다음 미팅에서는 이렇게 제안해 볼 수 있습니다.

"다음 미팅에서는 최근 귀사와 유사한 규모/산업군에서 전환율을 높인 사례 중심으로 이야기 나눠보면 어떨까요?"

"오늘은 콘텐츠 톤 앤 매너 이야기를 못 나눴네요. 다음에는 귀사 브랜드 포지션에 맞는 콘텐츠 전략 중심으로 한번 짚어보면 좋겠습니다."

또한, 멀티스레딩을 위한 콘텐츠를 제안할 수도 있습니다.

"내부 마케팅팀이나 영업팀도 관심 있을 주제인데, 다음엔 그분들과 함께하는 미니 세션을 제안드려도 괜찮을까요?"

이렇게 하면 조직 전체로 대화의 접점을 확장하는 멀티스레딩의 기회가 자연스럽게 생겨납니다.

미팅 말미에 반드시 Next Action을 명확히 정리하라

미팅의 '다음'이 있으려면 '오늘 미팅 즐거웠다'라는 감정에서 끝나지 않고, 행동으로 이어져야 합니다. 구체적인 실행 항목이 정리되지 않으면 영업 기회는 시간이 흘러감에 따라 빠르게 잊혀집니다.

그래서 영업 담당자는 미팅의 말미에 반드시 다음과 같은 Next Aciton 정리를 리드해야 합니다.

예를 들어 이런 식입니다.

"오늘 저희가 논의한 핵심 내용은 A, B, C였습니다. 이 내용을 바탕으로 다음 미팅 전까지 저희는 X와 Y 자료를 준비하기로 했고, 귀사에서는 Z 항목을 내부 검토해주시기로 하셨습니다. 제가 놓친 부분이 있을까요?"

이 정리를 통해 아래 세 가지 효과가 발생합니다.

첫째, 심리적 책임의 형성

사람은 말로 정리된 내용을 '약속'으로 인식합니다. 암묵적인 이해가 아니라, 명시적이고 구체적인 문장을 통해 심리적 책임이 형성됩니다.

둘째, 일정과 리소스 배분의 효율성

Next Action이 정리되어야 각자의 추진 일정, 검토자, 내부 공유 흐름 등을 정확하게 조율할 수 있습니다. 이를테면 "아, 그건 우리 쪽에서 검토하기로 했었나요?" 같은 착오를 막을 수 있습니다.

셋째, '진행 중인 관계'라는 인식 강화

Next Action은 "이 관계는 오늘 미팅으로 끝난 것이 아니라, 현재진행형이다"라는 인상을 심어줍니다. 고객은 영업 담당자를 단순한 정보 전달자가 아닌, 함께 다음 단계를 향해 움직이는 프로젝트 파트너로 받아들이게 됩니다.

미팅은 관계 구축의 끝이 아닌 시작입니다. Next Action을 통해 잠재 고객사와의 관계를 계속해서 이어가세요. Next Action 정리가 곧 딜의 진전을 만들어냅니다.

3. Post-production: 미팅 후 팔로업

영화는 촬영이 끝났다고 바로 개봉하지 않습니다.

본격적인 촬영이 종료된 뒤에도 편집, 색 보정, 음향, 자막, 트레일러 제작, 마케팅 등 수많은 후반 작업Post-production을 거쳐야 비로소 관객과 만날 준비가 완료됩니다. 이 마지막 단계의 완성도가 영화의 흥행 여부를 좌우합니다.

B2B 영업 미팅도 마찬가지입니다.

미팅 이후의 '팔로업'이야말로 그날의 대화를 실질적인 진전으로 바꾸는 결정적 순간입니다.

미팅 내용은 좋았지만 기록이 남지 않으면, 내부 공유도 어렵고, 후속 조치도 불투명해집니다. 약속은 오갔지만 다음 액션이 정리되지 않으면, 딜은 자연스럽게 흐려집니다. 마치 훌륭한 영화가 상영되지 못하고 필름 속에만 머무르는 것처럼 말이지요.

그래서 이 장에서는 미팅이라는 '작품'을 성공적인 성과로 연결하기 위한 후반 작업Post-production에 대해 이야기합니다.

이제부터 두 가지 핵심 주제를 하나씩 살펴보겠습니다.

1. 미팅에서 얻은 인사이트를 정리하는 '세일즈 미팅 노트' 작성법
2. 미팅 이후 신뢰를 이어가는 '팔로업 이메일' 작성법

미팅록 작성: 방명록이 아닌 전략 보고서

1) 세일즈 미팅 노트를 써야 하는 이유

많은 세일즈 조직에서 '미팅 노트 작성'을 단순한 행정 업무나 CRM 관리 차원에서 바라보곤 합니다. 그러나 미팅 노트는 단순히 정보를 남기는 행위가 아닙니다. **미팅 노트는 세일즈의 진전을 설계하고, 팀 전체의 실행력을 높이며, 우리의 제품과 서비스가 고객의 진짜 문제를 해결하는 방향으로 나아가기 위한 '전략서'**입니다.

다시 말해, 미팅 노트는 세일즈맨 한 사람만을 위한 것이 아니라, 영업팀, 제품팀, 그리고 고객 모두를 위한 것입니다. 각기 다른 위치에 있는 구성원들은 미팅 노트를 통해 서로의 인사이트를 공유하고, 보다 정교한 협업을 이뤄낼 수 있습니다.

첫째, 세일즈맨에게는 '디테일의 무기'를 제공합니다.

B2B 영업은 '맥락'의 게임입니다. 즉, 누가 더 많은 정보를 더 정확히 기억하고 해석하며, 필요한 순간에 꺼내어 쓸 수 있는지의 게임입니다. 미팅 직후는 많은 것을 기억하는 것 같지만, 시간이 조금만 지나도 주요 뉘앙스나 고객의 표현은 흐릿해지기 마련입니다.

미팅록 이러한 디테일을 보존하는 최고의 도구입니다. 이후 팔로업 전략을 구성할 때도 고객이 무엇에 반응했는지, 어떤 표현을 사용했는지, 내부적으로 어떤 이해관계가 있었는지 등을 명확히 꺼내어 쓸 수 있습니다. **미팅 노트는 단순한 복기 자료가 아니라, 다음 한 수를 결정하는 전략 도구**입니다.

둘째, 영업팀에게는 '예측 가능성'을 제공합니다.

미팅 노트가 없다면 매번 개별 세일즈맨에게 물어봐야 합니다. "이번 미팅에서 무슨 얘기 나눴죠?", "진행 가능성은 몇 퍼센트쯤 될까요?"

반면, 잘 정리된 미팅 노트가 있다면 영업 리더는 팀의 파이프라인을 정확히 파악하고, 리소스를 어디에 집중해야 할지를 명확히 판단할 수 있습니다. 특히 BANT 등 핵심 프레임워크로 정리된 미팅 노트는 예측의 정확도를 높여주고, 세일즈 파이프라인의 건전성을 유지하는 데 핵심적인 역할을 합니다.

셋째, 제품팀에게는 '고객의 진짜 목소리'를 전달합니다.

세일즈 조직과 제품 조직이 멀어지기 쉬운 이유는 서로 듣고 사용하는 언어가 다르기 때문입니다. 제품팀은 종종 시장 조사나 CS 데이터에만 의존해 고객을 해석합니다. 하지만 고객이 꼭 해결하고 싶어 하는 진짜 고민은 세일즈 미팅 현장에서 발견되는 경우가 더 많습니다.

이때 미팅 노트는 단순한 피드백이 아니라, 제품팀이 직접 듣지 못한 고객의 언어를 세일즈맨이 통역해 전달하는 창구가 되어야 합니다. 현장의 목소리는 제품 개발 계획의 우선순위를 조정하거나 신규 기능을 기획하는 데 매우 중요한 힌트가 될 수 있기 때문입니다.

넷째, 고객에게는 '정확한 문제 해결'이라는 실질적 가치를 제공합니다.
결국 이 모든 가치 사슬의 최종 수혜자는 고객입니다.

고객의 문제를 정확히 이해하고, 그에 맞는 솔루션을 설계하며, 팔로업을 신속하게 진행할 수 있도록 만드는 모든 기반은 미팅 노트에 있습니다. 고객 스스로도 설명하지 못한 문제를 정의할 수 있도록 돕고, 먼저 해결해야 하는 문제의 우선순위를 잡아주며, 의사결정을 보다 매끄럽게 진행할 수 있게 돕는 영업 담당자와 함께 일하고 싶어 합니다.

2) 나쁜 미팅 노트의 전형: 미팅록이 아닌 방명록

훌륭한 미팅 노트는 전략의 축이 됩니다.

하지만 잘못된 미팅 노트는 전략은커녕 실행을 가로막습니다. 특히 템플릿 없이 미팅 내용을 기록하다 보면 단순한 스케줄 메모 수준에 그치기 쉽습니다. 우리는 이것을 '미팅 노트'로 부르지 않고 '방명록'이라고 부릅니다.

다음은 흔히 볼 수 있는 나쁜 미팅 노트의 전형입니다.

"2024년 3월 21일 오후 4시 미팅 완료. 기술 요구 사항 A, B, C에 대해 가능 여부 확인 후 회신 요청 주었음. 미팅 끝나고 서비스 소개서 발송 완료."

이런 메모는 누가, 왜, 어떤 목적과 니즈로 만나게 되었는지에 대한 맥락이 전혀 없습니다. 그저 날짜, 시간, 요청사항, 그리고 일회성 전달 내용만 적혀 있죠. 이는 작성자 본인도, 영업팀도, 제품팀도, 고객도 아무런 전략적 판단을 내릴 수 없는 '의미 없는 기록'입니다.

모든 세일즈 미팅 노트에 다음 여섯 가지 항목을 필수적으로 작성하여 전략적 판단과 협업, 실행력을 높이는 미팅 노트를 작성하시기 바랍니다.

3) 세일즈 미팅 노트 6가지 핵심 항목

① Next Action
- 미팅 후 수행해야 할 구체적 액션 아이템(예: 키맨 미팅 일정 조율, 기술 자료 전달 등)

② 미팅 결과(BANT)
- 고객의 예산^{Budget}, 의사결정 권한^{Authority}, 필요^{Need}, 타이밍^{Timing}을 분석

③ 미팅 참가자 및 페르소나 분석
- 참석자의 역할, 영향력, 태도 등(예: 챔피언, 블로커, 의사결정권자 여부 등)

④ 세부 미팅 내용
- 부서 혹은 기업의 상황
- 고객의 문제
- 제안할 솔루션
- 구매 타임라인

⑤ 블로커 및 대응 방안
- 도입을 방해하는 요인 식별 및 대응 전략

⑥ 특이사항
- 위 항목에 들어가지 않지만 꼭 공유해야 할 기타 사항

① Next Action

세일즈 미팅의 궁극적 목적은 딜의 상태를 다음 단계로 전환시키는 것입니다. 아무리 많은 대화가 오갔더라도 실행 항목이 명확하지 않으면 그것은 '좋은 대화'였을 뿐 '진전된 딜'은 아닙니다. 그래서 미팅 노트의 첫 항목은 언제나 Next Action, 즉 '누가 언제까지 무엇을 해야 하는가'에 대한 정리로 시작해야 합니다.

Next Action 기록은 다음의 두 가지 효과를 갖습니다.

첫째, 사후 팔로업의 정확도를 높여줍니다.

담당자가 미팅에서 어떤 요청을 받았는지, 어떤 자료를 준비하기로 했는지, 고객은 무엇을 내부 검토하기로 했는지를 정리함으로써 후속 조치를 누락 없이 준비할 수 있습니다.

둘째, 딜의 가이드라인이 됩니다.

B2B 영업 조직은 한 명이 아닌 팀으로 움직이는데, Next Action 항목은 다른 팀원, 혹은 후속 미팅을 담당할 사람에게도 유의미한 맥락을 제공합니다.

작성 시에는 두괄식으로 요점만 간결하게 정리하는 것이 좋습니다. 예시는 다음과 같습니다.

- 4월 둘째 주까지 키맨(의사결정권자)과의 2차 미팅 일정 조율
- 기술적 요청 사항 정리 후 금주 내 메일로 회신 예정

- 데모 계정 요청에 따라 차주 초까지 데모 계정 세팅 후 전달 필요

② 미팅 결과(BANT): '느낌'이 아닌 '판단'을 위한 정리

많은 영업 담당자가 미팅이 끝난 후 이렇게 말합니다. "미팅 분위기가 정말 좋았어요", "이번 딜 느낌이 좋습니다. 진짜 될 것 같습니다."

하지만 B2B 영업에서 '느낌'은 근거가 될 수 없습니다. 딜의 진척도는 분위기가 아니라, 구조화된 정보로 판단해야 합니다. 그 구조를 제공하는 것이 바로 BANT 프레임워크입니다. **Budget**(예산), **Authority**(권한), **Need**(필요), **Timing**(시기)의 네 가지 항목을 중심으로 미팅 내용을 정리해두면 해당 딜이 진짜 가능성이 있는 기회인지, 아니면 희망뿐인 착시였는지를 냉정하게 구분할 수 있습니다.

- 구매에 필요한 예산^{Budget}은 있는가?
- 구매에 필요한 의사결정권한^{Authority}이 있는 사람을 확보했는가?
- 크고 시급한 필요^{Need}가 있는가?
- 예상되는 도입 시점^{Timing}은 언제인가?

작성 예시는 다음과 같습니다.

- **예산**: 상반기 내 예산 배정 완료. 연간 계약 가능성 있음
- **권한**: CMO와 2차 미팅까지 완료.
- **필요**: 새로 개편한 웹사이트의 트래픽을 높이고 리드 전환율을 2배 높이는 것
- **시기**: 5월 말까지 결제 필요. 6월 프로젝트에 맞춰 도입 희망

③ 미팅 참가자 및 페르소나 분석

같은 말도 누가 했느냐에 따라 그 의미가 달라지고, 같은 요청도 누가 결정권을 쥐고 있느냐에 따라 딜의 방향이 완전히 달라지기 때문입니다.

세일즈 미팅 후 '무슨 대화가 오갔는가'만큼 중요한 것은 '누가 참여했고, 어떤 포지션이었고, 어떤 캐릭터였는가'를 기록하는 일입니다. 이 항목에서는 단순히 "○○○이 참석했다" 수준을 넘어서 각 인물의 역할, 조직 내 영향력, 협조 여부, 그리고 개인적 동기까지 기록해두는 것이 좋습니다.

A 팀장님(내부 챔피언)
- 이전에도 여러 시스템 도입을 주도했던 실무형 리더
- 현재 ROI 개선에 대한 압박을 받고 있음. 적극적인 도입 의지 보임

B 팀장님(블로커)
- 운영팀 소속. 도입에 따른 업무 변경 가능성에 우려
- 미팅 내내 발언이 적고, 표정이 굳어 있음. 사전 설득 필요

이처럼 각 인물의 특징과 조직 내 맥락을 정리해두면 후속 팔로업 전략이나 멀티스레딩 계획을 수립할 때 훨씬 더 정교하게 접근할 수 있습니다.

여기에 BUILD 프레임워크를 추가해 이 인물이 Blocker, User, Influencer, Leader 중 어디에 해당하는지 간단히 명시해두면 조직 내 파워 맵$^{Power Map}$을 보다 구체적으로 그려볼 수 있습니다.

예시:
- A 이사님: Managerial Leader(최종 의사결정에 참여)
- B 팀장님: Blocker(업무 변경에 대한 저항 예상)
- C 대리님: User(실제 사용 예정자, 기능 중심 피드백 제공)

B2B 영업은 조직 이전에 사람을 설득하는 일입니다. 그래서 이 항목은 결코 '참석자 명단' 수준으로 끝나선 안 됩니다. 각 인물이 이 딜 안에서 어떤 역할을 하며, 어떤 다이내믹을 만들어내는지를 분석하는 것이 이 항목의 핵심입니다.

(1) 기업 및 부서의 상황

많은 영업 담당자가 미팅을 마친 뒤 "담당자님은 도입 의지가 있어 보이던데요?"라는 식의 반응을 남기곤 합니다. 그러나 정작 중요한 건 '**그 조직이 지금 실제로 변화할 수 있는 타이밍인가? 혹은 이 프로젝트가 해당 부서의 우선순위 안에 들어 있는가?**'입니다.

이 항목은 미팅 참석자 개인의 태도를 넘어 그가 속한 부서와 회사 전체가 어떤 맥락에 있는지를 파악하고 기록하는 구간입니다. 즉, '조직 차원의 변화 가능성'을 진단하는 겁니다.

예를 들어, 다음과 같은 요소를 포함할 수 있습니다.

- 기업의 비즈니스 모델 및 성장 단계
- 현재 가장 집중하고 있는 전략적 방향
- 도입을 검토하는 부서의 KPI나 미션
- 경쟁사 혹은 동종 업계의 도입 여부

- 외부 환경(예: 조직 개편, 리더십 교체, 신규 사업 준비 등)

예시:
- 회사는 올해부터 해외 B2B 시장 확대에 집중하고 있으며, 기존 제품군 외 새로운 브랜드 포지셔닝을 준비 중임
- 마케팅팀은 새로운 산업군을 타깃으로 한 콘텐츠 전환 전략을 고민 중이며, 3개월 내 신규 예산 편성 가능성 있음
- 영업팀은 기존 오프라인 중심 세일즈 방식에서 디지털 세일즈 전환을 준비하고 있으나, 내부 역량 부족으로 실행은 더딘 상황
- 리더십 차원에서는 디지털 세일즈 툴 도입에 긍정적인 입장

이 항목을 통해 1) 지금 이 조직이 변화할 준비가 되어 있는지, 2) 지금이 그들에게 가장 적절한 타이밍인지, 3) 우리 솔루션이 어디에 '전략적으로' 포함될 수 있는지를 판단할 수 있습니다.

그리고 이 인사이트는 이후 제안서, 데모, 계약 전략에서 메시지를 어디에 집중해야 할지를 결정하는 나침반이 됩니다.

(2) 고객의 문제 Pain Point: 진짜 문제를 '다시' 정의하라

훌륭한 영업 담당자는 고객의 문제를 경청하기만 하지 않습니다. 그는 고객의 문제를 재구성하고 정의합니다. 리캐치 잠재 고객은 종종 이런 이야기를 합니다.

"리드를 더 많이 확보하고 싶어요."
"디지털 전환을 하고 싶은데 잘 안 돼요."

"요즘 경쟁사에 비해 콘텐츠가 약한 것 같아요."

하지만 이런 말은 진짜 문제가 아닙니다. 표면적인 증상일 뿐, 그 밑에는 보다 깊은 구조적 문제가 숨어 있습니다. 바로 그렇기 때문에 이 항목에서 우리는 고객이 겪고 있는 **실제 Pain Point를 단순한 서술이 아닌 진단과 재해석의 관점으로 정리**해야 합니다.

예시:
- 웹사이트 트래픽은 월 30만 수준이나, 평균 체류시간은 15초로 업계 하위권. 콘텐츠의 질과 CTA 흐름이 사용자의 탐색 욕구를 자극하지 못하는 상태이며, 리드를 확보하기 위한 퍼널이 탄탄하지 않음
- 현 콘텐츠는 제품 설명 위주로만 구성돼 있어 사고 리더십 기반의 브랜드 신뢰 형성이 어려운 상황
- 내부 마케팅팀 인원은 2명 뿐이며, 콘텐츠 제작은 대부분 외주에 의존 중. 내부에서 전략을 짜거나 성과를 트래킹할 수 있는 체계가 없어 리드 생성 이후 후속 조치로 이어지지 못하고 있음

(3) 제안할 솔루션

고객의 문제를 명확히 정의했다면, 이제는 그 문제를 해결하기 위한 우리의 제안을 구체적으로 서술해야 합니다. 이 항목은 단순히 제품의 기능을 나열하는 공간이 아닙니다. 앞서 정리한 '고객의 문제'와 자연스럽게 연결되는 형태로 작성되어야 합니다. 즉, 문제와 솔루션이 하나의 원인과 결과처럼 이어져야 합니다.

예를 들어, 고객이 "웹사이트 방문자는 많은데 이탈률이 높고 리드로

전환되지 않는다"라는 문제를 겪고 있다면 다음과 같은 형태로 솔루션을 정리할 수 있습니다.

- 체류 시간을 늘리고 도입 문의 전환율을 늘릴 수 있는 성공 사례 콘텐츠를 제작한다.
- 고객의 콘텐츠 여정을 재설계하고, 여정마다 리드 마그넷을 설치하여 방문 대비 리드 전환율을 높인다.

이처럼 문제에 대한 해결 방향이 구체적으로 정리되어 있으면 이후 팔로업 전략을 구성할 때도 한층 더 설득력 있는 흐름을 만들 수 있습니다. **단순한 '기능'이 아니라, 고객의 '목표 달성'을 돕는 '해결책'으로 솔루션을 포지셔닝하는 것이 핵심**입니다.

(4) 구매 타임라인

세일즈 미팅의 목적은 계약입니다. 그리고 계약은 '성사 여부' 뿐 아니라 '언제 성사되는가'도 중요합니다. 아무리 좋은 피드백을 받아도, 실제 계약 일정이 미정이라면 딜의 온도는 쉽게 식어버릴 수 있습니다. 반대로, 도입 결정을 내릴 수 있는 타이밍을 명확히 설정하고 이를 중심으로 리소스를 배분하면 제한된 시간 안에서도 딜을 효과적으로 성사시킬 수 있습니다.

미팅 노트에 기록되는 구매 타임라인의 예시는 다음과 같습니다.

- 7월 말까지 도입 결정을 목표로 내부 검토 중
- 7월 2주 차에 실사용자 대상 데모 세션 진행 예정

- 7월 3주 차에 키맨 및 조달 부서와의 최종 조건 협의 필요
- 7월 4주 차에 결제 및 계약 완료 예상

이러한 타임라인을 미팅 노트에 담으면 담당자 본인은 물론 팀원, 리더, 그리고 협업 부서까지 하나의 리듬으로 움직일 수 있습니다. 나아가 CRM상에서 파이프라인을 추적하거나 세일즈 목표를 달성하는 데 있어서도 정밀한 근거 자료가 됩니다.

무엇보다 중요한 것은 '구체적인 마일스톤'을 기반으로 타임라인이 구성되어야 한다는 점입니다. '조만간 결제 예정'이라는 추상적인 언급은 아무런 의미가 없습니다. '누가, 언제, 어떤 검토를 마친 후, 어떤 순서로 계약을 추진할 것인지'를 파악하고 정리하는 것까지 나아가야 딜 추진에 도움이 될 수 있습니다.

⑤ 블로커 및 대응 방안

B2B 영업은 개인 간 거래가 아닙니다. 하나의 조직이 움직인다는 것은 곧 수많은 부서와 다양한 이해관계자가 복잡하게 얽힌 협업 과정이 존재함을 의미합니다. **이 과정에서 '찬성하는 사람'만큼이나 중요한 존재가 바로 '반대하는 사람'입니다.**

어떤 이유로든 계약 체결을 어렵게 만드는 사람, 또는 의도치 않게 추진 속도를 늦추는 사람이 있다면, 우리는 그들을 '딜 블로커Deal Blocker'라고 부릅니다.

어떤 이해관계자가 계약을 반대하고 있으며, 그 반대의 이면에는 어떤 동기가 숨어 있는지 파악하지 못한다면, 아무리 완벽한 제안도 막판에 무산되는 일이 발생할 수 있습니다. 그렇기 때문에 이 항목은 단순한

참고 정보가 아니라, 딜의 성패를 좌우할 수 있는 핵심 정보로 간주해야 합니다.

　블로커는 종종 예기치 못한 얼굴로 등장합니다. 예를 들어, 변화에 대한 부담을 느끼는 실무자일 수도 있고, 현재 시스템을 담당하며 새로운 솔루션 도입을 꺼리는 운영 책임자일 수도 있습니다. 또는 새로운 기술 도입으로 인해 예산이 줄어들거나 권한이 축소될 수 있다고 판단하는 관리자일 수도 있지요. 어떤 경우든, 그들의 입장에는 '저항의 이유'가 있습니다. 이 항목에서는 그들의 존재를 민감하게 포착하고, 단순한 '문제 제기'를 넘어, 그 저항을 어떻게 해결할 것인지까지 전략적으로 그려내야 합니다.

　다음과 같은 상황을 생각해볼 수 있습니다.
　미팅에 참여한 B 팀장님은 내내 말을 아꼈고, 새로운 시스템 도입에 대해 조심스러운 반응을 보였습니다. 이후 커뮤니케이션에서도 눈에 띄게 소극적인 태도를 유지했죠. 이때 단순히 '비협조적인 사람'으로 판단하기보다는 그가 왜 그런 태도를 보이는지 세심하게 분석해야 합니다.
　알고 보니 그는 현재 시스템의 주요 관리자로 새로운 시스템이 도입되면 자신에게 더 많은 업무 부담이 생기고, 기존의 노하우가 무의미해질까 우려하고 있었습니다. 이 경우, 우리가 제시할 수 있는 대응 전략은 분명합니다. 도입 이후 해당 부서의 업무가 어떻게 줄어들고 자동화될 수 있는지를 수치로 정리해 전달하고, 유사 사례를 통해 그 우려가 기우에 불과하다는 점을 설득력 있게 보여주는 것입니다. 가능하다면 별도의 세션을 마련해 해당 부서의 시각에서 개선점을 함께 논의하는 것도 좋은 접근이 될 수 있습니다.

'계약을 반대하는 사람이 있다'라는 사실은 누구나 발견할 수 있지만, 그 문제를 정면으로 마주하고 해결책까지 설계할 수 있는 사람은 드뭅니다. 바로 이 지점에서 영업 담당자는 단순한 전달자나 조율자가 아니라, 딜을 전략적으로 설계하고 주도하는 사람으로 포지셔닝할 수 있습니다.

⑥ 특이사항

훌륭한 세일즈 미팅 노트는 정형화된 항목을 채우는 것을 넘어, 미묘하지만 중요한 '맥락'까지 포착해야 합니다. 고객이 미팅 중에 비공식적으로 언급한 정보, 향후 전략 방향에 대한 힌트, 혹은 조직 내부의 움직임 등은 ①~⑤의 표준 항목에 넣기에는 애매하지만, 추후 딜의 성패에 영향을 줄 수 있는 중요한 정보입니다. 이런 정보들은 바로 '특이사항' 항목에 정리해두어야 합니다.

예를 들어, 담당자가 이런 식의 멘트를 남겼다고 해봅시다.

"사실 아직 공식적으로 공유된 건 아닌데요, 다음 분기부터 우리 부서 구조가 좀 바뀔 수도 있어서요."
"저희 본부장님은 새로 오신 지 얼마 안 돼서 디지털 전환에 당장 드라이브를 걸기에는 시기상조라고 판단하시는 것 같아요."

조직 구조 변화가 있다면 구매 결정 구조도 달라질 수 있고, 주요 이해관계자의 수용 태도에 따라 접근 방식도 달라져야 합니다.
또한, '특이사항'에는 제품 피드백 중 현재로서는 기능적으로 충족시킬 수 없지만, 향후 개발 논의에 포함될 수 있는 고객 요구사항도 함께 정리하면 좋습니다. 이런 요구사항은 비즈니스 기회가 아직 본격화되지 않았더라도, 미래의 수주 가능성으로 연결될 수 있기 때문입니다.

예시:
- 고객사가 A라는 문제 상황을 해결하기 위해 특정 기능 B 에 대해 강한 니즈를 표현했으나, 당사는 현재 해당 기능을 지원하지 않음. 내부적으로 기술 검토 및 제품 로드맵 반영 여부 논의 필요
- 고객사 내부적으로 본부 조직 개편 예정. 의사결정 권한이 다른 부서로 이전될 가능성 있음. 다음 미팅 전 조직도 재확인 필요
- 최근 경쟁사 B사의 데모를 받은 이력이 있음. 가격 경쟁이 아닌, 구축 이후의 지원 역량에서 차별화 포인트를 어필해야 할 것으로 판단됨

'특이사항'은 말 그대로 '놓치지 말아야 할 단서'들을 담는 공간입니다. 다른 항목보다 주관적일 수 있지만, 그만큼 실전에서 영업의 성패를 좌우할 '숨은 힌트'가 숨어 있을 수 있는 곳이기도 합니다. 공식적인 질문 외에도 '귀'와 '촉'을 열고 고객의 비언어적 힌트까지 민감하게 기록해두는 것, 그것이 탁월한 영업 담당자의 습관입니다.

4. 팔로업 이메일 작성법:
   읽히고, 기억되고, 공유되는 메일을 써라

많은 영업 담당자가 미팅 후 메일을 보내며 이렇게 말합니다.

'바쁘신 와중에 긴 메일 읽어주셔서 감사합니다.'

'부족한 자료로 인해 번거롭게 해드려 죄송합니다.'

정중한 인사 같지만, 사실 '이메일을 읽는 것은 귀찮은 일이고, 우리가 제공한 자료는 부족하다'라는 부정적인 인상을 주고 있습니다. 이는 상대방의 머릿속에 부정적인 이미지를 먼저 연상하게 만드는 실수입니다.

팔로업 이메일 작성법: 세일즈 이메일은 '콘텐츠'다

팔로업 메일은 예의를 갖추기 위한 형식이 아닙니다.

팔로업 메일은 하나의 콘텐츠여야 합니다. 고객사 담당자는 물론, 담당자의 팀원, 리더들까지 메일을 다시 열어보고 싶게 만들고, 팀 내부에서도 자발적으로 공유할 수 있도록 작성해야 합니다.

어떻게 해야 읽히고, 기억되고, 공유되는 메일을 작성할 수 있을까요? 이메일 제목을 작성하는 세 가지 방법부터 소개합니다.

1) 목표 숫자를 활용하라

미팅을 통해 고객사의 목표 숫자나 KPI를 들었다면, 이를 팔로업 메일 제목과 본문에 적극적으로 활용해야 합니다. 숫자는 즉각적으로 눈에 들어오며, 상대방에게 '구체적인 성과 달성'을 기대하게 만듭니다.

[{회사명}x{잠재 고객사명}] 2026년 지원자 풀 3배 확대를 위한 채용 프로세스 최적화 제안

이렇게 메일 제목에서 숫자를 넣으면 수신자는 메일 답신이 오고갈 때마다 목표 숫자를 상기합니다.

2) 미팅 중 고객이 직접 말한 '키워드'를 포함하라

미팅 중 고객이 강조했던 단어나 표현이 있었다면 이를 그대로 메일 제목이나 본문에 넣는 것이 좋습니다. 이는 고객이 메일을 읽을 때 자신이 했던 말을 떠올리게 만들어, 더욱 강력하게 메시지를 각인시킬 수 있습니다.

[리캐치x{잠재 고객사명}] 웰니스 트렌드에 맞춘 마케팅 프로세스 구축을 제안드립니다.

미팅 도중 잠재 고객이 '웰니스 트렌드'라는 단어를 자주 사용했다면, 이렇게 메일 제목에도 언급해주는 것이지요. 고객이 직접 사용한 표현

을 쓰면, 그는 메일을 단순한 영업용 자료가 아닌, '자신의 고민을 이해한 콘텐츠'로 인식하고 적극적으로 메일을 읽습니다.

3) 고객이 문제를 새롭게 바라볼 수 있도록 '정의'하라

고객이 자신들의 문제를 명확하게 인식하지 못할 때, 영업 담당자의 역할은 고객이 겪고 있는 문제를 새롭게 정의하고, 그 문제를 해결할 수 있는 비전을 제시하는 것입니다.

예를 들어, 고객이 고객 정보 관리의 어려움을 토로했다면 영업 담당자는 다음과 같은 메일 제목을 작성하여 이목을 끄는 동시에 문제 해결의 비전을 보여줄 수 있습니다.

[{잠재 고객사명}] CRM을 값비싼 메모장에서 매출 성장의 엔진으로

이제 좋은 제목에 이어 좋은 내용을 쓸 차례입니다. 좋은 팔로업 이메일은 다음과 같은 구성으로 작성됩니다. 팔로업 이메일은 고객이 신뢰할 수 있고, 이해할 수 있으며, 확신을 가질 수 있는 논리 구조여야 합니다. 다음 내용을 참고 하여 더 나은 팔로업 메일을 작성하고 발전시켜 보세요.

1. 첫 인사 & 요약
- 고객의 이름과 직급을 정확히 언급하여 존중을 표현합니다.
- 발신자의 직급과 역할을 함께 밝혀 신뢰감을 높입니다.
- 미팅의 핵심 주제를 한 줄 요약으로 상기시켜 '이 메일을 왜 보냈는지' 바로 이해하게 만듭니다.

2. 감정적 공감

- 고객이 겪는 고충, 의지를 존중하며 '우리 팀은 충분히 경청했고, 공감하고 있다' 라는 메시지를 전합니다.

3. 이성적 정리(SPIN 기반)

- 고객의 현재 문제 상황, 문제를 방치했을 때의 영향을 정리합니다.
- 특히, 고객이 겪고 있는 문제를 '크고 시급한 문제'로 느끼게 만들 수 있어야 합니다.

4. 유사 레퍼런스

- 고객과 비슷한 문제 상황을 겪다가 해결에 이른 실제 사례를 소개합니다.

5. 후속 액션 제시

- 다음 단계(예: 데모 세팅, 내부 자료 공유, 일정 조율 등)를 구체적으로 제안합니다.

제목: [{잠재 고객사명}] CRM을 값비싼 메모장에서 매출 성장의 엔진으로

{잠재 고객사명} 김민정 과장님, 안녕하세요.
리캐치 영업 팀장 김한규입니다.
어제 미팅 통해 직접 인사드릴 수 있어 반가웠습니다.
{잠재 고객사명}의 콘텐츠 마케팅 운영 현황과 CRM 개선 니즈를 깊이 있게

공유해주신 덕분에 실질적인 논의를 시작할 수 있었던 의미 있는 시간이었습니다.

무엇보다 인상 깊었던 것은
"더 이상 CRM을 값비싼 메모장으로만 두고 싶지 않다"라는 과장님의 말씀입니다.
그 말 속엔 고객 여정 전체를 정교하게 설계하고자 하는 팀의 의지와 변화에 대한 갈증이 고스란히 담겨 있다고 생각합니다. 리드 관리뿐만 아니라, 유입부터 전환까지 마케팅의 중심을 CRM으로 옮기고자 하시는 방향에 진심으로 공감합니다.

현재 {잠재 고객사명} 마케팅팀은
- 유입 채널은 다양하나 실질적인 MQL 분류 기준이 없어 리드 스코어링이 어려운 상태이고,
- 마케팅 성과 분석도 여러 스프레드시트를 수기로 정리하는 것으로 해결하고 계셔서 팀 리소스의 효율이 떨어지고 있음을 이해했습니다.
- 이러한 상황을 방치할 경우, 유입은 계속되더라도 활발히 전환은 일어나지 않는 CRM 구조가 유지되며,
- 고객 여정 전체의 데이터가 누적되지 않아 마케팅 자동화나 리드 너처링 전략 수립에도 제약이 생길 수 있습니다.

이와 비슷한 상황에서 출발한 인플루언서 커머스를 운영하는 B 기업은 처음엔 {잠재 고객사명}과 유사하게, 예를 들어 인바운드 유입을 늘리고 싶은 리

캐치 잠재 고객사와의 미팅에서만 사용 중이셨으나 리캐치 도입 후,

- 유입 대비 미팅 전환율 2배 증진
- 고객 유입 채널 통계화
- 이메일 캠페인 운영

컨설팅을 통한 CRM 내 유입~전환 퍼널 재설계를 진행하며 MQL→SQL 전환율이 3배 이상 증가했고, 첫 계약 후 3개월 만에 내부 CRM 관련 업무 시간을 50% 이상 줄이는 성과를 냈습니다.

이에 따라 후속 미팅을 아래 방향으로 제안드리고자 합니다.
- 실제 유입~전환 데이터를 기반으로, 퍼널 구조 재설계 워크시트 샘플 공유
- 내부적으로 공유하실 수 있도록 리캐치 주요 고객사 사례 정리본 전달

민정 과장님 일정에 맞춰 조율하겠습니다. 부담 없이 편한 시간으로 회신 주시면 감사하겠습니다.

감사합니다.
김한규 드림

많은 세일즈 담당자가 미팅 직후 고객에게 "자료 보내드리겠습니다", "검토하시고 연락주세요"라는 말로 대화를 맺습니다. 그 흐름을 계속 이어가며 클로징을 향해 나아가는 것, 그것이 미팅 후 팔로업의 목적입니

다. 그러나 아무리 미팅이 좋은 분위기로 진행되었다 하더라도 촘촘한 팔로업을 이어가지 않으면 영업 기회는 금세 온도가 낮아지고 흐름이 끊기고 맙니다.

결론 및 요약

세일즈 미팅 노트는 '방명록'이 아닙니다.

'언제, 어디서, 누구를 만났는지'만 남기는 기록은 영업 조직 누구에게도 의미 없는 메모입니다.

미팅 노트에서 정말 필요한 것은 이 고객은 어떤 문제를 겪고 있었고, 어떤 맥락에서 그것이 중요해졌으며, 누구와 어떻게 풀어나가야 하는지에 대한 전략적 정보의 기록입니다.

미팅 노트를 잘 작성하면 한 명의 세일즈 담당자가 들었던 인사이트가 조직 전체의 실행력으로 확장됩니다. 제품팀은 고객의 언어로 기능 개발 우선순위를 설정할 수 있고, 마케팅팀은 고객이 고민하는 메시지로 콘텐츠를 제작할 수 있으며, 영업팀 리더는 팀의 파이프라인을 구조화해 예측 가능성을 확보할 수 있습니다.

미팅 노트가 전략의 '기록'이라면, 팔로업 이메일은 그 전략을 '실행'으로 옮기는 첫 번째 액션입니다. 정리된 인사이트 위에 어떤 메시지를 얹느냐에 따라 딜은 앞으로 전진하기도, 멈추기도 합니다.

좋은 팔로업 메일은 단순히 '자료를 보내는 메일'이 아닌 리더가 열어보고, 실무자가 이해하고, 챔피언이 공유하고 싶은 메일이어야 합니다. 그렇기에 이메일의 제목은 고객의 문제 인식을 뒤흔드는 한 줄이어야 하고, 본문은 단순한 정보 전달이 아니라 감정과 논리, 신뢰와 제안을 함께 담은 콘텐츠가 되어야 합니다. 그리고 미팅에서 교류한 맥락을 바탕으로 고객이 '그래, 이 팀과 계속해서 이야기 나눠봐야겠다'라고 느낄 수 있어야 합니다.

미팅을 잘하는 것도 중요하지만, 그 미팅 이후를 어떻게 정리하고, 전달하고, 연결하느냐가 딜의 성패를 좌우합니다. 흘러간 대화를 전략으로 전환하고, 고객의 말 사이에 숨은 기회를 발견하며, 상대의 머릿속에 다시 떠오를 수 있는 콘텐츠로 팔로업을 설계할 수 있다면 당신은 '영업 담당자'를 넘어 고객의 목표 달성을 돕는 파트너로 자리 잡게 될 것입니다.

에필로그

이제, 여러분만의 플레이북을
만들 때입니다

《더플레이북》을 끝까지 읽어주셔서 진심으로 감사합니다.

이 책은 "다음 타석에 서 있는 당신에게 한 타라도 더 잘 칠 수 있는 힌트를 전하고 싶다"라는 바람으로 썼습니다.

책의 초반부에서 이야기했던 것처럼 기업에게 '시간'은 곧 '돈'이며, '기회'입니다. 좋은 전략과 도구는 시행착오를 줄이고, 더 빠르게 나아갈 수 있게 돕습니다.

책에 소개한 다양한 사례, 실패와 배움, 고객과의 생생한 대화들이 여러분이 더 좋은 마케팅과 영업을 하는 데 실질적인 도움이 되기를 진심으로 바랍니다.

이제 플레이북은 여러분의 손으로 넘어갑니다. 여러분의 조직에 맞는 전략과 문장으로 재해석되고, 여러분만의 플레이북이 새롭게 작성되기를 바랍니다.

마지막으로 이 책이 세상에 나올 수 있도록 곁에서 함께 호흡해준 동료들에게 깊은 감사를 전합니다. 모든 문장이 완성되기까지 실전의 현장에서 끊임없이 의견을 나누고, 치열하게 고민하고, 응원해준 팀원들의 존재가 여기까지 달려오는 데 큰 힘이 되었습니다.

고맙습니다.

앞으로도 잘 부탁드립니다.

《더플레이북》은 여기서 마침표를 찍지만, 우리의 플레이는 앞으로도 계속되리라 믿습니다.

이 책은 회고와 기록, 그리고 공유를 좋아하는 저자들이 그간의 경험을 나누고 싶다는 공통된 마음으로 시작했습니다. 주말마다 모여 쓰기 시작한 첫 책이었기에 생각보다 훨씬 많은 시간이 걸렸고, 그 사이 시장 상황도 많이 변했습니다. GEO$^{\text{Generative Engine Optimization}}$(생성엔진 최적화)나 AEO$^{\text{Answer Engine Optimization}}$(답변엔진 최적화)가 중요해지고, AI 에이전트가 마케팅과 세일즈를 무한히 효율화하기 시작했고요. 리캐치도 B2B 마케팅 컨설팅·대행 서비스인 그로스 패키지를 운영하는 등 많은 변화를 만들고 있습니다.

때문에 이 책에 담긴 내용은 고정불변한 진리는 아닙니다. 빠르게 변화하는 시장에 맞춰 오늘도 수많은 고민과 시도들을 계속하고 있고, 책에 미처 담지 못한 새로운 인사이트들도 끊임없이 쌓이고 있습니다. B2B 마케팅과 세일즈를 연구하는 조직으로서, 삽질하며 얻은 배움들을 공유하는 것이 다른 분들께 조금이라도 쓸모 있는 길라잡이 역할을 할 수 있다면 그것만으로도 충분히 의미 있다고 생각합니다.

리캐치는 그런 연구와 실험의 결과물입니다. 사이드 프로젝트로 시작해 내부 팀의 비효율을 해결하던 중 같은 문제로 고민하는 수많은 B2B 기업들을 만났습니다. 그렇게 탄생한 리캐치는 단순한 '관리 도구'가 아닌 '성과를 위한 CRM'으로 성장했고, 현재 토스페이먼츠부터 LG U+, 한화비전, KT알파까지 국내 5,000대 기업들과 함께 매출 성장이라는 결과를 만들어내고 있습니다.

CRM은 마법지팡이가 아니라는 것을 깨닫는, 뼈저린 실패 경험도 있었습니다. CRM은 수단일 뿐, '매출 성장'이라는 본질적인 목표에 집중하기 시작했습니다. 그렇게 CRM 솔루션 개발뿐만 아니라 컨설팅과 실행 지원을 통해 B2B 기업들의 실질적인 성장 파트너가 되고자 합니다. 매년 연간 리드 12만 개, 세일즈 미팅 1만 5,000건, 잠재 매출 350억 원 이상의 성과를 고객사와 함께 달성하며, 단순한 툴 도입이 아닌 매출 조직의 문화 자체를 혁신하는 일에 집중하고 있습니다.

책에 미처 담지 못한 내용 중 궁금한 점이 있다면, 마케팅 드리븐 파이프라인을 구축하고 싶다면, 시스템으로 매출을 만들어내는 조직을 꿈꾼다면 언제든 문을 두드려주세요.

www.recatch.cc/ko

다음 타석에 설 당신의 여정을 진심으로 응원하며, 언젠가 또 다른 장에서 다시 만나길 바라겠습니다.

부디, 건투를 빕니다.

지은이 김한규, 황하운, 김가은

더 플레이북

초판 1쇄 발행 2025년 10월 17일

지은이 김한규 황하운 김가은

표지 디자인·일러스트 황민지
내지 디자인 박은진
마케팅 임동건　**경영지원** 이지원

펴낸곳 파지트　**펴낸이** 최익성
출판총괄 최익성
출판등록 제2021-000049호

주소 경기도 화성시 동탄원천로 354-28　**전화** 070-7672-1001
이메일 pazit.book@gmail.com　**인스타** @pazit.book

© 김한규, 황하운, 김가은 2025
ISBN 979-11-7152-113-5 (03320)

- 이 책 내용의 일부 또는 전부를 재사용하려면 반드시
  저작권자와 파지트 양측의 동의를 받아야 합니다.
- 책값은 뒤표지에 있습니다.

THE STORY FILLS YOU
책으로 펴내고 싶은 이야기가 있다면, 원고를 메일로 보내주세요.
파지트는 당신의 이야기를 기다리고 있습니다.